我的抗战

——300位亲历者口述历史

崔永元制造

《中国传奇2010之我的抗战》节目组◎著

中国友谊出版公司

图书在版编目(CIP)数据

我的抗战：300位亲历者口述历史 / 《中国传奇2010之我的抗战》节目组著. — 北京：中国友谊出版公司，2010.11

ISBN 978-7-5057-2831-8

Ⅰ.①我… Ⅱ.①中… Ⅲ.①抗日战争–史料–中国 Ⅳ.①K265.06

中国版本图书馆CIP数据核字(2010)第211040号

书名	我的抗战：300位亲历者口述历史
作者	《中国传奇2010之我的抗战》节目组
图片	北京五星传奇文化传媒有限公司
出版	中国友谊出版公司
发行	中国友谊出版公司
经销	新华书店
印刷	北京博图彩色印刷有限公司
规格	690×980毫米　16开
	18.75印张　　200千字
版次	2010年11月第1版
印次	2010年11月第1次印刷
书号	ISBN 978-7-5057-2831-8
定价	32.80元
地址	北京市朝阳区西坝河南里17-1号楼
邮编	100028
电话	(010) 64668676

口述历史 ——

　　给我们留下一个千百年后

　　还可以和先人温馨对话的机会。

　　　　　　　　　　　　　　　张帆

　　　　　　　　　　　　　　二010. 秋

历史纪录片的新标杆

——《我的抗战》印象

2010年10月底的一个周末，《我的抗战》剧组的乌尔汗女士来电话让我为这本书写篇序。她确信，除了总策划崔永元、总导演曾海若等几个核心人物之外，我这个挂名的历史顾问也是把《我的抗战》从头到尾认真看完的人。她的判断是对的，我确实看了，而且每集都看了不止一遍。乌尔汗作为剧组的联络人，最初给我的任务就是给大功告成的每集片子找毛病，要鸡蛋里面挑骨头。我为此使劲挑，起先还挑出个别的毛病，可越到后面就越难挑，越难挑，看的遍数反而越多。不过，许多集最后的审片意见还是惊人一致的：本集未发现问题。专门纠错的人抓不着错，也很失落，觉得很愧对顾问这名号。凡事见微知著，从这点就可以看出《我的抗战》剧组是做事相当严谨认真的团队。

我从1998年底沾上历史纪录片开始，就一直干着策划、撰稿的苦命勾当，不得已时才客串一下嘉宾和顾问的。记得《我的抗战》刚启动的时候，央视《见证》栏目的制片人陈晓卿先生就曾经向小崔推荐我当先期策划的，没想到最后却阴差阳错变成了顾问。但不管什么身份、什么名义，对小崔的《我的抗战》，我自是特别关注的。对抗日战争的研究，我早有兴趣，1986年写成的硕士论文就是以抗日战争初期国民政府的军事战略为题的。这个题目当时很前卫，敢去研讨国民政府军事战略的寥寥无几，印象中就是上海的余子道、北京的王建朗及稍后的马振犊等几位先生而已。一位业界前辈为此曾经提醒过我，研究抗战的条件并不是很成熟，禁区多多。我感谢前辈的忠告，但还是投入许多精力在抗战上面，经历了其中的酸甜苦辣，并欣喜地看到抗战研究的禁区随着改革开放的深入而逐步被打破。不过，时至今日，抗战这个领域依旧有它政治上特有的敏感性，搬到电视上尤为如此。

算起来，我也参与过近20部纪录片的创作了，涉及抗战题材的就有好几部，如《百年中国》、《抗战八年》、《一个时代的侧影：1931-1945》、《抗战》、《峥嵘岁月——成都建川博物馆的非常记忆》等，深知拍摄抗战题材纪录片的不易和艰辛。抗战老兵持续凋零、古战场难寻、实物遗存甚少等已经令人惆怅，政治上的禁忌更是在所难免。从功利上言，拍抗战纪录片正所谓吃力不讨好。但从沉甸甸的历史责任感出发，从历史研究者到纪录片创作者，许多人还是像飞蛾扑火一样致力于寻找、挖掘和表现更丰富更真实的抗战，共同的心愿是为中华民族留下一段真实的抗战信史。一场伟大的卫国战争没有得到充分全面的展现，我们这些后辈就愧对抗战将士和卷入过那场战争的平民。没有任何力量可以阻遏这种发自内心的强烈冲动。我相信，小崔和他的团队也是为了这份强烈的责任感而进入这个领域，并不断对这段斑驳壮烈的历史发出不停的追问，而且也因这部纪录片而"为伊消得人憔悴"。毕竟，干自己想干的事，那是无法抵挡的诱惑。做研究的学者和做纪录片的编导一样，对弄清真实、表现真相有一种宗教般的激情和信仰，并常常乐在其中。

真实，是纪录片的灵魂。《一个时代的侧影：1931–1945》是真实的，画面全部用文献、照片等来编织，没有使用过一个人物采访。《我的抗战》也是在史实上较真的，它的手法主要是借助抗战老兵与平民的口述历史。口述历史如今方兴未艾，但做口述历史要投入大量的人力、物力和精力，还要有很深厚的人脉关系。如今在这个领域里，新闻记者、历史学家和纪录片导演各擅胜场。小崔的团队自筹资金上亿元，有意识地抢救历史，可是岁月无情，抗战老兵和经历抗战的老人正在不断凋零。小崔的团队数年来采访了 3000 多人，而且采访的内容涉及得深入而广泛，不只是为纪录片的画面服务的。这样颇为复杂的工程不是一般学术机构能够做到的，小崔的团队已经不只满足于纪录片编辑的需要。作为电视人，小崔未必需要这么卖力地做，因为那是历史学界该做的。

就《我的抗战》而言，受访的抗战老兵多为士兵或者低级军官，人数多达 300 人。如此大规模的口述回忆，让我们对真实的抗战有了更深切的了解。中国抗战老兵和日军有一个很大的不同，日军士兵和军官都受过良好的教育，对战争留下了众多的记载，如记日记，写回忆录，甚至编出所在部队的战史。这方面中国相形见绌，因为中国抗战老兵中文盲半文盲占了多数，无法用文字留下有关战争的真实记载，再加上政治环境的缘故，非共产党领导的军人在很长的时间里刻意回避这一段经历。而到如今，这些抗战老兵已经风烛残年，对他们的采访往往可能就是一次终极的访问，一生中唯一的一次访问，其蕴含的历史价值不言而喻。他们中的许多人不会写，但会说，可以说出自身的经历和历史的真实。而且他们多半是从一个士兵和下级军官的角度去讲述抗战的。抗战是靠千百万无名的士兵和下级军官的默默奉献而持久的，仗是士兵在打的。他们怎么当兵的，如何适应军旅生活，在战场上遭遇了何种状况，他们的情感和内心世界，他们饱尝过的死亡、流血、饥饿和众多不为人知的酸甜苦辣。而且口述的同时，观众能看到讲述者的表情，同一句话在不同表情下表述有不一样的效果。口述相比文字是真正原生态的。小崔的团队积累了异常丰富的"口述历史"资源，可以向历史学界炫耀自己所下的厚实功夫，它还怡然自得地展现了自己平民化的独特视角；它甚至有意识地用故事片式的精巧叙事手段去吸引电影、电视剧的忠实观众，显得野心勃勃。

我涉猎历史纪录片拍摄 10 多年了，还是乐此不疲，足可见它的迷人和魔力了。新兴的历史纪录片的历史书写已经真真切切地在挑战着传统的历史研究范式，我因为机缘巧合，能够最直观地感知到了这一点。

而今，我们这个国家正在以空前的速度崛起，许多国民的精神却意外陷入迷茫和焦躁。诚信二字为人怀疑久矣。据调查，一些母亲都不愿意将诚信的理念教导给孩子，怕孩子们因此在现实生活中吃亏，而一些官员们喜欢以"讲政治"、"顾全大局"等冠冕堂皇的口实把犯事的真相遮盖得严严实实。这回由《实话实说》栏目走出来的小崔来做抗战纪录片，大规模地探究真实的抗战，探究战争时普通人的内心世界和酸甜苦辣，让这些普通人走上银屏，应该不是偶然，而是执著的信念使然！仅此一点，小崔已经在这个时代再一次留下了关键性的精神印记，《我的抗战》亦是如此，它透着的是毅力、坚韧、品格和智慧。写到这里，我想以一个抗战研究者和历史纪录片票友的身份，感谢小崔，感谢曾海若，感谢《我的抗战》的编导、记者和每一位成员，你们的工作有益于民族精神的重塑，会给抗战的研究和历史纪录片的样式带来新的改变，《我的抗战》已经树立起一个新的标杆。

纪录片《我的抗战》历史顾问　李继锋

2010 年 10 月

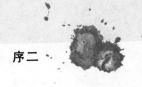

瓷器的弧度

2010年9月到11月，我参加了《我的抗战》的一系列巡回放映活动，常被人提及的话题是，你好年轻。我知道，他们并不是说，我作为一个导演太年轻，而是我作为一部抗战题材的纪录片的总导演来说，太年轻了。出生在1978年，据说也是要被划入80后的。

但是，多大的年纪才算合适呢？四十岁，或者五十岁？面对这群八九十岁，甚至百岁的老人，究竟是一个什么样的岁数才合适呢？

很多人都说，我们曾经受到的教育太僵化了，我们过去受到的教育太片面了，仿佛总是等着获得最公正的食物分配，忘记了自己需要多少，忘记了如果肚子饿，可以下地干活、上山打猎。我们的方式是根据300多位老人的叙述，制作《我的抗战》。当然不管怎么说，确实是一次奢侈的体验。

等到我们都是史学泰斗再制作这样的节目，显然为时过晚。我们愿意尽可能诚实，把我们思考的过程表现出来。难免有错误，但一部纪录片确实不能开天辟地，只能供你一个参考，甚至作书架上的摆设。只要能给你提个醒。哪怕有一天你的儿子或者孙子无意间抽出来，问几个问题，也是它的价值。

很多人都会说，你们的节目怎么能保证真实性？很遗憾，我们的节目不能给你如此圆满的体验。我甚至也不能起身替这些老人保证，他们的所有回忆都精确无疑。但即便如此，我依然坚持认为这种口述弥足珍贵。这些老人穿越近百年的历史空间，身上沾满洗刷不去的尘埃，这风尘仆仆，就是我们能捡拾的真实。

每年春节回老家，我最喜欢听故事。有一次，母亲给我讲起"文革"里她见的一件事。街道上有个邻居刚剪了头发，来参加学习活动，不知谁说了一句，你剃了这个头，怎么像林副主席。那人大惊失色，旁边的人推波助澜，此人竟因此被批斗，受尽折磨。几年之后，林彪事出，此人又被纠了出来，因为相反的理由，继续被批。妈妈讲述得投入，那一刻，她与当年曾发生的事之间，产生了一种奇妙的联系，甚至可以说是神秘主义的联系。即使她讲的是片面的，记忆是有误差的，但在那一刻，当年她的身影出现在我脑中，她年轻时的照片，她的表情，她的声音，她的手势，甚至她脸上的一颗痣，包括当时我们家的氛围，这一切，形成了一种可以被模糊体会的东西。这种东西，就是我们纪录片里，通过老人的叙述，使用音乐、动画、特技、照片等等，想要触摸的东西。这种东西，就是我们今天能追寻到的真实。

这种情况很像收集古老瓷器的瓷片，瓷片不是瓷器，但依然有精美的花纹，依然挂神秘的釉色，依然投射使用者的喜好。我们有幸将一些瓷片拼凑成某个器形，但那些剩下的形状，只能让你去体会，那没有完成的弧度，正是拍案一惊。

纪录片《我的抗战》总导演　曾海若

2010 年 10 月

故事背后那些未完的故事

《我的抗战》播出并得到大家的认可，对于我们来说，是一个极大的安慰和鼓励。作为与抗战老兵直接接触采访的前方记者，想想两年多在全国寻访抗战老兵的经历，两个字，"值了"。

这些老人其实就在我们身边，他们如此普通，普通得走在大街上，和我们面对面地走过，我们都注意不到他们。这些人又是如此的不平凡，在他们日渐衰老的容颜下面，在他们轻松的语态和平静的神情中，娓娓道出的，是半个多世纪前那段波澜壮阔的历史——这段历史，正逐渐被人们遗忘。

似乎不能说是遗忘，因为这段历史，已经印记在我们这个民族的记忆中，流淌在每个人的血液里。虽然有些说不明，但却隐隐约约感受得到，不时地会蹦出来，左右着我们的行为和情绪。这是一段怎样的历史呢？我们把这些在城市和乡村里沉默了半个多世纪的老人，请到了我们的摄像机前面。对，他就坐在我的对面，讲述着埋藏在心底的让人热血沸腾的故事。

一、耐心的倾听者

《我的抗战》里面有许多具体的故事。正如崔老师所说，要的是故事，要的是细节。如何从老人的记忆中挖掘出对于他们生命最重要的片段？这需要耐心，需要倾听。

"你想听吗？想听我给你讲讲。"许多老人是伴随着这样的开场白，打开了他们的记忆。你想怎么听，决定了他们要怎么说。你是否愿意倾听，决定了他们兴致有多高。

但面对这些老人，我们中的大多数没有耐心，缺少兴趣。甚至许多老人的亲人对老人的故事都知之甚少。不能责备人们缺少耐心，因为现实中有许多问题需要面对。可惜的，是那些埋藏在老人内心的波澜。

我们其实没有做什么，我们只是在做一个耐心的倾听者。故事，就在老人的"啰唆"中流出，如此自然。一个故事，他能讲一天，绝对精彩。

二、那些渐渐远去的老人

朱鸿是我采访的第一个老兵，一名新四军老战士。每次采访前夜，他都会把第二天要讲的内容整理出来，密密麻麻地写满好几张纸条。朱鸿对我说："我年纪大了，能做贡献的事情少了，对你们的采访提供帮助，可能是我最后能作出的贡献了。"

听着非常心酸，却在以后不得不见证着一个又一个老人的离去。宋锡善去世了、王文川去世了、武干卿去世了、单先麟去世了……我知道，这个名单还要继续增加。往事并不如烟，往事也如烟。多少生动的故事，都随着老人的离去而永远地消散了。

二十九军老兵曹廷明是张自忠的卫兵。十几岁他把自己卖兵得来的83元钱全交给了父母，从此再没回去。"一辈子只给了父母83元钱"成为他最大的遗憾。90多岁的曹廷明，想到父母，哭起来像个孩子。

哭过后，曹廷明擦干眼泪，"我们继续工作吧"他说。

这些老人，青年时期参加抗战，是他们为国尽忠，为民族求生存的主动选择。如今接受我们的采访，在他们看来是一份责任，是必须完成的任务。老人们认真的态度让我们感动，他们讲述出来的精彩故事让我们振奋。他们在讲述自己，也在纪念倒下的战友；他们留住自己的经历，也在留住那个时代。

与这些老人接触的每一个场景，都已经深深地留在了我的脑海。那是一幅幅画卷，画卷里，有重庆冬天薄薄的雾色中，山坡上破旧小屋内的微笑；有江南大片青绿色的稻田掩映的老房内，竹椅上悠然的小憩；有大连的海滩边，身经百战老将军远眺的眼神。

三、个人的历史

中国的历史，都是王侯将相，才子佳人，你方唱罢，我方登场。大历史谈的多了，小人物比较缺少。但大历史容易被篡改，小人物，往往更加真实。

你说的可能夸张，他讲的可能片面，我的记忆也不一定准确。但每个人还原出来的，都是一个独特的抗战：抗战初期参战的老兵，会给你讲述中日双方的差距有多么的悬殊，我们的部队损失是多么的惨重。抗战后期参军的老兵，会意气风发地给你讲述他们作战是多么的酣畅，日本人是多么的不堪一击。他们有的讲述正面战场的惨烈，有的讲述敌后战场的艰辛。

其实，我们永远无法还原一个完整的、纯客观的历史。口述历史，就是带着强烈的个人视角。但至少，每个人的讲述汇集起来，就会更加接近真实。

正如一束光照进三棱镜，折射出来的是炫丽的彩虹。《我的抗战》只是一个三棱镜，把抗战的这束光，分散成各种好看的颜色。

希望这样的抗战，不是不负责任的调侃，不是板起面孔的说教，也不是挥舞拳头的狂热。只希望通过这些老人的讲述，让大家更亲切、更生动地触感到以前被忽略的细节，那无法回归的过往。

老人在讲述属于他的历史，相信看过的人，最终都会找到自己还原的"历史"。

纪录片《我的抗战》首席记者　郭晓明

2010年10月

目录

上编
他们拒绝沉沦

071· 反扫荡

日军把全村的人都赶到广场上，让他们围坐成一堆，然后一个个审问，只要听出你口音不同，哪怕不是八路军或者新四军，都难逃一劫。

080· 潜伏

我特想知道，他们嘀嘀嘀发报的时候，是一种类似于办假证的躲警察的心态，还是明天就可能牺牲的心态？他们手里攥着左轮枪在街角等待一个日本军官时，那盏街灯是不是像电影情节般地闪烁着？

090· 在延安长大

当年，延安流行的一个笑话几乎每个受访者都提到了——女学生说："今晚的月色真好啊，我们去赏月吧。"丈夫说："一个大月亮有啥好看的？警卫员，提个马灯陪她去看吧。"

103· 钢筋铁骨

对于一个战士来说，武器就是自己的生命。

据了解，由于武器装备太差，八路军战士为了缴获一件武器，往往要以一两个战士的生命为代价。

114· 生命线

1937年，云南几十万老少妇孺，用双手和简易的工具，修筑了一条1000多公里的滇缅公路。这条公路在抗战前期成为中国与外界联系唯一的生命线。

我想给他们立碑，却不知道他们的名字；我想给他们唱一首赞歌，却没有人表述过他们的功绩。

127· 击毙

不能想象也不敢想象，当一个日军士兵被击毙的时候，必须有5个、10个，甚至20个年轻的中国军人活生生地倒下！

当杀死一个普通日军士兵都是如此困难的时候，击毙日军高官，那将是个流尽更多热血、牺牲更多年轻生命的任务。

上编

他们拒绝沉沦

　　一位老农打扮的老兵对着摄像机激动地说："你们这些搞电视的，电视上的东西都是假的，知道什么是打仗吗？知道什么是枪林弹雨吗？那枪，真的就像林子一样；那子弹，真的就像下雨一样，那真的就跟下雨一样啊！"出于礼貌，他老伴急忙插嘴："拍电视嘛，哪有那么容易。人家要是不拍，谁知道你们的事啊？"

卢沟晓月

★★★★★ 编导手记

老人们说，1937年的那年夏天，北平城里闷热得很，经常下雨。

老人们说，7月初，北平的月亮是月牙状的，乌云遮不住它。

就在那一年，一个小孩在南苑附近的一条河中，捡到了一柄大刀。刀沉在河底很久，却依然明亮锋利，碗口粗的小树一刀就能砍断。小孩为此高兴极了，他向同伴炫耀了很久。

后来小孩悄悄把刀拿回家，却还是被父亲发现了。父亲知道这柄刀的来历，不顾儿子的哭闹和反对，把刀送到了河对岸——那里就是二十九军位于南苑的兵营。

小孩并不知道，过了没多久，将有一位二十九军的士兵拿着这把刀冲上战场杀敌。

　　这就是 1937 年的夏天，这就是北平老百姓的记忆，他们记得南苑兵营师部门前影壁上写的"奋斗"二字如猛虎下山，他们记得二十九军士兵守在北平，个个武艺高强，他们记得士兵们身后背着的大刀，明亮锋利，就如天空的月牙明月。

　　二十九军兵营围墙后面，曾经是很多北平少年心系的地方。他们想去参军，听说加入二十九军就能成为武艺高强、身背大刀的战士。

　　如果你去过南苑，你就会知道，那里上了年纪的老百姓都记得二十九军。老人们说，里面有个旅长，马术精湛，经常和他的副官赛马。士兵们个个身体结实，不仅武艺好，还都是体育健将。

　　每当士兵训练的时候，总会有很多小孩围观。

　　老人们说，那天训练结束，他们看见一个士兵连翻了二十几个跟头，好像在打什么赌。他们个个身体都棒，若是活在现在，肯定会成为武打明星。

　　只可惜，是一场惨败击碎了他们心中的梦。

　　为什么会惨败？

　　老人们至今想不明白。

　　许多年过去，南苑兵营的师部变成了文物，它并不对外开放，门前也长起了荒草，只有门前影壁上的"奋斗"二字依然如猛虎下山。

　　忆。

　　马鸣声嘶。

　　南苑泣血。

孩子连，大刀队

　　1931 年，"九一八"事变爆发后，日本加紧了对中国的侵略。到 1935 年，日军已占领了热河（今分属河北、辽宁、内蒙古），在与国民党签订了《何梅协定》后，中央军退出平津，只剩下二十九军成立稽查政委会在平津一带驻防。至 1937 年，步步紧逼的日军已来到了北平城外，控制了北平的东、北、西三面，守卫平津的二十九军三面受敌，能够和后方联系的只剩南方一线。

　　为了应对突发情况，1937 年 7 月 1 日，北平开始举办学生军训总队，二十九军

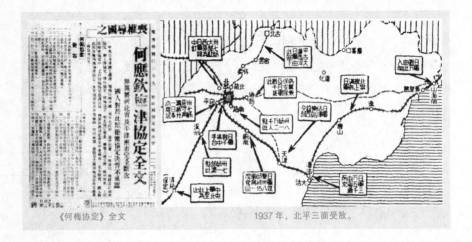

《何梅协定》全文   1937 年，北平三面受敌。

专门为这些学生安排了位于北京南苑的一个兵营，时为北平志城中学学生的阮捷成就是其中的一员。很快，这些学生兵就成了附近老百姓眼中的焦点。当时，南苑镇的居民都管这些学生兵叫小孩连，只要碰到他们，总是会多看几眼。而这些学生兵眼中的焦点，则是二十九军士兵们身后背着的大刀。

二十九军原属西北军，由于武器装备落后，军长宋哲元购置镔铁，为每位士兵打造大刀一把，并请来西北武师传授刀法。二十九军的将士们都有一个背包，三斤来重的大刀被他们插进皮鞘，捆在背包里，背在背上。遇到敌人时，大刀能够很容易地抽出来和插进去。1933 年，二十九军在长城喜峰口夜袭日军，肉搏战中，将士们手中的大刀砍死日军五百余人。从那以后，二十九军的将士们就成了大家心目中的英雄，而他们手中的大刀，也成了二十九军的标志。

二十九军很多老兵都说，在二十九军中，刀法最厉害的当属一三二师师长赵登禹，同时他也是杀死日寇人数最多的。"他是刀砍和枪打并用，别人杀三十个，他可以杀三百个。"当时作为二十九军一三二师特务团工兵营战士的张可宗，现在说起赵登禹师长，还满是崇敬。

在学生兵的眼中，师长赵登禹自然是一个传奇人物。每天训练结束后，他们总要围在老兵身

大刀成了二十九军的标志

边，听老兵讲述赵登禹师长在喜峰口战斗的故事，说到高兴时，他们就一起高唱军歌。这样的日子，美好而惬意，但在那个动荡的年代，却只是奢求而已。

1937年的7月8日凌晨，睡梦中的阮捷成被枪炮声惊醒，此时，北平城的百姓们也纷纷走出家门，惊恐地望着西南方向，因为枪炮声是从那里传出来的。

北平城突然变了一个样。

事隔多年，当时还是个学生的刘良惠老人还能清晰地记得当时的景象。他说："外边隐约听到枪炮声，当时市民们惊慌失措。街上没有人了，巡警也没有了，空空的。"而身在军营的阮捷成也感受到了不一样的气氛。8日早上，他和同学们起来做早操时，一个传令兵骑马过来向总队长报告，总队长听完以后，把总值日官叫到跟前交代了几句，就匆匆忙忙地走了。阮捷成回忆说："总队长这一走之后，我们再也没看到过。后来才知道，他是到前方指挥战事去了。"

★★★★★
赵登禹（1898~1937）

字舜臣，山东菏泽赵楼人。时任第一三二师师长，在抗日战争中壮烈殉国，他是抗日战争中第一位牺牲的师长，今北京市西城区的赵登禹路就是为了纪念他而得名。

★★★★★
喜峰口战斗

又称长城抗战。1933年3月，赵登禹率领二十九军取得喜峰口战斗的胜利。中国军人不但砍杀五百余名敌人，还成功缴获了大批武器、弹药，取得了自"九一八"事变以来的首次大胜，史称"喜峰口大捷"。喜峰口战斗是二十九军最辉煌的时期。这支部队的前身是冯玉祥的西北军，平津沦陷后，蒋介石将二十九军扩编为第一集团军，宋哲元为总司令，下辖三个军，分别是张自忠的五十九军，刘汝明的六十八军和冯治安的七十七军。这三支部队的番号都暗含了"七七"，即为了纪念"七七"抗战。

不久，深陷在惊恐中的人们知道了发生的事情。就在1937年7月7日夜10时，日本华北驻军在距北平十余公里的卢沟桥附近进行军事演习。演习结束后，日军诡称有一名士兵失踪，要求进入北平西南的宛平县城搜查，中国守军拒绝了这一无理的要求。遭到拒绝后，日军于7月8日凌晨包围了宛平县城，并向卢沟桥中国驻军发起进攻，驻守在这里的二十九军将士们奋起还击。震惊中外的卢沟桥事变爆发了。

1937年7月8日，远在延安的中共中央发表了《中国共产党为日军进攻卢沟桥通电》，号召全国人民、政府和军队团结起来，筑成民族统一战线，抵抗日寇的侵略。全国各地的人民群众积极响应这一号召，纷纷走上街头进行示威游行，他们高

呼爱国口号，为北平的将士们捐款捐物。

刘良惠老人回忆说："学生们上街了，好像那个时候，没什么组织，也没什么领导，就是说自动地、自发地、成群结队地给二十九军募捐、演讲，来犒劳他们。"

此时的北平城已经成为中国人乃至世界人民最关注的城市。

在全国各地，人们群众走上街头进行示威游行时，身处北平城内的将士们也纷纷擦亮了手中的大刀，准备和日军拼死一战。二十九军战士曹延明回忆说："当时一天一磨刀，没事就磨刀、擦枪、擦子弹，那个刀削头发都能削断。"负责守卫南方一路，最重要的南苑兵营也被加高加固，黄成祥老人回忆说："二十九军备战，怎么备战呢，就把这个围墙又加高，围墙外面的沟，又加深加宽，他把这三个门的口也挖成了沟。"

北平附近的老百姓则开始把自己的亲属送往北平城内，城高壁厚的北平城成了人们心目中的避难所。

身在军营的阮捷成第一次感受到了战争离自己是多么的近，当时学生兵和正式部队混住在一起，往往白天看到部队还在，第二天部队住的地方就变成空房子了。为了学生们的安全，军训不得不提前结束。阮捷成心中知道，大战已在所难免。

卢沟桥事变爆发后，冀察当局分别在1937年的7月9日、11日和19日，与日本华北驻屯军进行了三次和谈，并达成了三份协议，但卢沟桥时断时续的炮声证明这三份协议其实只是一纸空文。"现地谈判"使日军赢得了增兵华北的时间，却蒙蔽了冀察当局的视线，延迟了二十九军布兵应战的准备，赵登禹的部队27日才赶到南苑。此前，他的部队在大名，冯治安的部队在河北省保定。他们向北平集中时，主要依靠徒步走。阎启志说："当时中央的政策是避免冲突扩大，能够化解的就化解，光想着和日本和谈，可日本人调兵遣将，源源不断地往中国运兵。"7月25日，陆续集结到平津的日军已达6万人以上。

当时，中日双方军事力量相差悬殊，日军武器精良，不但有飞机，还有坦克和大炮。而二十九军将士的手里，除了大刀，只有落后的"汉阳造"步枪。北平城已经危在旦夕。

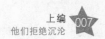
没打过枪的学生兵把日军赶出了南苑阵地

1937 年 7 月 28 日，日本华北驻屯军趁二十九军换防之际，突然夜袭了他们位于南苑的兵营。阎启志老人对这一夜的印象格外深刻，他说："就在这天夜里 3 点多钟，日本人的炮就来攻击南苑了。"阮捷成当时就住在宋哲元司机家附近，害怕不大安稳，就搬到前门的六国饭店。在以后的几天里，阮捷成在六国饭店的楼上，目睹了南苑战斗的整个过程，他说："火光都看到了，炮声都听到了。"

南苑是平原，没有山坡，没有躲避的地方，所以这里并不是有利于中国军队作战的地方。而且，当时的南苑并没有正式的部队驻守，张可宗老人回忆说："往南苑攻击的日本兵力比我们多好多。当时，南苑哪还有部队，三十七师在北京卢沟桥，三十八师在天津，一四三师在张家口。"

这一刻，南苑兵营已成孤营。

在重炮的掩护之下，日军牟田口联队率先冲入南苑守军的最薄弱处——学兵团的驻地。这些学生兵大多没进行过实弹练习，这时却要作为正式的部队来参战。当时，每个学生一支步枪、四个手榴弹、二百发子弹，就开始武装起来。阎启志就是当时学兵团的学员，他说："看到日本人就打，打一枪，也不知道打死没有，就赶紧蹲在下边，有时候就抬起头来看看。"

在学生兵的顽强抵抗下，日军又遭到了赶来救援的二十九军副军长佟麟阁的夹击，就这样，日军被赶出了阵地。

在日军被赶出南苑阵地的同时，赶去团河前线指挥作战的赵登禹却遭到了日军的伏击。

南苑

位于北平城南，从清朝开始驻扎军队，自古以来不但是兵营，还是战略要地。辛亥革命后，冯玉祥率军驻兵南苑，并开始了对南苑各方面的治理和整顿。1924 年，他还将自己的婚礼设在了南苑。军阀混战期间，北平的驻军你来我往，但南苑始终是总部所在。南苑可以说是北平的心脏。日本人发动卢沟桥事变，也直指心脏南苑。关于南苑的重要性，萨苏先生在《血斗南苑》中有这样的表述："如果说宛平城是北平南方大门的锁，卢沟桥是开锁的钥匙，那么，南苑就是这扇大门的门枢。"

佟麟阁（1892~1937）

原名凌阁，河北省高阳县人，"七七"事变爆发后，指挥二十九军浴血抗战，最终壮烈殉国。他是全面抗战爆发后捐躯疆场的第一位高级将领，位于北京西城区的佟麟阁路就是为了纪念他而得名。

★★★★★
潘毓桂叛变

日军的伏击看似突然，其实是有原因的。原来，二十九军在7月下旬已经制定了一个反攻计划。但是，谁都没有想到，当时作为冀察政务委员会政务处处长的潘毓桂，在参加完二十九军的会议后，已经把全部的计划透露给了日军。潘毓桂的叛变直接导致了南苑的失守，以及赵登禹、佟麟阁两位大将的牺牲。但是，抗战胜利后，潘毓桂并没有得到应有的惩罚。

张可宗说："团河遭遇日本人的伏击以后，赵登禹马上他就把他的长大褂一甩，草帽一丢，随从把他的大刀一交给他，他右手拿大刀，左手拿手枪，跟日本就干起来了，但是离着他近了害怕得很，他那个刀呼呼的响。日本军官也好，当兵的也好，他一看到我们师长那个场合，都不敢围到前面，围到前面只要他一来你就没命了。尤其是他有一把手枪，他的刀砍不到你，他的手枪可以把你打死。"

这一仗打过以后，桥两边已经堆满了尸体。面对中国军队的顽强抵抗，日军开始对南苑进行轰炸。阎启志说："太阳还没出来的时候，日军的轰炸就开始了，当时日军不仅飞机炸，而且大炮打。"

在日军的狂轰滥炸中，原本准备与日寇在陆地上决一死战的南苑兵营，霎时间变成了火海。面对日寇的嚣张气焰，士兵们这时也豁出了性命，要与日军战斗到最后一刻。当时黄成祥看到有一名战士拿着步枪打飞机，结果被飞机机枪扫射，当场就牺牲了。

战斗一直持续到了下午，阵地已变得支离破碎。学兵团1700名学生兵，只剩下了800余人。这时，士兵们听到了赵登禹宣布撤退的命令，突围开始了。

赵登禹率领部队向城里撤，撤退到北京西南的大红门一带，却落入了日军的伏击圈。张可宗说："忽然间敌人的大炮、坦克车、飞机就来了，飞机在轰炸，坦克车也在打。马路边上还有一排日本人在机枪扫射，冲锋枪、机关枪都朝赵登禹的轿车打来，把车子打得乱七八糟，打了几百个洞。"坐在车里的赵登禹当场殉国，年仅39岁。张可宗看到，赵登禹的脸上、身上都是血。

在生命结束的最后一刻，赵登禹叮嘱他的随从告诉自己的母亲，忠孝不能两全，对得起国家，

赵登禹

就对不起咱的妈。

佟麟阁与赵登禹是结义兄弟，得知兄弟阵亡，佟麟阁不愿独活。在与日军的战斗中，他身受重伤却依然不下火线，直到流血过多，壮烈殉国。

南苑失守后，北平城被日军四面围困，军长宋哲元率领部队撤出北平，全线南撤。北平城中的百姓们意识到亡国奴的日子要开始了。这时，阮捷成一家决定离开北平，前往天津。

因为阮捷成参加过学兵团，为了防止日军的盘查，他的家人为他借来一套长袍，还借来一个大陆银行的徽章，让阮捷成把它挂在胸前。尽管有了徽章，上火车之前阮捷成还是遭到了日军的严格盘查。阮捷成说："日本人看我年纪轻，头发剃了，就更注意了。因为那时候我们学生兵受训，头发都剃了。他把我的手拿去看，检查我手上有没有老茧。因为我没摸几天枪，没有老茧，而且还和家里人在一起，不是一个人，还戴着一个徽章，就放我们过去了。"阮捷成最终通过了敌人的检查，而身为一个学生兵，没怎么摸过枪反而成了一件幸事。

此时的天津，其实也不再太平。7月29日，日军飞机轰炸天津，拉开了进攻天津的序幕。守在天津的二十九军士兵拼死抵抗。无奈的是，日军的轰炸越来越猛烈，一枚又一枚炸弹在城市中爆炸，高粱地里一个炮弹坑挨着一个炮弹坑，天津城里的建筑纷纷倒塌，很多人都躲避不及。在全城老少惨痛凄厉的哭喊与呻吟中，天津最终沦陷。

回忆起当年的战场，二十九军三十八师一一二旅二二三团战士李兰亭说："在天津一开战，头一仗我们的班长就被打死了，班长是个老兵，参加过长城抗战。我一看他左边胸口、衣服被打破了，流出血来，不一会儿他头一歪，就躺在那儿死了。"李兰亭眼睁睁看着班长牺牲在自己的面前。

平津的月光已不再属于中国人

1937年8月8日，日军驻北平司令官河边正三率领3000多人进驻北平城。并在"卢沟晓月"碑前庆祝。

卢沟晓月

著名的"燕京八景"之一。乾隆皇帝曾在秋日路过卢沟桥，看到这里洞水如练，西山似黛，再加上倒影于水中的月色，于是题"卢沟晓月"，立碑于桥头。

当时刘良惠是北平的学生，他回忆，日军从朝阳门入城，保甲长通知中国人每家派一个人出来欢迎，并且要拿着一面写有"中日亲善"的小红旗，百姓们虽然内心抵触，但是又不敢不去。他说："日本人占领我们中国的土地，又杀我们同胞，还叫我们去庆祝他们的胜利。这一点日本人做得非常差，尤其激起了青年学生的反感。"刘良惠说这句话的时候，是微笑的。此时刘良惠的笑，是对当时状况的无奈，也是尘埃落定以后刻骨伤痛的浮现。

当时，日本人每打下中国一个城市，就会在这座城市里放飞一个大气球，尾带上写着占领某某地方。这一天，日军在崇文门附近的广场上放飞气球，上写"占领北平"。

一个月的时间，从月缺月圆又到月残缺，一切都改变了。此时，平津的月光已不再属于中国人自己。日本人夺得了平津这道华北的防护屏障后，已经可以长驱南下，发动全面侵华战争。身在天津的阮捷成只好继续踏上南下之路。当时陆路不通，阮捷成只好走海路，先从天津到塘沽，从塘沽乘济南轮到了青岛，再从青岛乘胶济路经过济南，走到浦口，一直到南京。到南京以后，阮捷成的姐姐继续南下，到了广州和香港。

而身处沦陷区的北平老百姓，则越发想念二十九军。黄成祥说："要像二十九军那种素质，如果有个好的指挥官，那真是百战百胜的部队。赵登禹、佟麟阁、张自忠，都是爱国的军官，都是很不错的。"

二十九军撤出平津后，国民党军委会将其编成三个军，番号分别是五十九、六十八、七十七。三支军队辗转各地参加抗战，至抗战胜利时，六万余人的二十九军，只剩下不足两万人。

1937年7月，作曲家麦新有感于二十九军奋勇杀敌的事迹，创作了《大刀进行曲》，让二十九军英勇杀敌的事迹传遍全国，鼓舞着人们

★★★★★
★《大刀进行曲》

《大刀进行曲》的歌词先后有两个版本，文中选的是原始版本，现在流行的版本是：

大刀向鬼子们的头上砍去！
全国武装的弟兄们！
抗战的一天来到了，
抗战的一天来到了！
前面有东北的义勇军，
后面有全国的老百姓，
咱们军民团结勇敢前进，
看准那敌人，
把他消灭，把他消灭！冲啊！
大刀向鬼子们的头上砍去。杀！

这样荡气回肠的战斗歌剧，足以与诞生于法国大革命初期、要用压迫者的鲜血涤荡国民灵魂的《马赛曲》媲美，是古老民族面对外族侵略所发出的最震撼人心的怒吼。

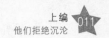
投入到抗日救亡的战斗之中。这时，中国人面对侵略已不再沉默。

　　　　大刀向鬼子们的头上砍去，

　　　　二十九军的弟兄们，

　　　　抗战的一天来到了！

　　　　抗战的一天来到了！

　　　　前面有东北的义勇军，

　　　　后面有全国的老百姓。

　　　　咱们二十九军不是孤军，

　　　　看准那敌人，把他消灭！

　　　　把他消灭！冲啊！

　　　　大刀向鬼子们的头上砍去！杀！

　　　　　　　　　　　　——《大刀进行曲》

华北危机！中华民族危机！保卫华北！为保卫国家流最后一滴血！

　　"七七"事变后，《中国共产党为日军进攻卢沟桥通电》中最醒目的字眼就是"华北危急"。

　　起来，不愿做奴隶的人们，把我们的血肉，筑成我们新的长城！

八百孤军

亲历者

王文川——时为八十八师五二四团一营重机枪连机枪手
杨养正——时为八十八师五二四团一营一连一排排长

编导手记

对于王文川来说，历史是一条长河！

河那边，1937年的炮火声犹在，困守四行仓库的数百条汉子决心一死；

河这边，北京二环路一栋破旧的房子里，呜咽的口琴声断断续续，行将就木的老人只剩下一个孤独的背影。

如果把两种声音做一个诠释，那这交织在一起的旋律就是一段跨越70年的交响曲。

这声音让我变得沉默。

人生总有荒谬之处，活着并不意味着幸运，死去也不仅仅只是悲剧。

从在坚守四行的第一刻起，"八百壮士"们就抱定了血战一死的决心。团长曾在四行仓库的墙壁前，用一根木炭写下自己的遗书：我们是中华民族的子孙，志士仁人无求生以害仁，有杀身以成仁，我们存在一天，决与倭寇拼命到底。

这一刻，他们无惧无畏！

然而，命运给他们的人生开了一个残酷的玩笑：他们活下来了。

　　我固执地认为，如果这一刻他们战死了，那他们将是一群勇敢的人；如果他们选择活下去，那么他们将是一群伟大的人！因为他们每个人都知道，活下去的屈辱与艰难。勇敢与伟大，在这一刻需要更多的勇气做出决断。

　　作为"八百壮士"中的一员，王文川和他的战友们一直在坚持活着。在1937年的炮火中坚持；在孤军营与日军的抗争中坚持；在巴布亚新几内亚的荒岛上坚持；甚至在解放后的新社会里、在"文革"的热潮中、在开放后的人情世故下坚持，然后一个个的离去，又一个个的被遗忘。

　　这是个让人难以面对的事实，却又如此的清晰可见。

　　王文川一直在隐瞒，隐瞒自己的身份，隐瞒过去的历史，甚至是面对自己的子女。他沉默寡言，脾气古怪，性格暴躁不近人情。

　　为什么？

　　我一直在寻找这个答案，王文川的长子王家宾也在寻找。当王家宾搀扶着自己年迈的父亲再次回到四行仓库时，哭倒在团长谢晋元雕像前的父亲已经告诉了他答案。而即便是了解了"八百孤军"的前前后后，我依然没有找到答案。

　　在节目即将完成的时候，2009年12月7日凌晨2点30分，王文川带着他的口琴声，带着对老团长谢晋元的无比思念，带着将近70年的永恒记忆，带着再去四行仓库的最后愿望，永远地告别了。

　　我知道我一定会听到这个消息！但这一刻我并不悲伤。

　　1937年8月9日，日本海军中尉大山勇夫在虹桥机场与中国守军发生冲突后被射杀，日军随机以此为借口向上海增兵。8月12日，调集淞沪的日本军舰已达30余艘，海军及陆战队15000人。与此同时，京沪警备司令张治中率八十七师、八十八师，到上海杨树浦及虹口以北布防，战争一触即发。

　　8月13日上午9点，日军陆战队的一个小队冲进上海横滨路宝兴路地段对中国军队开火。零星的战斗持续到晚上，第二天一早，国民政府发表《抗战自卫书》，宣布中国绝不放弃领土之任何部分。当天上午，中国军队主动发起了进攻。

　　淞沪会战爆发。

"八百壮士"王文川

　　此次会战，国民党投入了包括德械师最精锐的三十六师、八十七师、八十八师在内的所有精华。这是中日军队之间的首次主力会战，也是抗日战争中规模最大、战斗最惨烈的战役，交战双方总共投入近百万兵力，在3个多月的时间内激战于以上海为中心的长江三角洲地区。

　　王文川跟随八十八师来到了上海，作为全副德式装备的八十八师五二四团的一名重机枪手，这一年，他19岁，当兵满4年。

　　从1937年8月13日开始，他的手就再也没有离开重机枪。

　　战斗打得激烈，国难当头，曾经交战过的各个派系的部队握手言和，从不同的地方赶赴华北和华中前线。狭长的淞沪战场上云集了70多万中国军队，几乎调动了当时中国所有兵力的三分之一。在一派沿江平原的淞沪战场，没有任何可以防守的天然屏障，从全国各地仓促赶来的中国军队，全凭血肉之躯，经常整连整营地战死。

　　这样的战斗持续了70多天，但上海终究还是没能守住。

　　1937年10月26日，中国守军被迫转移。攻占上海城区后的日军，先推倒了孙中山的塑像，随后到处悬挂太阳旗，上海浓烟翻滚的天空中，唯独没有了中国的旗帜。

上海升起了唯一一面国旗

　　1937年10月27日清晨，一伙日军沿着苏州河边一路搜索前进。下午2时，当日军大部队接近四行仓库时，突然枪炮声大响。原本以为中国守军已经撤走的日军顿时陷入混乱，留下了八十多具尸体仓皇退去。那一天，上海市民十分激动，因为四行仓库里还有一支部队留下了。

日本全面侵华后，国民党政府即向国联呼吁制止日本侵略。国联建议召开《九国公约》签字国及其他与远东事务有直接利害关系的国家参加的会议，调解中日冲突。会议原定于1937年10月30日在比利时的首都布鲁塞尔召开。蒋介石希望在上海无论如何要有一支部队能够守到那个时候。1937年10月26日，刚刚升任五二四团团长的谢晋元接到任务，八十八师师长孙元良命令他死守上海最后阵地，吸引日军，掩护闸北地区友军撤退。

位于苏州河北的四行仓库，因为高大坚固，并且紧临公共租界，易守难攻，被选为留守部队最后的阵地。26日深夜，团长谢晋元和营长杨瑞符带着400多个弟兄，退守四行仓库。

初到四行仓库时，有英租界士兵询问谢晋元带多少士兵驻守，谢晋元为壮声威答曰800人。

"我们团长给我们训话，仓库在你们在，仓库不在你们就没了。"听了团长的话，王文川有些激动，团长都这么说了，他也豁出去了。开始时敌人的攻击比较猛，王文川说："他一开始是猛攻击，我们这三挺重机枪，还有几挺捷克

谢晋元

★★★★★
★ 谢晋元（1905~1941）

广东蕉岭人。1925年12月，考进黄埔军校第四期，历任国军排长、连长、营长、副团长、师参谋、旅参谋主任等。淞沪会战中领导"八百壮士"死守上海四行仓库，后为叛徒杀害。

1947年上海市政府将上海北火车站到四行仓库的这条路改名为晋元路，将与孤军营一墙之隔的胶州公园改名为晋元公园，并将附近一所中学改名为晋元中学。1982年，谢晋元的墓迁至上海虹桥宋庆龄陵园的右侧。

四行仓库旧照

四行仓库是位于上海闸北区苏州河西岸的一座混凝土建筑，建于1931年，占地0.3公顷，深54米，高25米，是该地区最高的建筑，是大陆、金城、盐业、中南四家银行共同建设的储备仓库，遂被称为"四行"。四行仓库的西面和北面已被日军占领，东面和南面是公共租界。这种地形易守难攻，日军会为免于误伤租界而不敢使用重炮轰击和飞机轰炸。

抗战胜利后，四行仓库经改建至今仍然存在，部分空间被改为四行仓库纪念馆。

"八百壮士"杨养正

对于八百壮士守卫四行仓库这段历史，从1938年开始，先后有两部电影表现了这场英勇的战役。女童子军杨惠敏泅水渡江为八百壮士赠旗的这一细节，成为了电影的亮点。其中，1975年由丁善玺导演拍摄的台湾版《八百壮士》中，刚刚出道的林青霞成功塑造了杨惠敏的角色。

式的轻机关枪，一共五挺，打得他们抬不起来头。"但日军很快站稳了阵脚，出动了大炮战车，不分昼夜地进行波浪式的攻击，一场生死搏斗开始了。

王文川说："可是我们也不怕，他那一动，我们就发动重机枪'嗒嗒嗒'，一带就是250发。"当时，团长谢晋元经常身上带着左轮枪，趴在地上检查。"谢团长就怕我们不打，谁要是不打，掏出枪就毙你，那没说的。"

在四行仓库旁边的3间砖瓦房上，八十八师五二四团一营一连一排排长杨养正带领他的弟兄们用手榴弹专打坦克，封锁敌人的冲锋线路。看到坦克被打坏了，恼羞成怒的日军把炮弹投到了房顶上。那一次，杨养正的一只眼睛被炸瞎了。

孤军抗敌的士兵们打得很艰苦，进入四行仓库的第2天，日军就炸断了仓库的通水设备。仓库里存有黄豆、绿豆、高粱等粮食，但为了不让敌人找到目标，大家不敢生火，饿了就吃生米，渴了就用枪筒子装一点水来喝。王文川说，那时候没办法，但也不觉得饿。

谢晋元知道，自己带领的这支部队已经深陷到几万敌人的重重包围圈当中，突围已经不可能，他走到一面墙壁前，用一根木炭写下了自己的遗书：

> 我们是中华民族的子孙，志士仁人，无求生以害仁，有杀身以成仁。我们存在一天，决与倭寇拼命到底。

上海失守后，四行仓库周围插满了日本侵略

军的军旗。11月29日凌晨6时，一面青天白日旗在军号声中高高升起在四行仓库楼顶。原来在28日夜里，刚满18岁的中国少女杨惠敏，穿越过横飞乱舞的枪弹，给孤军送来了一面青天白日旗。没有旗杆，临时用两根竹竿连接扎成；没有音乐，只有一两声冷枪声；没有壮观的场面，只有十几位军人肃立敬礼。在数万日本陆海空军围困中，上海唯一的一面中国旗帜升起来了。

杨惠敏

关于杨惠敏送国旗的前因后果，在历史上有很多不同的版本和说法：

上世纪三四十年代的上海名医陈存仁的说法是："当时租界是中立区，上海本地人、各国记者、商人都站在租界这边隔着苏州河观战，看着日军对四行仓库的国民军狂轰滥炸，却无法前进一步，十分钦佩。这时有个懂军事旗号的人，自告奋勇向对岸的孤军打旗号，问他们需要

什么紧急的援救物资，对方旗号回答'什么都不要，只要一面国旗'。大家知道后，一时也无法送过去。忽然有一个女童军叫杨惠敏的，用油布包着一面国旗，勇敢地跳下河去，冒着枪林弹雨泅水过了河，将国旗送到国民军手里。"

当时著名的战地记者曹聚仁则说，杨惠敏是受国民军指派将国旗由此通道送到了四行仓库，并无任何冒险之处。

谢晋元之子谢继民在《我的父亲谢晋元将军》一书中称，采访了杨惠敏本人后得出的结论是：1937年10月28日一个上午，和大部队失去联系的四行孤军用电话和市商会临时办事处通话，要求送一面国旗和补充粮、油、烟等给养，准备持久抵抗，决不投降。商会秘书严谔声先生当即召我嘱咐童子军团设法完成任务。

谢晋元与众将士坚守四行仓库四天四夜，击退日军 6 次进攻，毙敌数百人，被当时的报纸媒体称做是"八百壮士"。战士们守了整整四天四夜没有休息，经常说着话就睡着了，脸上都是黑泥，都认不得彼此的模样了，但他们已忘了辛苦。

然而，就在壮士们四个昼夜不曾合眼，边战斗边修工事，准备与敌人作长时间的殊死决战时，10 月 30 日统帅部命令孤军停止战斗，退入公共租界。

团长谢晋元痛心不已，声言，全体壮士早已立下遗嘱，誓与四行最后战地共存亡，但求死得有意义，但求死得其所。

杨养正说："租界找到了南京国民政府，因为战斗距离租界太近，极有可能伤到租界的利益。另外，统帅部给谢晋元说，抗战不在于一城一地的得失，所以退了。"

1937 年 10 月 31 日凌晨 1 时，团长谢晋元组织部队含泪撤出了坚守四天四夜的阵地，退入公共租界。至此，上海守军全部撤走。

虽然上海最终失守，但有一点壮士们很欣慰，日军没能三个月灭亡中国。

八百壮士坚守四行仓库的英雄事迹迅速传遍全国，各界都赞颂谢晋元所部忠勇爱国的牺牲精神：

何香凝女士说："你们每一个人都充满了牺牲精神。殉国的将士，将因为你们而愈加伟大；前线的将士，将因为你们而愈加英勇；全国同胞，将因为你们而愈加团结；国际人士，也将因为你们而愈能主张正义了。"

英国司令员史摩莱少将说："我们都是经历过欧战的军人，但我从来没有看到过比中国敢死队队员最后保卫闸北更英勇、更壮烈的事儿了。"

英国《泰晤士报》发表文章称："中国军队守卫上海 76 日之后，尚有死守四行仓库的八百孤军，困于强敌，力持不屈，其英勇之气概，使人敬佩之至……"

美国的国际无线电台以"八百壮士死守闸北"为题，广播了一整天，声波传遍全球。

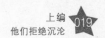

1938 年 10 月，毛泽东在中共六届六中全会上，称"八百壮士"为"民族革命典型"，与后来的平型关战役、台儿庄会战相提并论，并亲笔写下"八百壮士中国革命典型"的题词。

孤军营：四个沉默不语的士兵突然拔出匕首

1937 年 10 月 30 日，八百壮士奉命撤入租界，原商定经沪西返回部队参战，但租界工部局却屈服于日军压力，违背诺言，解除了将士们的武装，将他们扣留在胶州路一块空地上，四周以铁丝网围困，派万国商团的白俄兵看守，英勇抗敌的壮士们，成了名副其实的"孤军"。

> ★★★★★
> **租界工部局**
>
> 1854 年 7 月 11 日，上海租界组成自治的行政机构工部局，开始形成自己的警察、法庭、监狱等一套类似于政府的体系，进行相应的行政管理活动。工部局在实质上担任了租界市政府的角色。1943 年，汪精卫政府接收上海公共租界，该工部局宣告结束。

孤军营是战士们自己平出来的很大一块旷地。在旷地上，战士们不仅修建了十几幢房子，还平出了足球场、篮球场、排球场、中山堂、大礼堂。一幢房子可以住一个连，中山堂可以容纳四个连同时开饭。

虽然身陷孤军营，可官兵们并没有因此而消沉。

从 1938 年元旦起，谢晋元开始记日记，在谢晋元的日记中，清楚地记录着孤军营的作息时间：

起床 4 时 30 分

早操 5 时至 7 时

万国商团白俄队检查人数 8 时

早餐 9 时

上课 10 时至 11 时 30 分

晚餐 4 时

拳术或唱歌 5 时至 7 时

就寝 9 时

杨养正回忆说，当时有大学教授教他们读书。他们还经常开运动会，举行足球、篮球、排球、乒乓球的友谊赛。

为了改善官兵的生活，团长谢晋元带领战士们开办了许多小工厂，有织袜子的、做毛巾的、做肥皂的。当时，他们制作的毛巾上都写着"上海四行孤军生产工业社出品"。孤军的生产收入，除补贴生活外，全部拿来支援抗战。那些毛巾有的卖到了香港，香港人拿着都舍不得用，都用来做纪念。

一年以后的1938年8月13日，孤军营升国旗纪念抗战一周年，这一举动引起租界不满，他们害怕日军以此为借口伤害他们的利益，租界里的英国军队要求把国旗降下来。

谢晋元说："弟兄们，你们是中国人，你们有种没有？"大伙儿回答："有！"战士们为了保卫这面国旗进行着殊死的抗争，最后，租界工部局使出了催泪瓦斯弹，无以为抗的战士们被打退了，国旗被迫降下，108位战士受伤。

上海市民听到这个消息，连日抗议罢市，后经民众团体交涉，工部局被迫让步，允许今后纪念日可挂国旗，但旗杆被截去一节。

被监禁的时间在无限期延长，抗日战场上的中国军队又连连失利，有时基本的军饷都供应不上，孤军中的苦闷情绪越来越重。蒋介石一次次发电报，让谢晋元和孤军们一定要艰苦奋斗，坚守孤军营，使其他同盟国逐步加强对中国抗战的支持。

那段时间，团长谢晋元常常失眠。虽然很多人不理解，但是谢晋元依然艰苦地坚持着。他在日记中无比伤感地写道：

> 余竭尽心血，对内对外之艰苦支持，已至力竭声嘶。使余有呼天不应，呼地不灵之痛。当余追忆几年来经过时，不禁流泪，诚以几年来之惨痛生活，何以用言语形容。

1940年3月，汪精卫伪国民政府在南京正式成立，他派人以陆军总司令的高官向谢晋元诱降，谢晋元把委任状撕得粉碎，他说：

> 我父母都是中国人，生下我这个儿子也是中国人，中国人绝不当外国人的走狗。

1941年4月24日早上，谢晋元和以往一样率领官兵早操，但这一天突然有四个士兵迟到了。杨养正说："谢晋元团长一看他们来了，就问他们为什么迟到，他们在那儿站着不动。当时我们谢晋元团长就这一点儿错，他本人自己去搜他们的身。"谁都没有想到，这四个沉默不语的士兵竟然是叛徒，他们突然拔出预先藏好的匕首行刺。毫无防备的谢晋元团长身中数刀，流血不止，下午6时悲壮长逝。那一年，他37岁。

★★★★★
4名叛兵最后归宿

谢晋元被杀害后，舆论直言4个凶手的后台是日本人。租界工部局特别法庭对4名叛兵提起公诉，于1941年6月27日做出判决，以共同杀人罪，判处郝鼎诚（下士）、张文清（下士）、尤耀亮（下士）、张国顺（上等兵）死刑。一种说法是：死刑执行了，日方未予干预。另一种说法是：由于日本人施加压力，迟迟未予执行。同年12月8日，太平洋战争爆发，日本对英、美等国宣战，占领了上海公共租界，日军将杀害谢晋元的4个凶手开释。

四个凶手当场被擒，后交代是汪伪政府收买所为。

谢晋元牺牲的消息传出后，前往吊唁者达十余万人。5月8日，国民政府追认谢晋元为陆军少将。谢晋元的遗体被埋葬在其孤军营宿舍门前的小花园内。

众人送别谢晋元

谈到谢晋元团长，王文川和杨养正难掩悲伤，几近泣不成声。近70年后，这种悲伤丝毫没有减弱。王文川说："我们谢晋元团长待我们就跟自己的亲儿女一样。"

谢晋元曾经送给王文川一把口琴，这把口琴，王文川一直留到现在，但他很少吹，因为每次吹都会想起团长。这一次，他颤颤巍巍地吹响了这把口琴。而这，也是他最后一次吹了。

鲜为人知的极远迁徙：巴布亚新几内亚

谢晋元遇刺后，孤军营里官兵的士气越来越低迷。1941年12月8日，日本突袭珍珠港，太平洋战争爆发，租界不再是安全岛，上海全部沦陷。

王文川、杨养正和一部分孤军被押往玉溪、杭州等地，挖煤或筑路做苦工，但还有一部分人去了哪里，他们也不清楚。

困守四年有余的孤军又沦为日军的战俘。

1942年秋的一天，一艘日本军舰秘密航行在太平洋上，没有多少人知道，在军舰的最底层，关押着36名苦工，他们就是另外的孤军。军舰在太平洋上颠簸了48个昼夜，到达西南太平洋，巴布亚新几内亚与所罗门湾之间的一个荒岛上。岛上共有160名战俘，有英、美等国战俘，也有新四军游击队战士，两年过后只剩下38人。

在国内的王文川和战友们，时时刻刻都在想着怎么逃走。

一天，一个老乡一家三口趁机将王文川藏在顶棚里。收工点名的时候，日军突然发现少了一个。王文川说："那一天特别危险，他们（日军）实际上不知道，他们拿刺刀捅那个顶棚，差一点捅到我。日本人走了，老乡把我送到南京车站，我从那里跑出来了。"

在敌人的刺刀下侥幸逃生的王文川一路讨饭，一路打听，凭两条腿，从安徽芜湖，整整走了3个月，终于走到了重庆大坪的国民党散兵收容所。

王文川至今不知道那位善良的农民叫什么，他也没有机会报答他们了。

杨养正也逃走了，他和另外两名战友趁着收工，抢了日本人的枪。后来他们遇到了新四军，护送他们到了安徽。

几年的监禁生活终于结束，他们自由了。只是曾经奋勇杀敌的壮士们，如今却只能四处漂泊。

1945年8月，没有逃走的孤军看到日军垂头丧气，再也不像以往那样蛮横，这时他们才知道，就在8月15日，日本宣传投降。听到这个消息，战俘营沸腾了，孤军们立即把看守他们的日军抓了起来。

与此同时，巴布亚新几内亚的小岛上也是一片欢呼声，中国的劳工和盟军士兵一起享受胜利的喜悦，只是他们中的一些人，永远地长眠在了异国的土地上。

杨养正说："日本投降以后，所有军官每人晋升一级，所有士兵一律提升为军官，愿意退休回家的你回去，可以发钱给你回去。我晋升了一级，晋升为少校，但是我不干了，日本投降就算了，我退役。"

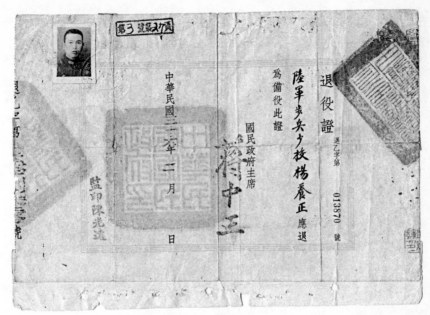

这张退役证，杨养正保存了60多年。

杨养正退役了，王文川最终也离开了部队。

1946年，在战争中流离失所的中国人纷纷返回家园，一百多名散落各地的"八百壮士"也回到了曾誓死守卫的上海，他们在老团长的陵墓四周搭起棚子住了下来，一起为老团长守灵。团长的遗孀凌维诚也携子女回到了上海。像丈夫当年一样，凌维诚承担起了照料孤军官兵的责任。

此时，国民政府动员八百壮士归队服役，壮士们的回答是："仗，我们打够了，不想再打了。"他们有的人在上海靠做各种苦工维持生活，有的人回到原籍当了农民，还有的伤兵则流落街头……

2007年，王文川再次回到上海，他在老团长谢晋元雕像前失声痛哭。在这60年里，他隐去了自己的身份，在北京当了一名普通工人，甚至连子女也一直不知道父亲的身份。王文川的儿子王家宾也已经60岁了，他说："别看现在我60岁了，我从心里头对我父亲还有一种恐惧，这是从小时候养成的习惯。"小的时候，王家宾跟别的孩子一样淘气，每次开完家长会，回来后都会招致父亲的责骂，轻则臭骂一顿，重则挨打，甚至让他们下跪。这种在现在看来完全不可想象的体罚，在当时都是常事。

王文川结婚照

王家宾一直不理解，父亲为什么会这么粗暴。而在其他人眼里，王文川就是一个沉默寡言的退休工人，性格有些孤僻。

直到哭倒在老团长雕像前这一刻，压抑多年的心情才终于释放，孩子们也终于理解了父亲。

2009 年 8 月，王文川的语言能力基本丧失，在那个有些破旧的小屋里，老人显得愈发沉默。

2009 年一个冬天的早上，92 岁的王文川去世。他死前的最后愿望是能够再去四行仓库看看。

同年，我们找到了另外一位壮士郭兴发老人，只是老人已经不能说话了。我们离开后 4 天，郭兴发安然离世。

已知"八百壮士"共 212 人，仍在世的仅杨养正一人。

2008 年 12 月 23 日，一篇名为《上海四行仓库保卫战的"八百壮士"遗骨在海外无人问津》的帖子引起广泛关注，文中称：巴布亚新几内亚的华人在拉布尔附近偏僻的山坡上发现数百名中国抗战将士的墓地，其中有包括"八百壮士"在内的国民党军队的将士，以及新四军和共产党领导的游击队战士。他们在抗战中被日军俘虏，后被遣送至巴布亚新几内亚的日军集中营遇难。这些墓地建于 1945 年抗战胜利后，由当地的华侨和被盟军解放的中国战俘共同为死难的战友修建。经过 60 多年后，由于火山频频喷发，当地华侨纷纷移民他地，导致这些中国抗战军人的墓地失去保护，年久失修，破坏严重。

2009 年 3 月 17 日，海峡两岸和谐发展基金会在北京正式启动"迎接抗日壮士遗骸回国"活动，计划派出先遣队赴巴新调查，争取在年内完成流落在当地的抗日将士们遗骸的身份确认工作，并将将士们的英灵接回祖国，在国内举行迁葬仪式，让这些为国捐躯的英烈早日叶落归根。

伏 击

亲历者

强　勇——时为八路军——五师六八六团团部司号员

杨永松——时为八路军——五师六八五政治处技术书记

陈绍清——时为八路军——五师工兵连战士

王用中——时为第十四军战地工作队战士

张　涣——时为七十二师军医处战士

编导手记

　　小时候看关于打仗的电影，印象中"好人"们似乎总是守在阵地上舒舒服服地打机枪，与此同时，"坏人"们却总是在开阔的地上抱头鼠窜，纷纷倒下。于是在平日游戏中，总是和小伙伴们争先恐后地抢当"好人"。看着被迫当"坏人"的伙伴们，在自己用嘴模拟的机枪声中纷纷倒下，那种感觉甚是痛快。稍微长大点才知道，原来这种打法叫做"伏击战"。一时间很是困惑，为什么"坏人"总是被"好人"打伏击？

　　长大以后才慢慢明白："伏击战"通常是以弱胜强时的最佳战术。守在阵地上打机枪的"好人"未必舒舒服服；同样，被伏击的"坏人"也未必抱头鼠窜。

　　平型关大捷，一个中学历史考试经常喜欢考核的名词，用家喻户晓来形容恐怕并不为过。有些东西听的次数多了，难免会有些许逆反。我们这一集所有亲历者的记忆，都是从一场大雨开始的。黑夜、暴雨、山洪，没有人知道到底要去哪儿，也没有人知道

自己究竟在哪里，唯一清楚的就是天亮后要去打仗，打鬼子。鬼子是什么？是日本兵。日本兵是什么样的？还是没人知道。

60多年过去了，今天的我们似乎不再有老兵们当年的疑问。关于平型关大捷，课本上一二三四说得很清楚。但在课堂上等着下课的学生们，你们真的了解这场战斗吗？可否有人知道，平型关大捷的准确地点，其实并不在平型关？可否有人知道，平型关大捷与平型关战役的关系？可否有人知道，为了这场被誉为"抗战第一胜"的伏击战，我们的战士究竟付出了多大的牺牲？

几位老战士的叙述，既清晰又模糊。

之所以说清晰，是因为老人对于战斗细节的准确记忆。

之所以说模糊，是因为老人对于战略细节的朦胧印象。

历史，也许本就如此。

1937年8月25日，中共中央军委发布八路军换装命令。所谓的"换装"主要就是把红军本来的红五星帽子换成国民党的青天白日帽子。时任一一五师六八五团政治处技术书记的杨永松回忆："大家当红军当了这么多年，很多同志都不愿意换，但是要参加抗战，所以忍痛把帽子摘下来，放到包袱里面，作为永久的纪念。"对于换装，还有一些战士想不通，司号员强勇便是其中之一，他说："一换衣服，不知不觉

一一五师

1937年8月，中国工农红军第一方面军第一、第十五军团和陕南红军第七十四师，改编为国民革命军第八路军第一一五师。林彪任师长，聂荣臻任副师长。

1937年8月到1943年春，一一五师共进行战役战斗3840余次，歼灭日伪军18.2万余人。1943年3月，与山东军区合并后，又进行了艰苦卓绝的反"扫荡"、反"蚕食"斗争，积极开展攻势作战及大反攻，为夺取抗日战争的胜利做出了重大贡献。

红五星帽

朱德带头换上青天白日帽

红军改编令

眼泪就掉下来了，非常不愿意换。"

1937年8月25日，八路军总部举行抗日誓师大会，总指挥朱德与各师师长带头换上青天白日帽徽。第2天，戴上新帽徽的强勇跟随八路军第一一五师启程开赴前线。

短裤衩军队的伏击战

1937年8月底的一天，黄河风陵渡口迎来了一批穿着短裤衩的中国军队。据杨永松回忆，当时因为天气太热，领导允许战士们把长裤脱了，穿着短裤衩行军。

穿着裤衩的部队经过风陵渡口过了黄河，然后到达火车站，乘火车开赴前线。当时一一五师乘坐的那列火车之前是用来运送马的车皮，车上又脏又臭，也没有来得及打扫就开走了。

这支穿着短裤坐火车行军的部队正是八路军第一一五师。队伍中有不少人都是参加过长征的老兵，虽然绝大部分官兵从未见过日本人，但大伙儿的士气仍然很高涨。

当时，西安事变已经和平解决，红军获得了休整的机会，战士们又进行了差不多半年的教育和训练，伙食也比过去好了，基本能吃上大米、白面。所以战士们无论是思想上、体力上都没有问题，士气很高。

1937年9月初，日军开始向山西雁北地区进攻，接连攻陷广灵、灵丘、浑源等地。日军统帅部命令板垣征四郎指挥第五师团主力进攻长城防线，第二战区司令长官阎锡山指挥所部退守平型关一线，平型关战役由此打响。

平型关位于山西省东北部，自古以来就是一个咽喉要道。在它的东北面，左侧有东跑池、老爷庙等制高点，右侧是白崖台等山岭，是一个理想的伏击地点。位于平型关以北的老爷庙、小寨村一带是日军军需品运输的主要通道，八路军一一五师师长林彪决定利用有利地形在平型关以北寻找战机伏击日军，从而减轻正面友军的压力。

此时，距离"七七"事变爆发已有两个多月，淞沪战场上随着日军增援部队的登陆，战局逐渐恶化，全国各条战线上，中国军队难求一胜。

9月中旬，一一五师抵达山西灵丘、河北涞源一线，天气变得越来越坏，路也越来越难走。那一年，雨下得很大。由于地基软，路上有的地方陷下去，有的被垫高，还有的地方山上塌方把路给填住了。9月24日深夜，一一五师主力开始向平型关东北方向秘密转进。25日凌晨，雨还在下，司号员强勇正和战士们冒着大雨，踩着湿滑的山路强行军，但他们却只能以随身带着的土豆充饥。雨夜中的山路湿滑难走，突然间，大雨引发了山洪，几名战士失足摔倒，转眼间就被洪水卷走，消失在黑暗之中。大雨如注，河沟里的水哗哗地流。"那时我怎么办呢？我们团里面有马，我就拽着马尾巴过河。"这个细节，强勇记得非常清楚。

凌晨时分，浑身湿透的强勇和战友们终于到达了目的地——老爷庙。因为是半夜到达，强勇和战友们没有时间挖工事，于是就在山头上隐蔽着。

战士们冒雨前行

与强勇一样，陈绍清与杨永松也都在各自的阵地上准备就绪。

平型关以北的老爷庙附近的山沟里有一条马路，叫做乔沟，是日本车队的必经之路。从军事角度上看，乔沟的地形很好，一边高，一边低，很适合伏击。大雨中的黎明一片漆黑，但战士们都很清楚，他们今天将要在这里打一场埋伏。杨永松回忆说："在山上等待进攻的时候，战士们全身都淋湿了，很冷，但是恶劣的天气丝毫没有影响士气，大家都知道，这是第一仗，一定要打好！"

平型关地形图

雨渐渐停了，天色越来越亮，但日本人还不见踪影，从没和日本人打过仗的强勇开始着急了。没有人知道公路那一头的敌人究竟在干什么，更没有人知道即将进入伏击圈的会是怎样的对手，强勇和战友们只能继续等待。"一直到天亮，天都快要亮，拂晓了，他还没过来，大家有点着急了，就等啊。"强勇回忆着那天的情形。强勇和战友们埋伏的山上没有树，都是光秃秃的山，他们最多就是搬几块石头挡一挡。所有人都小心地埋伏在那里，就等日军过来了。

1937年9月25日5时30分，强勇和战友们已经埋伏了几个小时，突然，公路上出现了一辆日军卡车。"等啊等啊！等那个汽车哗哗地开过来了，那个大洋马也来了，又是汽车，又是马车，哗哗地过来了，他趾高气扬很不在乎，就往里走。"强勇描绘着当时的情景，仿佛一切就发生在昨天。

进入伏击圈的这批日军分别是第二十一旅团辎重大队和第六兵站汽车队。两支日军辎重队连同随行的护卫队共有卡车近百部、骡马大车70余辆。由于雨后路滑，大车难以行动，日军纷纷下马

★★★★★ 辎重队

在日语中，"辎"指的是装载衣服的车子，"重"则可以理解成装载货物行李的车子，"辎重"指的就是"运输"。在部队移动之际，专门负责运输粮食、军服、武器、弹药等军需品的兵种被称为"辎重兵"。

★★★★★ 兵战汽车队

军队沿交通运输线设置的以供应、转运为主的后勤综合保障机构。

推车，一时间道路上人喊马嘶，一片忙乱。

上午9时30分，日军全部进入伏击圈，一一五师师长林彪下达战斗命令，几发信号弹在平型关上空炸响。"他就报告敌人全部进来了，林彪让咱们发出信号，发三个信号，最后是全面开始射击了，打了！"时为一一五师一名工兵连战士的陈绍清老人一边说一边把手一挥，仿佛又回到了70年前那场畅快淋漓的战斗中。司号员强勇对冲锋号的记忆尤其深刻："那天首先发出信号弹，然后'答滴滴——答答滴——滴滴'一吹冲锋号，营里和连里也吹起了冲锋号，战士们哇哇地喊着就冲上去了。"

虽然战士们做了充分的埋伏和准备，但是，他们中的大多数，毕竟从未见过日本人，更不用说面对面地战斗了。这次的战斗，跟他们预想的不太一样。

据日军文档记载，抗战初期的八路军子弹非常有限，平均每支步枪所配发的子弹还不到5发。所以，对于八路军战士来说，为了节省子弹，基本上打完三枪就要上刺刀冲锋，这一招在内战时期十分有效，但这一次的对手很不一样。日本兵都经过多年的训练，光是练习时就不知打过多少子弹；而中国兵呢，由

于没那么多子弹，即使是打过很多仗的老兵也没多打过多少子弹，新兵就更没有什么经验了，他们平时就是瞄准，基本没有实弹射击打过。相对来说，日本兵则是训练有素，射击技术很准，而且武士道精神都比较强。杨永松说："按照我们国内战争的打法，我们要下去抓俘虏了。结果日本兵非常顽强，枪也打得很准，你一露头，他一枪就把你头上打一个洞。"

被包围的日军辎重队在经历了最初的慌乱后，开始向道路旁的制高点发起猛烈冲击，想要往上争取抢占老爷庙。

这是一场没有俘虏的战斗

1937 年 9 月 25 日上午 11 时，正在平型关正面战场与高桂滋领导的八十四师交战的日军第五师团，派出三个中队前来解救被围日军。这时，几天前第二战区司令长官阎锡山派人送来的德制长柄手榴弹发挥了作用。

强勇记得很清楚，那种手榴弹前面有一个比较粗的铁头，后面有一个带盖的木把，揭开盖以后有一个导火线，一拉导火索扔出去就响了。这种手榴弹特别响、特别厉害，陈绍清和他的战友们就使劲地往下扔炸弹。老爷庙的坡很陡，昨夜的大雨此时反而帮了八路军的忙，下雨路滑，日本兵根本上不去。"日本鬼子他为什么上不去呢？他穿的是大皮鞋，我们是草鞋。"陈绍清一边说一边爽朗地笑了起来。

午后时分，由于前来解围的日军始终无法突破八路军阵地，包围圈内的日军开始逐渐瓦解。伏击阵地前燃烧的日军车辆和被打死的骡马尸体挤满道路，残存的日军化整为零地躲进沟渠继续抵抗。

有一件事杨永松记得特别清楚，当时，有一个日本医生负伤了，躺着不动，八路军战士走过去要给他上药，他拿起刺刀就把八路军战士给砍了。对此，陈绍清也深有感触："想抓个活的，抓不到。抓到了，他就用脚踢，用嘴咬你的脖子，最后只能是一个一个都杀掉，砍掉了。"

这将是一场没有俘虏的战斗。

下午 3 时 30 分，除老爷庙以南阵地仍在与日军解围部队交战外，伏击圈内的枪声逐渐平息，八路军开始清理战场。已经吃了很久土豆的强勇第一次吃上了压缩饼干。他说："这个时候看到车上的那些枪炮弹药，吃的、喝的，饼干，打开一袋，一尝就知道了，好吃，大家就闹腾着抓着吃饼干。"强勇对自己的战利品很满意，杨永松也有自己中意的战利品，只可惜他的战利品没能带走。"推了三辆摩托车，谁也不会开，谁也不懂啊！这一推，响了，你一停它又不响了。"

"这时候看到日本鬼子那个尸体，那真是车上车下东倒西歪的，山沟里、山坡上到处都有他们的尸体。看当时尸体那个怪相，真是难以形容，那真是七零八落。"回忆起伏击战结束时的情景，强勇老人兴奋的语气中透着一丝不易察觉的怅然。

1937年9月29日，日军占领山西省繁峙县城。10月2日，为避免遭到日军合围，中国军队主动放弃平型关，持续近一个月的平型关战役结束。与此同时，保定、石家庄等华北大城市接连沦陷。

在抗战局势日趋恶化的时刻，1937年9月25日发生在平型关的这场伏击战成为自抗战全面爆发以来中国军队第一场取得完胜的战斗。

平型关战役与平型关大捷

平型关战役是忻口会战的前期阶段，而本文所讲的平型关大捷，只是指在老爷庙乔沟的伏击战。它只是平型关战役的一部分，而整个平型关战役最后没有取得胜利。

平型关伏击战结束后，日本《每日新闻》进行了报道，标题是《我军运输部队在平型关关口附近不明地域，遭到来自两侧高地的伏击，全军覆没》。

时任第二战区占地动员委员会主任的续范亭发表公告称：

平型关战斗的特别意义，在于打破了"皇军"不可战胜的神话，提高了我们的士气。

中共领袖毛泽东在大捷次日致电朱德、彭德怀：

庆祝我军的第一个胜利

平型关的意义正是一场最好的政治动员

国民政府领袖蒋介石两次致电祝贺。

平型关的伏击战，连同伏击圈外的阻击战在内，前后历时近三天。其中，伏击圈内的战斗持续约六小时，被围日军辎重队被全部歼灭。平型关大捷成为自抗战全面爆发以来中国军队第一场取得完胜的战斗，打破了"皇军"不可战胜的神话。

一时间，八路军和平型关这两个名字迅速传遍中国各地。也许是因为太久没有盼到胜利的消息了，关于这场战斗的歼敌人数与战果，一直众说纷纭。日军方面也没有给出明确的伤亡人数，但从参加此次战斗的日军编制上来分析，被围辎重队连同解围部队伤亡总数大致应在500至1000人左右。即便以这个数据为准，以八路军当时的装备和日军的顽强程度，在平型关这样师级规模的交战中，敌我伤亡比例接近1∶1仍然是一个相当出色的战果。事实上，在整个八年抗战期间中日两军历次交手，中国军队的伤亡大多远高于日军。

抗战初期，我军节节败退的情况下，几乎形成了"皇军不可战胜的神话"。在这种特定的时期，我军迫切需要这样一场战斗来鼓舞士气。这样一场或许并不是规模最大，但确是取得全胜的战斗，在整个抗战史上的意义，确实无愧于"大捷"之称。

关于平型关大捷，日本陆战会《华北治安战》是这样记载的：

> 步兵第二十一旅团长于22日以三个步兵大队为基干部队向大营镇前进，在平型关与敌人遭遇，立即予以攻击，但战况并不如意。经过激战后，于25日占领了该地附近的长城线正面约2公里的地方，然而当日即有优势之敌截断我后方联络线，并逐渐增加兵力，因此旅团陷入被包围的困境。
>
> 步兵第二十二联队于21日从浑源出发……从平型关北侧地区，攻击当面之敌，支援第五师团。27日开始攻击，29日突破敌阵转为追击。第五师团方面，29日一齐开始攻击，但战斗难以进展。至30日拂晓，乘敌退却，各部队始进入大营镇平原。

平型关战斗结束后，司号员强勇跟随部队继续转战南北，类似平型关这种形式的伏击战，他还参加过好几次。

从此以后，这种经济实用的伏击战成为八路军在敌后作战的主要形式。在预设的地点、预设的时间，用优势兵力打击日军。这种战略战术，在当时我军各种配备相对远不及日军的情况下，具有重要的意义。

杨永松在平型关战斗后，又参加了忻口会战，在这期间，有一项特殊的任务让他印象深刻。

据杨永松回忆，总部介绍《良友》画报社要将平型关大捷拍成电影，但是选来选去没有合适的地形，演员只能先通过一二百米的开阔地，然后在前方的水沟边上趴下去。但是因为

> ★★★★
> **★ 伏击战与阻击战**
>
> 伏击战：用埋伏的兵力突然袭击敌人的一种作战方式。
>
> 阻击战：防御战斗的一种。目的是阻止敌人的增援或逃跑，以保障主力歼灭敌人；或阻止敌人进攻，掩护主力展开或转移。

★★★★★
林彪受伤始末

平型关大捷以后，林彪又带领六八五团、六八六团在夏宝镇打了一场战斗。关于林彪，陈绍清老人的讲述中有这样一件事。他说："我们活捉了鬼子，缴获了他们的军大衣和军帽。林彪带头穿上日军的军大衣，整个部队穿着军大衣，骑着日本马，沿着公路跑。"这样一支全副武装的部队，远远看去就像是一支日本军队。阎锡山的部队看到了，以为是日军，失误之下，将林彪打伤了。

没有敌情，也完全没有实际作战时的感觉，电影最后没有拍成。

和抗战时期很多重大战役一样，由于缺少随军记者和器材，当年的摄影工作者只能用这种方式才能给历史留下一些尽可能真实的画面。虽然并不是第一时间拍摄的真实场景，但这些在事后由战斗亲历者参与拍摄的画面依然弥足珍贵。

电影和研究材料都有不可避免的局限性，而这些亲历者的讲述，恐怕也只能让读者管窥其一罢了。那些血雨腥风的年月，永远留在了老人们青春的记忆中，将和他们一起百年。

第五战区

亲历者

李宗岱——时任第三军团第四十军野战补充团二连连长

曹廷明——时为第五十九军三十八师战士

何宏钧——时任第二十二集团军一二四师文书

李兰亭——时为第五十九军三十八师机枪手

鲍鸿海——时为第二集团军二十七师战士

编导手记

抛开之后的战绩不论，1937年川军出川时，各界普遍认为这是当时中国"最糟糕的军队"。很难想象一支部队会因为军纪差、武器差、战斗力差等等因素而被排斥在抗击外敌的战场之外。但在抗战初期，川军的名声的确如此。

然而，就是这支"最糟糕的军队"，从1937年的淞沪会战开始，几乎无役不从：川军二十六师参加淞沪会战，是战绩最好的5个师之一；南京保卫战，川军二十一军防守南线，一四五师弹尽援绝，师长饶国华不愿做俘虏，举枪自戕殉国；3次长沙会战中川军是骨干兵团，全师4000余官兵，到撤离战场时仅存600多人；豫中会战川军第三十六集团军在掩护友军时，司令部直属队与日军遭遇，总司令李家钰当场中弹身亡……

到抗战后期，曾经"最糟糕的部队"得到的评价是"川军能战"、"无川不成军"的赞誉。

为什么会有如此巨大的反差?

20世纪初的中国在经历过无数次内战的蹂躏后,存在着这样一个难以忽视的事实是:军人只知有大帅而不知有国家。他们中的绝大多数人没有多高的文化水平,他们也很难有一些"理性的精英"那样的个人利益与国家利益间关系的感悟。生逢乱世,军人不过是一些人为一己之私欲而组织的私人卫队,他们之间或以利益或以情感来维系,他们没有使命也没有荣誉感,甚至于他们曾经横行乡里、鱼肉百姓。也许一个军人也曾有保家卫国的豪情,但二十年的内战则完全击碎了他们的理想和那份传统的家国意识。

因此,当川军二十二集团军在如火如荼的抗日战场上竟难以找到一片立足之地时,那又是怎样一种沮丧。历史如此演进:卢沟桥事变爆发后的第二天,四川省主席刘湘即电呈蒋介石,同时通电全国,吁请全国总动员,一致抗日。8月7日,刘湘飞赴南京参加国防会议。据记载:会上各方主战主和犹豫不决,刘湘慷慨陈词近2小时:"抗战,四川可出兵30万,供给壮丁500万,供给粮食若干万石!"1937年10月,刘湘被任命为第七战区司令长官,部下劝他不必亲赴战线,刘湘说:"过去打了多年内战,脸面上不甚光彩,今天为国效命,如何可以在后方苟安!"随后,川军7个集团军,另有一军一师一旅共40余万人,先后开赴抗战前线浴血奋战,此后四川每年向前方输送青壮军人,人数居全国之冠。

且不论刘湘是否有防备被蒋介石吞并的意思,对于一个军人来说,刘湘深知"打内战"是一个军人最大的耻辱!当一场伟大的卫国战争爆发之时,只有投身于维护国家领土完整和捍卫民族独立的斗争,才能真正让一个军人体味到使命和荣誉!

带病出征的刘湘,在抗战前线吐血病发,于1938年1月20日在汉口去世。死前他留有遗嘱:"抗战到底,始终不渝,即敌军一日不退出国境,川军则一日誓不还乡!"刘湘这一遗嘱,很长一段时间里成为在前线川军每天必同声诵读的话。

他们拒绝沉沦,他们选择知耻后勇,哪怕手里只有打不响的"汉阳造"和铁片磨成的大刀。

清洗身前的罪恶,又有什么比得了为民族拼一死!

1937年末,侵略华东地区和华北地区的日军实行南北对进,企图攻占华东战略要地徐州,从而连贯南北战场。为了防御日军侵略,时任第五战区司令长官李宗仁将军调集64个师约60万人驻守第五战区。

1938年初，北线日军分成东西两路：东路板垣师团从山东潍县南下直扑临沂；西路日军矶谷师团濑谷支队沿津浦铁路南进，进攻滕县。两路日军以台儿庄为会师目标，并策应津浦路南段敌军的攻势，企图合攻徐州。

台儿庄地形图

1937年，卢沟桥事变爆发，为了抵抗日本侵略，国民政府在国境内划分了多个与日军作战的战区，第五战区就是其中之一。最初第五战区所辖范围为山东南部及江苏北部，并曾爆发过惨烈的淞沪会战。后来根据战争实际情况，第五战区分别于1938年、1939年、1944年做过数次大规模的变动。

在1937年10月被任命为第五战区司令长官的李宗仁，作战地区为天津至南京浦口之华东一带（津浦铁路沿线）。

台儿庄位于徐州东北60公里，北连津浦路，南接陇海线。日军如果攻下台儿庄，既可南下切断陇海路，西取徐州，又可北上临沂，到时彭城不攻自破，津浦路不战自通，所以对我军来说，能否成功守住临沂和滕县，是这场战役的关键。

临沂会战——"钢军"也怕肉祖汉

1938年2月，日军板垣师团进犯临沂，第三军团奉命阻击。战斗即将打响，空气中似乎可以闻到硝烟的味道。驻扎在临沂的第三军团完成布防后，第四十军野战补充团的李宗岱提笔写下一封遗书，但遗书写好后，他并没有将它邮回家中，反而随手烧掉，李宗岱老人回忆说："当时鬼子占领的地方，屠杀的人很多，我们家里都没撤出来，老家被鬼子占了，不晓得我们自己的老人还在不在。"

自抗战以来，李宗岱就与家人失去了联系，所以他十分痛恨日军。他在空地上

★★★★★
李宗岱

在 1938 年的一张报纸上，李宗岱的名字前面是"军民模范"、"英勇连长"、"勇将"……国民政府编纂的《士兵读物》将他与明代抗清将领史可法一并收入。解放后，广西电影制片厂拍摄的电影《血战台儿庄》中，就有以他为原型的连长。面对我们的镜头，这位 80 多岁的老人没有过多的豪言壮语，他用一种安静平祥的语气，将我们带进那一场场惊心动魄的战役之中。

竖起两个木桩做成的假人——一个标明板垣征四郎，另一个标明矶谷廉介，然后就和战友们刀劈枪刺，经常劈砍得木片乱飞。

当时第三军团的战士们，除了手榴弹之外，每人的手中都有一把大刀，其原因就在于他们手中的枪实在少得可怜。

第三军团原本是西北军，与国民政府的中央军相比，他们只不过是一支杂牌部队，因此，国民政府根本不可能为他们装备先进武器。西北军用的都是老式的汉阳造，一个排只有一两挺机枪。虽然武器差了点，不过以前打仗都是军阀混战，现在能打鬼子，战士们谁也不在乎武器怎么样。

2 月下旬，第五战区长官部接到临沂急电：日军开始进攻临沂，战斗首先在临沂以北的村镇打响。

第一批冲上来的是日军的骑兵，李宗岱和战友们并没有急于进攻，而是在等待恰当的时机。老人回忆说："等靠近点打马，把马一打，人摔下来了，马就往前冲，后边的人就变得惊慌，就乱开枪或者乱跑。"就这样，日军的第一次冲锋被打散了，但在飞机大炮的掩护下，日军很快又重新组织起进攻。随着日军的狂轰滥炸，李宗岱所属连队驻防的葛沟阵地，已经遍地都是弹坑，连长在战斗中牺牲了，作战勇猛的李宗岱接任了他的位置。

白天的战斗中，我军伤亡惨重。为了打击敌人嚣张气焰，当天晚上，李宗岱挑了 20 名身强体壮的战士，趁着夜色偷偷摸到日军的阵地。李宗岱记得很清楚，当时他们已经非常接近日军阵地了，连日军挖战壕的声音都能听得到，又往前爬了 20 多公尺后，就已经能够看到人影了。李宗岱率先冲向一个敌人，一刀下去，就削掉了

李宗岱提升营长嘉奖令

他半个身子，敌人疼得直叫，跟在李宗岱后边的一个班长给了敌人一刺刀，将他结果了。随后，剩下的战士全部冲了上来。接下来就是近身肉搏，短兵相接。与李宗岱他们的大刀片相比，日本人的刺刀就显得毫无用武之地了。经过几十分钟的白刃战，日军开始向后溃退。李宗岱和战友们夺取了敌人的机枪，依靠着机枪的掩护，他们也迅速返回阵地。这场战斗中，20个敢死队队员中除了7人受伤外，无一牺牲。从战斗中获得的文件中，李宗岱才知道，他们偷袭的竟然是装备精锐的板垣师团田野联队。

板垣师团又称第五师团或广岛师团，是日本编组最早的7个师团之一，曾创下在中国战场和先后70余个师对阵的纪录，素有"钢军"之称。

李宗岱所在的部队，一向战斗力不强，但他们硬是打败了这支装备精锐的"钢军"。李宗岱说："当时感觉就是我们这样子，就拼大刀吧，只有靠肉搏了。"

企图南进的日军被钉死在葛沟3天。3月12日清晨，200多名日军，在大炮、坦克的掩护下，向李宗岱连发动了第9次进攻。弟兄们已经杀红了眼，勤务、伙夫都抢起了大刀，日军再次被击退。李宗岱看了看旁边，原来100多个生龙活虎的兄弟，剩下的屈指可数。他命令残存的兄弟们把枪支砸烂，如果日军上来了，拉响手榴弹，与日军同归于尽，坚决不做俘虏。

回忆起当时的情景，李宗岱至今不能忘记，他说："当时士兵只有几十个人，所以他们一个个把家属的名字、地址写给我。"战士们说："我如果被打死了以后，帮我给家属捎个信儿，告诉他们，告诉我娘，我是怎么死的。"李宗岱也想自己的娘，但此时，他却只能抛开一切。种种迹象表明，葛沟阻击战已经到了最危急的时刻。李宗岱说："兵源都很少了，伙夫、马夫都在补充了，一直在想援军一定到了，一定到了，结果真的把张自忠念叨来了。"

> **庞炳勋（1879~1963）**
>
> 字更陈，民国时期赫赫有名的“瘸腿将军”。他出身低微，从一名下层军官逐渐升至军长，后又升任集团军总司令兼省长，以及国民党中央监察委员、陆军上将。

> **度尽劫波兄弟在，抗战荩忱泯恩仇**
>
> 在1930年5月爆发的中原大战中，庞炳勋作为反蒋军第二路的总指挥，曾率部与蒋军在河南鏖战四个月。9月18日，一直置身局外的张学良通电拥蒋，使战局急转直下，蒋介石反守为攻，反蒋军败局难挽，各路将领如树倒猢狲散，或无心恋战，或倒戈投降。此时，本来油滑的庞炳勋也感到前途无望，便接受了蒋介石的收买，倒戈反冯。军阀的本性驱使他想趁混乱之际捞上一把，企图收编友军，扩充自己。于是，他的眼睛便盯住了友邻部队——张自忠的第六师，经密谋策划，庞炳勋出其不意地对第六师师部发动夜袭。张自忠本尊庞炳勋资深望重，以兄长相称，因而对其毫无戒备。这突如其来的一击，使他险遭不测，历经奋战，方得脱险。从此，张庞之间结下深仇，张自忠发誓，此仇不报，誓不甘心。

就在李宗岱和战友们已经抱着必死的决心死守葛沟时，第三军团的军团长庞炳勋急电李宗仁，请求支援。然而，此时第五战区能够调派的部队只有张自忠的五十九军。凑巧的是，张自忠与庞炳勋结怨已久。

从驻防第五战区那一天开始，张自忠就曾私下向第五战区参谋长表示：在任何战场都可拼一死，唯独不愿与庞炳勋在同一战场。在战事如此紧急的情况下，李宗仁不得不请来张自忠，诚恳地对他说：“庞炳勋现在前方浴血抗战，希望你以国家为重，受点委屈，急率部前往临沂作战。”

听了李宗仁的话，张自忠没有迟疑，回答说：“绝对服从命令。”随后，他亲率五十九军，以一昼夜180里的速度，在3月12日黄昏赶到临沂市郊。当他见到庞炳勋时，原本忐忑不安的庞炳勋终于松了一口气，已经年过花甲的他紧握着张自忠的手，哽咽着说了一句：“荩忱老弟，愚兄谢谢你！”

张庞两人摒弃前嫌，共赴国难，临沂守军士气大振。随后，两军内外夹击向日军发起反攻。

曹廷明当时是五十九军三十八师的战士，他记得当时每个人发了4个手榴弹，“那手榴弹管用，就是不要命地往下扔，有多大的力气，使多大的力气往下扔。”老人回忆说。

提起那次的反攻，三十八师机枪手李兰亭的印象实在太深刻了，他说：“打得厉害呀，我们连就只有14个人，我们一连人，一个晚上换三个连长。”

此时，已经困守葛沟三天三夜的李宗岱终于盼来了援军，他也带领剩下的战士冲了出去。在那次战斗中，无论李宗岱、李兰亭还是曹廷明，身上都挂了彩，但是即使这样，他们仍然坚持同敌人拼杀，一向号称"钢军"的板垣师团从来没遇到过这样不要命的部队，不得不开始其侵华以来的第一次大溃退。

李兰亭记得，日本人撤退了，但日本飞机仍在向他们丢炸弹。"我和一个人背靠背的在那门口仰着头看，那个一阵风一样，把我们吹倒了，不晓得哪个道理，我往这边倒，他往那边倒，都昏过去了。"逐渐恢复知觉的李兰亭感觉耳朵唧唧地叫，他就把眼睛睁开，看见了太阳。他知道自己没有死，也没有感觉哪里不舒服，等他起来一看那个和他背靠背坐着的战友，脑袋已经被削去了半截，人已经牺牲了。

3月18日上午，临沂第一阶段战役全部结束，板垣师团3个联队基本被歼灭，五十九军和第三军团共歼敌5000多人，日军南下台儿庄会师的计划被打破，蒋介石也因此发来了贺电。李宗岱至今仍清楚地记得电令中的两句话：

开抗日胜利之先河，振国军之士气！

战争结束后，李宗岱清点人数时发现，他所带领的连队仅存29人。

滕县保卫战——杂牌川军打出了声威

1937年，川军各部编为第二路预备军出川抗战，邓锡侯率第二十二集团军开赴山西战场。当时，山西战场战况紧急，部队到了以后甚至都来不及集结，就急匆匆地开赴前线，仅仅9天，整个集团军就牺牲了一万多人。

时为第二十二集团军一二四师文书的何宏钧随部队赶到山西时，已经是11月了，但大部分战士仍然穿着草鞋单衣，邓锡侯几次请求补给，都没有回应。原因很简单：在许多人眼里，川军是杂牌军中的杂牌军。

何宏钧清楚地记得，太原失守后，邓锡侯率领部队撤退。行进途中，他们遇到一个无人看守的军械库，战士们都说："与其送给敌人，还不如自己用。"于是，他们就把自己的旧枪换成了新枪。第二战区司令长官阎锡山知道这个消息后，十分恼火，认为川军是抗日不足、扰民有余

★★★★★
正规军和杂牌军

国民党所谓的正规军就是蒋介石当黄埔军校校长期间的学生，就是黄埔系，还有就是外国军校留学回来的。杂牌军将领一般是地方军阀和各讲武堂毕业的学员。

李宗仁

的土匪军，立即请统帅部调走他们。蒋介石想把川军调给一战区，一战区司令长官程潜却说什么也不肯接收这支部队，就这样，原本誓师出川抗战的川军，竟然找不到一片抗日的战场。

后来白崇禧给李宗仁打电话，想让他接收这支部队，李宗仁爽快地答应了，就这样，到处没人要的第二十二集团军转战到第五战区。

1938年2月，第二十二集团军奉命增援滕县，3月14日，滕县保卫战打响。

对于当时的战斗情形，何宏钧仍清晰地记得，他说："敌人在城外攻击，用飞机、大炮、坦克在前面开路，而我们就是老办法：先尽量筑工事，飞机来了我们就到工事里面去藏着，等坦克后面的步兵上来后，我们就冲上去拼命。远距离打靠枪，近距离就靠手榴弹，还有就是用刺刀杀。"由于遭到中国军队的顽强抵抗，日军连续进攻三天都没能攻下滕县。

3月16日黎明，日军集中炮兵火力向滕县东关、城内和西关火车站射击。面对敌强我弱的形势，驻守滕县的一二二师师长王铭章心中十分清楚，滕县已岌岌可危，但他对士兵们说：

> 我们身为军人，牺牲原为天职，现在只有牺牲一切以完成任务，虽不剩一兵一卒，亦无怨尤，不如此则无以对国家，更不足以赎川军20年内战之罪愆了。

16日晚，王铭章决定留下部分士兵死守县城，然后把主力撤到城外。何宏钧回忆说："其实这个方案应该是对的，第二十二集团军第四十一军军长孙震不同意，要死守。"最终，王铭章决定死守滕县。于是，他下令城门全都封闭，没有他的命令，任何人都不准进出，并且他还告知全城将士，他决心和战士们一起抵抗到底，城存与存，城亡与亡！这天晚上，除了西关以外，滕城已经完全被敌人包围。17日下午，日军炸开南门进入南城，东门随即也被攻破。当晚，日军攻入城中，王铭章亲率自己的警卫连向日军进攻。战斗中，王铭章不幸腹部中弹，他高喊："死守滕城！"随后饮弹殉国。何宏钧说:"王铭章下去以后发现敌人就打,但是你是手枪,人家是机关枪、步枪,怎么打得过,最后全部被打死。"

王铭章的尸体被连夜拉到利国驿,到那以后,他的夫人来认尸。何宏钧说:"夫人一看他那个袖口上的梭子花边,就认出来了,老夫人就开始痛哭,我们都痛哭。"说到这里,何宏钧已掩饰不住内心的激动。

王铭章为国捐躯后,国民政府明令予以国葬,并追赠为陆军上将。

17日傍晚,还有300多名伤官伤兵滞留在西门一带,因为没办法逃出城,所以每个伤员都准备了一个手榴弹。战斗结束后,日军挨家挨户地清查,发现这些伤兵后,让他们投降,伤兵却陆陆续续走到一起,拉响了手榴弹。

300多人就这样以身殉国。

3月18日,滕县宣告失守,至此,一二二师师长王铭章以及全师两千余人全部殉城。

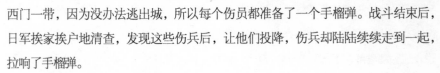

> 我不愿你在我近前尽孝,只愿你在民族分上尽忠。

国难当头,日寇
狰狞。国家兴亡,匹
夫有分。本欲服役,
奈过年龄。幸吾有子,
自觉请缨。赐旗一面,
时刻随身。伤时拭血,
死后裹身。勇往直前,
勿忘本分。

——父手谕

川军士兵父亲手书

滕县保卫战打了三昼夜，阻滞了南犯徐州的大量日军，为鲁南各部队赢得了部署时间，凭这一仗，装备落后的川军就打出了声威。滕县城破后，何宏钧和一二四师的部分战士成功突围，狂妄的日军矶谷师团约40000兵力自滕县大举南下，直扑徐州东北的门户——台儿庄。

台儿庄——台儿庄——

1938年3月末，本该是部队发饷的日子，但第二集团军二十七师的鲍鸿海却没能领到军饷。他说："那时候发几块钱，都高兴得很，不到月底就盼着，结果没有发饷就开上去了。"鲍鸿海所在部队接到的命令是：火速增援台儿庄。

部队还没有到达台儿庄，震天的喊杀声就已经传来。经过日军飞机的狂轰滥炸，台儿庄已经被破坏得不成样子，到处都是残垣断壁，从3月23日开始，台儿庄就被包裹在一片硝烟之中。争夺台儿庄的战斗首先就在北城门打响，日本对北门狂轰滥炸，北城墙被炸塌，小北门亦被毁，经过三个昼夜的猛攻，日军终于攻破城防，守卫小北门的官兵全部壮烈牺牲。

战后的惨相至今仍印刻在鲍鸿海老人的脑海里，挥之不去："那死尸谁也不知道是谁，到处都是血，到处都是死人，天拂晓的时候看不很清楚，等到天亮了以后，哎呀，看得人害怕得很。"

4月3日，台儿庄三分之二的部分已被日军占据，守军在台儿庄南关死拼不退，总司令孙连仲直接给李宗仁电话说："第二集团军伤亡十分之七，可否请长官答应暂时撤退到运河南岸，好让第二集团军留点种子？"李宗仁的回答是："你务必守至明天拂晓，如违抗命令当军法从事。"鲍鸿海清楚地记得，孙连仲当时给各师下达的命令是："死守台儿庄，台儿庄在你在，台儿庄不在你不在！"

"那时候用人，后勤部队都用上了，连送饭的、炊事班的、通讯班的这些人都用上了。"鲍鸿海回忆道。

死守最后一点的三十一师师长池峰城再次请求准予撤退，孙连仲坚决命令："士兵打完了你就自己上前填进去！你填过了我就来填！有谁敢退过运河，杀无赦！"

该日黄昏，猛攻数日的日军也已经筋疲力尽，暂时停止进攻，休整部队。被炮火声淹没了数日的台儿庄终于安静下来了。午夜时分，日军阵地突然传来一阵阵喊杀声。500个敢死队队员背着大刀，每人配备了两个手榴弹，连枪都没带就冲进敌营，经过激烈的拼杀，他们最终将东门桥夺了回来。"逐街逐屋的拉锯战，胶着状态了，他的大炮不能打，飞机不能炸，坦克车也用不上，这时候他优越的威力用不上了，可是我们大刀片可派上用场了，一声喊杀，劲儿可大了，都砍头啊。"回忆到这，鲍鸿海老人仿佛又回到了10年前的台儿庄。

仓皇应战的日军乱作一团，原本被日军占领大半的台儿庄，又被中国军队夺回。与此同时，汤恩伯率领的第二十军团已向台儿庄以北逼近。凌晨时分，第五战区司令长官李宗仁带了几个随员亲赴台儿庄指挥作战。

当时，二十七师七十九旅和三十师把日军桥外边的后援切断了，日军后续部队攻不进来，在台儿庄的日军就乱了阵脚，经过激烈的战斗，到4月7日早晨4时左右，台儿庄内的日军基本被消灭干净。

从3月24日开始，到4月7日结束，台儿庄战役共历时14天，中国守军以血肉之躯全歼矶谷师团主力约10000多人。然而，胜利的代价是如此之大，中国军队损失将近20000人。李宗仁望着重叠仆倒在地的中国守军尸体，跪倒在地满面泪涌，随同的将士也一起跪了下去放声号哭。

> 台儿庄是红血洗过的战场，
>
> 一万条健儿在这里做了国殇，
>
> 他们的尸身是金石般的雕浮。
>
> 台儿庄是中华民族的领土，
>
> 在这里，我们发挥了震天的威力！
>
> 在这里，用血铸就了伟大的史诗！
>
> 在这里，我们击退了寇兵，在残破的北关城墙插上了国旗。

这是著名诗人臧克家为了纪念台儿庄战役所写的一首诗，回忆起往事，鲍鸿海老人显得有些激动："仇报了，给中国人出口气了！都知道把咱的士气鼓励起来了，谁也不愿当亡国奴。"

台儿庄捷报传出后，南京、上海沦陷后笼罩在全国的悲观空气至此一扫而空。台儿庄血战，几乎成了民族复兴的新象征。

1938年4月，在台儿庄遭受惨败的日军又反扑临沂，此时的李宗岱正在临沂大许家寨附近驻守，在攻打日军阵地时，他的一只眼睛被打穿。"打鬼子丢了一只眼睛，不要紧，我还有一只眼睛可以看，所以无所谓。那阵儿我的腿还没受伤，只是眼睛看不到没关系，手脚都还可以动。"

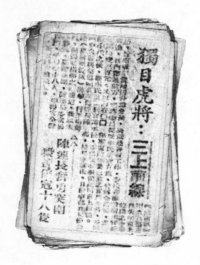 

"独目虎将"李宗岱三上前线

受伤之后，李宗岱被送到徐州兵站医院，7天的抢救把他从死亡边缘拉了回来，但他的右眼却永久性失明。国民政府奖励给他24000块大洋，按当时价格计算，相当800多两黄金。他把奖金连同自己的金戒指、金镯子一起捐给了抗日救亡中国会。伤好后他又回到了部队，他和所有战士们想的一样：只要鬼子还在，就要继续打鬼子，直到把他们赶出中国。

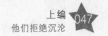

台儿庄一役，不特是我国抗战以来一个空前的胜利，可能也是日本新式陆军建立以来的第一次惨败。足使日本侵略者对我军另眼相看。

——李宗仁

据国民政府军政部长何应钦所著《八年抗战之经过》一书载：抗战八年，仅四川就提供3，000，000兵源充实到前线部队。出川将士阵亡364，000人，负伤356，000人，失踪26，000人，伤亡人数约为全国抗日军队的20%。

松山之战

亲历者

张羽富——时为第八军工兵营战士

阎启志——时为炮兵十团一营战士

曹含经——时为第八军八十二师二十六团战士

崔化山——时为荣三团一营二连班长

李文德——时为第七十一军二〇六团卫生员

付心德——时为七十一军野战医院医生

早见政则——时为日本陆军第一一三联队上等兵

编导手记

中国历史上曾经有过两个松山之战。一个发生在明朝末年的东北，一个发生在抗战时期的滇西。前者我一直很感兴趣，是因为洪承畴。后者我同样感兴趣，是因为《我的团长我的团》。这一节的故事属于后一个松山之战，没错，就是发生在1944年的那场血腥战斗，就是《我的团长我的团》中南天门战役的原型。

这一节，没有真正意义上的主人公。如果一定要我给出一个主人公来，那我只能说松山战役就是这个故事的"男一号"，和他相比，所有的战役亲历者都只能是配角。

也许正因为是配角，他们的事迹无人知晓；他们的尸骨不知所终；他们的墓碑空无一字。

在战争面前，一切都只能是配角。比起将遗体交给山野的战友们而言，这些无字碑下的英雄们还是幸运的，至少，他们还可以得到后人的瞻仰——虽然来过的后人们并不算太多，墓地里最常见的，还是那些日益衰老的老兵们。

这是我所做过的选题中最血腥最残酷的一个，不是因为我有此癖好，而是因为历史上的松山就是如此。那些残忍的近乎赤裸的影像，加上老兵们貌似平静的叙述，将原本只有当事人才能体会到的血腥和绝望转嫁给了我们，让我们一旦知道，就再也无法忘记。我甚至开始怀疑，就在此时此刻，在我们太平无事、机械地、自足地生活着的同时，在世界上某一个仍然笼罩在硝烟中的角落，还在发生着什么？

两个素不相识从未谋面的人，第一次相遇就要以死相拼——这就是战争。

看采访素材的时候，有段画面让我始终难忘：夕阳下，简陋的南方农舍前，一位老农打扮的老兵对着摄像机激动地说："你们这些搞电视的，电视上的东西都是假的，知道什么是打仗吗？知道什么是枪林弹雨吗？那枪，真的就像林子一样；那子弹，真的就像下雨一样，那真的就跟下雨一样啊！"出于对我们这些不速之客的礼貌，坐在一旁的老伴急忙插嘴："拍电视嘛，哪有那么容易。人家要是不拍，谁知道你们的事啊？"

最终，由于播出时长的限制，我还是没能将上述这段画面编进片子。28分30秒的时长，要讲的东西、想讲的人都太多太多了。也许就如同这场60多年前的战争一样，有些东西，注定无法留下痕迹。

二次入缅决战松山

1942年3月8日，日军攻占缅甸首都仰光，切断了滇缅公路南端运输。当时，滇缅公路是中国最重要的国际交通线，日军据此还可以威胁中国西南大后方。为了确保这条交通线的畅通，十万中国远征军正式入缅，联合英美军队共同抗日。但是，由于盟军之间的配合失误，不到两个月的时间，远征军在缅北战场便败局已定。

5月5日，由于日军已兵临怒江西岸，国民政府被迫炸毁连接怒江两岸的唯一桥梁惠通桥，

★★★★★
★ 中国远征军

　　1942年，抗日战争进入最艰难阶段，为了支援英军在缅甸（当时为英国殖民地）抗击日军，保卫中国西南大后方，国民政府组建中国远征军入缅作战。

中国远征军

滞留缅北的中国远征军，陷入腹背受敌的危险境地。1942年夏季，除少数战士随英军退入印度外，大部分战士被迫走进野人山，准备从这里绕道回国。

野人山，位于缅甸密支那以北，也被称作胡康河谷，是一片延绵数百里的原始森林，因曾有野人出没而得名。在这里，满山遍野都是藤蔓、茅草、荆棘，山大林密，瘴疬横行。远征军退入野人山后，仅仅过了10天就断粮了，再加上环境恶劣，许多战士都牺牲在这片方圆数百里的无人区中。

据战后统计，在长达两个月的撤退中，有将近5万名远征军官兵，因饥渴疾病而永远留在了野人山，最后集结于印度和滇西的远征军部队，仅剩4万余人。在这4万名死里逃生的远征军官兵中，有一名笔名叫做穆旦的年轻诗人。几年后，亲身经历野人山撤退的他，写下了一首诗歌——《森林之魅——祭胡康河上的白骨》：

在阴暗的树下，在急流的水边，
逝去的六月和七月，在无人的山间，
你们的身体还挣扎着想要回返，
而无名的野花已在头上开满。

那刻骨的饥饿，那山洪的冲击，
那毒虫的啮咬和痛楚的夜晚，
你们受不了要向人讲述，
如今却是欣欣的树木把一切遗忘。

过去的是你们对死的抗争，

穆旦（1918~1977）

原名查良铮，著名爱国主义诗人、翻译家。1942年2月，为了响应国民政府"青年知识分子入伍"的号召，时任西南联大助教的穆旦毅然投笔从戎，报名加入中国入缅远征军，以中校翻译官的身份随军进入缅甸抗日战场。

你们死去为了要活的人们的生存，

那白热的纷争还没有停止，

你们却在森林的周期内，不再听闻。

静静的，在那被遗忘的山坡上，

还下着密雨，还吹着细风，

没有人知道历史曾在此走过，

留下了英灵化入树干而滋生。

1942 年 8 月，日军占领缅甸全境，残存的中国远征军全部撤出缅甸，第一次入缅作战宣告结束。

1944 年 5 月，18 岁的工兵战士张羽富跟随战友们开抵怒江。此时，距离他参加部队的那一天，还不到半年。

张羽富所在的第八军，隶属重组后的中国远征军。所属人员除了第一次入缅作战时幸存的老兵外，更多的都是像张羽富这样在云贵当地农村补充的新兵。对于他们当中的很多人来说，有关参军的记忆，其实并不美好。

李文德老人回忆说："来了两三个人把我捆起来，我说我又不是犯人，不由分说，说要拿你去当兵，怕你跑，我就说那好吧，我自己去就算了，何必要这样做，也不行。"

就是这样一支全新的远征军，由于接收了大量美式武器而成为当时国内装备最好的军队。

1944 年 5 月 11 日，为打通滇缅公路交通线，配合盟军在缅甸北部的反攻作战，重组后的中国远征军在司令卫立煌的指挥下强渡怒江，第二次入缅作战开始。

按照作战计划，渡过怒江之后，潮水般的中国远征军便涌向了松山。

松山，位于云南省保山市龙陵县，由 20 余个峰峦构成，主峰海拔 2200 米，因全山遍布松树而得名。松山紧临怒江西岸，是滇缅公路的必经之地，因此，在当时被西方记者称作"东方直布罗陀"。

松山的西北是腾冲，西南是龙陵，松山位于中间。这个地方控制着 150 公里直径的区域，不把它攻占下来，两面就不会畅通。

★★★★★
腾冲血战

被称为史上海拔最高的战役。1944年5月，腾冲攻城战役历时42天，远征军全歼日军3000余人，以全胜战绩收复腾冲。战役中，该集团军9000多名将士英勇捐躯。腾冲之战的胜利，有力地促进了滇缅战场的胜利。

★★★★★
龙陵战役

又名"三攻龙陵"战役，是滇西反攻战中规模最大、耗时最长的要塞争夺战。在长达4个多月的战斗中，中国远征军先后投入了11.5万人兵力，基本将在中国滇西的日军歼灭，成功收复滇西4万平方公里土地，并为打通中印国际交通线创造了条件，更好地支援了华中华南的战场。

1944年6月4日，奉命进攻松山的部队开始攻打松山外围阵地竹子坡，松山战役正式打响。当天，远征军战士就攻下了竹子坡，一切似乎都很顺利。炮兵阎启志从来没打过这么痛快的仗，他回忆说："光打敌人，敌人没有反击，可能都被消灭了……"

1944年6月5日的上午，美军第十四航空队的飞机对松山主峰的屏障阴登山进行了一番轰炸。轰炸结束后，远征军重炮团再次轰击山顶，阴登山顿时被笼罩在一片硝烟之下。回忆起当时的惨烈情景，阎启志说："松山那么粗的大树都打光了，不光炮火打，还有飞机轰炸。"

中午时分，火力掩护结束，远征军战士们以为阴登山上的敌人工事已经被摧毁得差不多了，便开始向一片死寂的山头推进。当两个连的中国军队前进至敌人阵地100米时，日军突然开火。转眼之间，冲击阴登山的大部分战士壮烈牺牲，仅一个排的人生还。原来，经过飞机、大炮的轰炸，日军的大多数地堡虽然弹痕累累，但依然没有丧失作用。

早见政则是原日本陆军第一一三联队上等兵，当时在松山与中国远征军对阵的，正是这支部队。

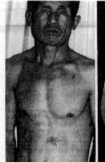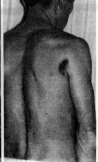

早见政则

1938年5月，日本陆军第一一三联队在熊本组建成军。最初编入侵华日军第一〇六师团来华参战。1940年3月，因在南昌会战中损失严重而一度解散。半年后，该联队又在日本福冈重建。1942 年，这支部队随五十六师团入侵缅甸，是第一批打到怒江西岸的日军部队。从这一年起，该联队就一直驻守松山阵地。两年的时间里，日本军人几乎挖空了整座松山，共修建各类暗堡 40 多座，地下坑道不计其数。

早见政则回忆当时日军在松山构筑的工事时说："到处都是地堡，还安放了机关枪，眼前 15 米左右还挖了沟，拉上了铁丝网，挂上 20 厘米宽度的铁板，每隔 5 厘米挂一块。敌人要是碰上的话，会发出'咯楞咯楞'的响声。"

这些工事在建造之时，日军已经用飞机炸弹做过试验，结果是毫发无损。所以，对于松山的工事，日军缅甸方面军司令河边正三相信，它的坚固性足以抵御任何强度的猛烈攻击，并可坚守 8 个月以上。

> ★ ★ ★ ★ ★ ★
> **河边正三 (1886~1965)**
>
> 日本陆军大将，挑起卢沟桥事变的支那屯驻军旅团长。1944 年任缅甸方面军总司令。1945 年 12 月 2 日被指定为甲级战犯嫌疑，但未被起诉。

自渡过怒江后一直进展顺利的远征军战士，开始意识到这座山上的敌人不太简单。

端的是"一寸山河一寸血"

6 月中旬，滇西进入雨季。由于扼住滇缅公路要冲的松山仍未攻克，渡过怒江的中国远征军分散到腾冲、松山、龙陵三大战场作战，弹药补给日益困难。能否拿下松山，逐渐成为整个缅北战局的关键。

炮兵阎启志此时早已感觉不到丝毫的痛快了。他只知道，自己认识的很多步兵战友再也没有回来。面对我们的镜头，他回忆说："尸体黑压压的，死了多少人啊！仅仅攻了一个月，惨得很！"此时的战地上，遍布着各式各样的伤员，头部受伤的、眼部受伤的、鼻子受伤的、嘴受伤的，还有下巴、胳膊被打掉的……

在整个松山战役期间，美军第十四航空队共出动轰炸机数百架次，试图炸毁阻挡中国军队前进的日军工事。松山上的松树被炸得一干二净，但由于松山掩蔽部是用很厚的钢板架起来的，所以大炮和炸弹轰炸对日军工事根本起不到丝毫作用。

轰炸不起作用，面对似乎坚不可摧的日军地堡，中国军队只能以士兵的生命为代价，一米一米地向前推进。面对中国远征军的进攻，日军拼死抵抗，远征军正面和侧面遍布日军火力，再加上日军大炮和轰炸机的配合，至6月20日，远征军已伤亡近3000人，但松山主峰子高地仍控制在日军手中。

在阎启志的记忆里，日军非常凶悍，每射出一发子弹，必须要打死或打伤敌人，不然他们就绝不开枪。他说："日本人那个顽抗劲就没法说了，一个伤兵，守着个暗堡一天一夜。"

这个跟我们耳熟能详的国内抗战剧里日军窝囊、愚蠢的形象刻画有些不同——反动至极的日军为什么会为军国主义者拼死效忠？一个简单而可以接受的解释就是文化与伦理的解释：日本是一个推崇集体主义献身的国家。美国社会学家罗伯特·贝拉在他的日本文化专著《德川宗教》里曾经讲过，日本的民族文化特性是一种所谓"目标达成"的文化，为了达到自己国家的特定目标，个人可以毫不计较地牺牲自己的一切，抵抗到底，无论是非对错。

美式火焰喷射器

在太平洋战场，日本军队也被这种新式武器教训得够呛，在数千度的高温火焰扫射下，日军的坑道战术一下就失效了，加速了其失利的步伐。

爆破后的松山阵地

6月30日，新编第八军接替七十一军担任松山主攻。之前一直在协助部队过江的工兵张羽富，他所装备的美式火焰喷射器派上了大用场。他和战友们先用火焰喷射器往日军地道里喷射，然后再扔入几箱炸药将它爆塌，最后用土将坑道掩埋，这样即使烧不死日军，也会闷死他们。

早见政则至今回忆起火焰喷射器来还后怕不已："火焰喷射器很厉害，地道里到处都是各种各样的呻吟声，就如同地狱一般。"

1944年7月初，松山战斗陷入僵局，攻防双方都已筋疲力尽。

7月底，由于松山主峰子高地久攻不下，中国远征军决定利用坑道作业，在日军主堡垒下方开挖地道放置炸药，从而一次性炸毁日军堡垒。8月3日，张羽富和他所在的工兵连，开始一天三班制地轮流挖掘坑道。一连挖左边，二连挖右边，两边一起挖。挖出来的土，需要慢慢地拖下山去，以免被敌人发现。战士曹含经回忆起当时的情形说："大家一起出力，挖的挖，抬的抬，把洞洞打到敌人的碉堡下面，然后再搬运两三吨炸药。"

与此同时，日军也觉察到远征军进行坑道爆破的意图，开始悄悄向邻近阵地疏散兵力。

1944年8月20日上午8点40分，远征军司令卫立煌早早渡过怒江，来到隐蔽观察所。9点15分，第八军军长何绍周用电话下达起爆命令。刹那间，两个坑道共计3吨重的烈性炸药被同时引爆。张羽富回忆起当时的情形时说："轰隆一声，泥巴石头飞上去两三百公尺，炸死大概40多个人，这两个坑道，一共只有四五十个人。"

成功爆破后，远征军战士终于冲上了松山主峰子高地。然而牺牲却并没有结束。就在这一天深夜，事先疏散到邻近阵地的日军，突然向子高地发起凶猛反扑。双方在黑暗中展开了一场疯狂的肉搏。

时为荣三团一营二连班长的崔化山回忆：

> 半夜里，敌人不声不响地冲上来，我们全都发了疯，不顾死活；我一枪托打倒一个鬼子，他还在地上滚，我跳上去想卡他的脖子，没想到他一口咬来，我的三个手指就被咬断了；我疼得眼泪都流了出来，右手摸出一颗手榴弹，连续砸了他七八下，硬将他的脑袋敲烂了。

9月1日，蒋介石下达命令，限第八军在"九一八"国耻日前必须拿下松山，否则正副军长按军法从事。为了在规定时间内消灭残余日军，第八军副军长李弥亲自带领特务营冲上松山，一连激战数日。9月6日，他被人从松山扶下。据目击者描述，此时的他胡子拉碴，眼眶充血，赤着双脚，军服烂成碎条状，身上两处负伤，人已走形。

第二天，松山战役终于宣告结束。

生存下来的远征军战士将战友们的尸体从松山子高地拖下来。虽然事隔多年，时为第七十一军二〇六团卫生员的李文德在回忆起这段历史时，仍禁不住潸然泪下，他哽咽着说："我的老天啊，因为打日本人，死了那么多的人。"

双方的骨殖已经分辨不清了

松山战役结束后，日本军部发布"拉孟守备队全员玉碎"的消息。事实上，在战斗的最后时刻，还是有一部分日军士兵化整为零逃出了包围圈，早见政则就是其中的一员。在逃跑途中，他成了俘虏。1945年8月，日本无条件投降后，早见政则被遣返回国，回到家后，他看到了日本军部当年发给他家人的战亡通知书。

松山之战，在早见政则身上留下了永远的记号。面对我们的镜头，他脱下衣服，露出浑身弹痕，一边抚摸着其中的一个弹孔，一边说："这里是被捷克式机枪打的，子弹直接将这里打穿了，现在按上去还会觉得疼。"

> **★ 捷克式机枪**
>
> 国外称 ZB-26 轻机枪，为捷克枪械设计师哈力克在 1920 年设计。捷克式轻机枪是抗战名枪，该枪造型特殊，棱角分明，极有立体感，并且结构简单，加工时不需要高深的工艺，因此非常适合 30 年代几乎没有什么工业的中国，从而成为中国军队绝对的火力支柱。

早见政则出身于普普通通的农民家庭，从战场上回来的那一天，全村的人都跑出来看他，连他们家的牛也高兴地一直跟着他跑，第二天他就下地干活了。早见政则说："终于可以好好过日子了。"

松山之战是一场玉碎之战，现存的日本兵非常稀少。采访中，早见政则还告诉我们，他记得松山战役自己至少打死了65个中国人。有一次他正在战壕里独自思乡，外边的一个炸弹突然打到了战壕里，将他炸伤，当时情况紧急，并没有药，医疗兵只好先给他打了一针兽医的消炎药，然后将他抬下了阵地。恰恰因为这样，他逃过了高地爆破，捡回了一条命。松山战役结束的前一天正好是他的生日。

战役结束后，工兵张羽富并没有马上跟随大部队离开松山。他们还要在山上搜索，把那些地道全部爆破。当时，牺牲的战士们全部都没有被妥善埋葬。张羽富回忆说："到了十月份，已经留了几百来斤的骨头，包括日本人的，都分不清了。"

松山战役共历时95天，中国远征军先后投入10个团2万余人，总计伤亡7763人，其中阵亡4000余人，日军阵亡人数超过1250人。

随着松山战役的结束，滇西缅北会战的僵局终于被打破。1944年9月14日，中国军队光复腾冲。11月3日，龙陵战役结束。1945年1月，中国驻印军队在缅甸芒友与远征军会师，滇西缅北会战至此胜利结束。

时为七十一军野战医院医生的付心德在地道爆破后，曾救治过一个在松山守备的日本兵。上个世纪80年代，在滇西缅北战役中日老兵见面会上，他再一次见到这个日本兵，付心德回忆说："我到那里去以后，碰到那个当年的日本兵，他上来抱着我就哭。他说他来了这里六次，每次来都是想找我。"

80年代，中日老兵在昆明会见，其中许多都是参加过松山战斗的。

在我们找到付心德的时候，老人已经105岁了。"文革"的时候，他被枪毙了8次，但是，每次都是作陪的。开始的时候还很害怕，到第4次以后就无所谓了，反而觉得还不如早点枪毙了来得干脆。这个经历过惨烈战争的105岁老人，到现在还自己开门诊维持生计。我们去采访的前几天，他的门诊刚刚被查封，原因是他没有行医执照。老人说，他当然没有现在的行医执照，当年给他颁发行医执照的人恐怕都不在了吧。我们难以想象，对于一个经历过惨烈战争的人，和平年代的这些小苦恼，在老人心里会有怎样的波澜。

腾冲的中国远征军国殇墓园里，一排排的墓碑下长眠着为国捐躯的战士。其实，牺牲的那些远征军将士们，一部分埋在了缅甸的墓地，但那些墓地后来被拆除了。很多已经找不到尸首，有些是找到了尸首却已经认不出是谁了。回忆起当年的那些

健在的远征军老兵。他们的名字也许不为人知，但历史已永远将他们铭记。

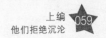

事，张羽富心情仍然十分沉重，他说："这些农民的儿子确实可怜。像我这种还活着的不多了。我在想，要是日本人不进中国，我就不会出来当兵了。"

> 静静的，在那被遗忘的山坡上，
> 还下着密雨，还吹着细风，
> 没有人知道历史曾在此走过，
> 留下了英灵化入树干而滋生。

60多年过去了，读着穆旦这首诗的结尾部分，我们仿佛看到了当年那些浴血奋战的年轻身影，他们的名字也许不为人知，但历史将会永远载下这壮烈的一笔。

白山黑水

亲历者
李　敏——时为东北抗联二路军第六军战士
赵尚文——时为哈尔滨市市民
单立志——时为东北抗联二路军第七军战士
李东光——时为东北抗联三路军军部少年连战士
彭施鲁——时为抗联二路军第四军军部秘书、留守处主任
陈　雷——时为东北抗联二路军第六军组织科科长
周淑玲——时为东北抗联二路军第三军战士
李桂林——时为东北抗联三路军第十二支队战士

★★★★★★★
编导手记

　　这是一个有关英雄的故事。

　　关于英雄的概念，相信很多跟我同龄的人最初都是从课堂和电影里得知的。课堂上的英雄们基本上都已经牺牲了，似乎如果不牺牲就算不上英雄。而牺牲的英雄们在生前几乎个个都是完美主义的化身，谈笑间，强敌灰飞烟灭，他们出现在课堂上的主要作用，好像就是要让讲台下正在做小动作的顽劣学生们自惭形秽。至于电影里的英雄，大多数都是像007那样的，一经登场就已身怀绝技，美女环绕，一掷千金——至于这些钱的来历，则一向被人忽略。更重要的是，所有的英雄在电影结束前一定会遇到个死得很难看的对手，基本如此。

而我现在面对的故事却并不如此美满。英雄的生活并不总是阳光明媚，更多时候，都是在躲藏和跋涉中度过。英雄也有对手，看得见的对手几乎无限强大；而看不见的对手，却是无处不在。故事的结局其实大家都知道，英雄牺牲了，牺牲得很壮烈，牺牲得很无奈。杀死英雄的"坏人"们在英雄遗体前拍照留念，而他们当中的绝大部分人最后都得以善终。

坦白地说，在做这个选题前，对于杨靖宇，对于东北抗联我知之甚少。

印象里，关于这支曾经转战于白山黑水间的队伍，所有的了解似乎就像他们的行踪一样，若隐若现。

所有的故事我们似乎都听说过，但又似乎都不太了解。很少有人知道杨靖宇是个身高近两米的大个子。很少有人知道东北抗联在零下 60 度的野外是如何生存的。

李敏老人的叙述让我震惊，震惊于她对发生在 60 多年前的那场惨烈战斗的记忆。每一个细节，每一张面孔，通过老人的叙述，仿佛就在眼前。

也许只有战争，只有死亡，才会给人留下如此刻骨的记忆。

愿这样的记忆永远仅仅是记忆。

1931 年 9 月 18 日，日本关东军炮击东北军北大营，"九一八"事变爆发。半年之内，东北三省全部沦陷。这一年，我们这个故事的主角李敏，还是一名 7 岁的小学生。当时，日本人的势力还没有深入到农村，像李敏这么大的孩子也帮助大人们一块儿搞些革命活动。那时候，小孩子主要负责送信、跑传单，进城撒传单、贴传单这些事。

1931 年 10 月初，时任辽宁省警务处处长的黄显生在辽宁凤城县组建"东北民众自卫军"。很快，一支支由民众自发组织的抗日武装开始在东北各地出现。这些日后被统称为"东北抗日义勇军"的武装，其成员包括了工人、农民、学生、知识分子、东北军官兵、地方官吏和士绅，还有遍布东北各地的地方武装以及民间团体红枪会、大刀会等。这些来自社会各阶层的普通中国人，在"誓死抗日救国"的统一口号下，坚持战斗，曾一度发展至 30 余万人。但在日军优势兵力的围剿下，缺乏统一领导而

又成分复杂的义勇军逐渐被各个击破，至1933年下半年大部分即陷于瓦解。

1932年3月1日，伪满洲国出笼。一夜之间，身在东北的普通中国人，全都成了亡国奴。伪满国歌如是唱道："……顶天立地无苦无忧，造成我国家，只有亲爱并无怨仇，人民三千万人民三千万，纵加十倍也得自由……"

提起那段日子，当时还是学生的赵尚文老人回忆说："就连学校里也得唱满洲国歌，不能提中国，感觉就像没有妈的孩子一样，什么也不敢说，什么也不敢做。"时为东北抗联二路军第七军战士的单立志老人对当时日本人屠杀中国人的残酷记忆犹新。他说："杀人，杀中国人非常残酷。冬天，江上弄个大冰窟窿，到那用刀把头一砍，塞冰窟窿里头。"

亡国奴

不管你怎么想，不管你情愿不情愿，一切都在不知不觉中变了：年号由民国改为"大同"；又过两三年，"大同"又变成"康德"，"执政"摇身一变，粉墨登场，做了"满洲帝国"的"大皇帝"；四丫头的国文书的第一课课文赫然印着七个大字："皇帝陛下万万岁"；每日早操，学生们先要列队朝东京方向，用日本话喊一嗓子："东京遥拜"，再朝着"新京"（长春）来一句"新京遥拜"。不用大人告诉，连最小的四丫头也越来越明白：啥叫"亡国奴"啦。

——摘自演员王刚自传《我本顽痴》

1936年7月，原东北人民革命军第一军正式改编为东北抗日联军第一军。杨靖宇任军长兼政委。一批批不愿当亡国奴的中国人开始在"抗日救国"的口号下重新集结。

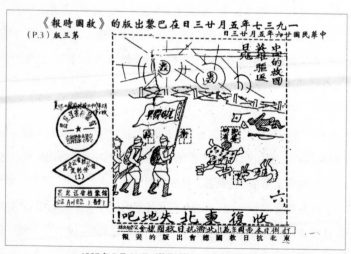

1937年5月23日《救国时报》刊登抗日联军漫画

抗联第一军成立后，杨靖宇采用"敌合我分、敌进我退、乘敌之虚、各个击破"的游击战术，指挥所部与日伪军作战数百次，逐步扩大游击根据地。当年的东北抗联战士李东光老人和单立志老人回忆：那时候，东北山区树林多，一了解到敌人往哪边活动，部队就提前过去埋伏。敌人来了战士们就分散开，等到敌人过去，战士们听到号令就是一顿好打，打一顿枪就跑，等敌人上来找，

★★★★★
杨靖宇（1905～1940）

原名马尚德，1905 年 2 月 26 日生于河南。成年后的杨靖宇身高一米九三，是抗联官兵中少有的大块头，因此经常被误认为是东北大汉。他作战的特点是闪电突击，快速奔袭。在山地游击战中被日军称为"山林之王"。

却找不到人。就靠着这样的打法，抗联牵制了日伪军近 40 万兵力。

从 1936 年到 1937 年秋，东北抗联的发展达到鼎盛，建成 11 个军，并开辟了东南满、吉东和北满 3 大游击区。

对于当年群众对抗联的支持，曾任抗联二路军军部秘书的彭施鲁老人记忆犹新。他说："当时，老百姓都往山里送粮，抗联的口粮基本有保障；过春节老百姓还给我们送来一大口冻得硬邦邦的肥猪，战士们用大锯一段一段把猪拉开，分给各个单位；还有百姓送来几条香烟，每个人分一两盒。"在抗联战士眼里，在当时的情况下，那样的生活算不错了。

至今他的胆结石里还有棉花

1936 年底，为了进一步扩大游击区，杨靖宇带领抗联一路军的两个师朝热河方向发起西征，一路到达本溪、沈阳附近，并且在摩天岭战斗中一举歼灭日军 400 余人。然而，就在这一年的 12 月，当西征军一路突进至位于东北地区南部的辽河时，隆冬季节的辽河居然未能封冻，缺乏渡河船只的西征军随即被日军追上，伤亡惨重。

1937 年 7 月 7 日，日本发动全面侵华战争。为牵制东北敌军、配合关内抗战，杨靖宇率领抗联一路军在南满和老岭山炸毁铁路隧道。1938 年 5 月，杨靖宇又采取"诱敌深入"的战术，一举消灭伪满军队 300 余人。从此，一路军成了日本关东军重点讨伐对象。

为了巩固侵华战争的后方基地，日军大本营开始不断向东北增兵。到 1938 年，日本在东北的兵力已达 8 个师团，开始全力围剿东北抗联。同年 7 月，为打破敌人

包围圈，由周保中领导的抗联二路军决定再次进行西征，由战斗力最强的第四军与第五军向哈尔滨市五常县和吉林的舒兰一带主动突围。当年那个散发抗日传单的小学生李敏已经成长为抗联第六军的一名战士，这一年她14岁。

1938年夏天，第一批二次西征的队伍开拔的时候，部队举行了大型联欢晚会，场面非常热烈。在李敏的记忆中，第六军军部一个不到20岁的年轻秘书自己创作了一首《送西征》来送别战友：

碧草萧萧夏日长，

共为救国忙，

离歌一曲送西征，

从此各一方，

愿望同志肩重任，

为国增荣光，

祝同志前途无量，

进取莫彷徨。

70多年后的今天，李敏深情地唱起了这首《送西征》，熟悉的旋律和歌词，又似乎把她带到了自己的14岁，带到了那个烽火连天的岁月。

第二天，马队穿过夹道欢送的人群，开始了第二次西征，留下的战士们含着眼泪送别了战友。"这些战友，很多都牺牲了，现在没有了。"说到这儿，李敏的眼眶红了。

1938年7月31日，时任东北抗联第五军政治部主任的宋一夫在西征途中携款叛变投敌，供出了东北抗联二路军的西征计划，日本关东军随即调集大批部队对参

抗联战士李敏

加西征的各支抗联部队进行堵截。在敌人占有压倒性优势的反击下，西征军损失惨重。

10月，突围失利的抗联第五军在返回途中遭遇日军堵截。为掩护师长撤退，第一师妇女团指导员冷云与妇女团仅剩的7名女战士在打完最后一发子弹后，高唱《国际歌》一起投入乌斯浑河，壮烈牺牲。8名女战士为中华民族的解放献出了她们年轻的生命，写下"八女投江"的壮丽篇章。但很少有人知道，这8位巾帼英雄用生命掩护下来的第五军第一师师长关书范却在这之后叛变投敌。抗联二路军第四军军长李延平也被叛徒杀害。到12月，5个月前李敏和战友们在歌声中送别的抗联第四军在日军的重兵围堵下全军覆没。

日本帝国主义在加紧对东北抗日军民进行血腥"讨伐"的同时，为了切断抗日武装与人民群众的血肉联系，还采取了许多法西斯的政策与措施，其中最主要的就是1938年起推行的归乡并屯的"集团部落政策"，归屯并户，强迫分散居住在抗日武装活动区的民众离开原住地，迁到日伪指定的地点，组成由日伪军警直接控制的大村落，并拉起铁丝网，对抗联活动地区的村落进行集中管制。老百姓家家都有户口，一个人从家里出来被敌人知道，全家就都会被烧死。而且，归屯并户以后，村民们只有在春秋种地时才能出来。到了东北漫长的冬季，抗联的战士想找到村民购买粮食等物品都非常困难。这给抗联给养、宿营、兵员补充等方面都造成很大阻碍，抗日游击根据地赖以生存的经济基础遭到了破坏。东北抗联进入了最困难的时期。

★★★★★
八女投江

这8个人分别是第二路军第五军妇女团的指导员冷云、班长胡秀芝、杨贵珍、战士郭桂琴、黄桂清、王惠民、李凤善和被服厂厂长安顺福。牺牲时，她们中年龄最大的冷云23岁，最小的王惠民才13岁。2009年9月14日，她们被评为100位为新中国成立做出突出贡献的英雄模范之一。

彭施鲁少将为纪录片《我的抗战》题字

年轻时的彭施鲁少将

抗联战士除了要面对战斗的残酷，所面临的饥饿和酷寒也到了近乎难以忍受的地步。亲历过当时困难时期的抗联战士说，当时东北抗联战士有三种死法：第一是打死、第二是冻死、第三是饿死。战士们饿得厉害，就到山上采野葡萄叶吃；刚生下来的孩子靠喝尿才活过来；吃一个牛头大伙儿就能过年；一个苞米粒管走七天七夜……时任抗联三路军第十二支队的战士李桂林则对吃棉花的事记忆犹新。他说，实在饿得难受，就把自己棉袄里的棉花拽出来碾成一个球放到嘴里，然后用雪把棉花球咽下去。至今他的胆结石里还有棉花。这些棉花，连同那段记忆，跟了他70多年。

东北的冬天，山区最低气温可达零下50度。所谓的"火烤胸前暖，风吹背后寒"的生活对于抗联战士们而言也已是难以想象的奢望。躲藏在密林中的他们即便在滴水成冰的夜晚也不能轻易生火取暖，因为一旦生火，附近的日军碉堡就会发现有人在"集团部落"之外活动。"有的人冻痴了，抱着树墩以为是火盆，就那么活活冻死了，干巴巴的。"几十年过去了，当年的情景单立志老人依旧难以忘怀。

14 岁女孩在狼群之间

1938年冬，随着东北抗战局势的恶化，李敏所在的抗联第六军第一师被迫离开根据地开始转移。

11月23日，由于情报失误，转移途中的李敏和战友们与日军围剿部队迎头相撞，白山黑水见证了这一场异常惨烈的战斗。这一天所发生的每一件事情、每一个细节，70多年后的今天，老人依然不曾忘却。

就在部队距离目的地还有两座山岗的时候，走在前方的尖兵发现有敌情，这时候，敌人的尖兵已经迎上来了。徐光海主任大叫："就地卧倒！"话音未落，敌人的机关枪就开始了扫射。年轻的战士小马非常勇敢，拿起手榴弹就往敌人机枪手身上甩。敌人机枪手被打死后，刘排长就连滚带爬地过去抢机枪。就在他把机枪抓到手往回运的时候，后面一连串的机关枪子弹把他打倒了，他抱着机枪趴在那里，再也没有动弹过。

敌人用机关枪和迫击炮对李敏他们猛攻，迫击炮崩起来的雪块、土块几乎将他们埋在土里，激战了20分钟，指导员裴大姐负了重伤，她对李敏等人说："你们快走，我在后面掩护!"没等李敏和战友们冲出包围圈，身后便传来了裴大姐高呼"救国万岁"的声音。

短暂而血腥的战斗之后，李敏和仅剩的几个女战友开始顺着一条冰冻的小河撤退。已经几天没有吃过一粒粮食的她们在雪地里挣扎着前进，她们还没有突出包围圈，敌人就在附近。

"拼命跑啊，有多大劲使多大劲。那雪深，都到膝盖。"李敏老人说。因为路不熟，她们不知道往哪里退。后来，原本在前面带路的党员金大姐实在跑不动了，就叫李敏在前面带路。走了100多米以后，李敏突然发现后面战友们的喘息声和踩着雪的声音似乎没有了，她在大雪里艰难地转过身，想看看战友怎么还没来。然而，她却发现茫茫的雪地里只剩下了她自己，后面已经没有人了。她急切地朝更远的地方望去，隐约看到有很多黑点在晃动。她意识到：战友们已经被日军骑兵包围了。此时此刻，14岁的李敏只能靠自己了。

敌人的马蹄声越来越近，她见没别的地方躲，就钻到树根底下，用雪把自己埋上。没过几分钟，日本人的马队就过来了，其中夹杂着伪军的喊声"往这跑的，往这跑的"。"马蹄嗒嗒嗒地响，就像踩到我脑瓜子的感觉，紧张极了，也不敢看，反正是坑有多深我就使劲往里钻多深……"很幸运，敌人走的这条路正是李敏和战友们昨天去密营的那条路，所以敌人没有注意到她的脚印。等到敌人走了以后，李敏站起来看看，这才发现天已经黑了。看看周围，山也是黑的，天也是黑的，又开始下起了雪。"冬天山上的雪都像蝴蝶那么大，那个树，风呜呜一响，好几个树同时就喊那个声音。哎呀，简直怕极了。"现在说起当时的情景，似乎那种恐惧在老人的心里仍没有消减。

这时候，她不知道是不是队伍就剩下了她一个人了，但她明白，自己要继续往前走。李敏试图挪动脚步，这才发现棉袄棉裤全都已经结冰了，她就趴在旁边的一棵倒树上，一点也走不动了。突然，李敏听到一个声音，她睁开眼睛集中精神一听，是狼在叫唤!"完了，完了，我今天一定叫狼给吃掉了。"小李敏绝望地想着。突然她想起来，上山的时候交通员曾经说过，在野外遇到野兽就点火或者敲树。"旁边的倒树上有很多树枝，我把它撅下来就开始敲树。当当当，当当当，拼命地敲，一边敲一边退，果然声音越来越远了。太阳一出来，我就暖和暖和。这时看到有个死老鼠，伸着四个腿，闭着眼睛在那躺着。我一看，我想这是个肉啊。"想到这儿，李敏用柞

树叶子把老鼠包上，揣在兜里就走了，她在想着找个地方把老鼠烧着吃了。

当李敏拖着沉重的双腿爬上一个山头时，她惊喜地发现山下的河边竟然有一座房子。她高兴极了，心想：可找到了，这不是抗联的密营就是烧炭工人住的地方，于是她不假思索地向山下跑去。就在她接近房子的时候，突然发现了地上的脚印是一个眼一个眼的铁钉鞋印，这铁钉鞋不会是敌人留下的吧？她犹豫了一下，又向前走了几步。这次，她看到了旁边有个厕所，厕所最突出的特点是散落着一些手纸。抗联哪有手纸啊！她立刻意识到：完了，这不是自己的队伍，得想办法往回跑。李敏刚想到要跑，迎面过来一个人，带着三角黑口罩，说"八嘎"。李敏当时索性豁出去了，对着走出来的日本兵"砰"就是一枪，然后一个人拼命朝树林里跑。当时大雪纷飞，树林很密，或许是因为发现地上脚印不多，加上风大雪大也看不清楚，日本兵打了一会儿就没动静了。

李敏在虎口里逃过一劫。

逃出敌人视线的李敏想到的第一件事就是把老鼠烧着吃了，因为实在太饿了。"特别香，一点没觉得有什么不好的味儿"。

吃过老鼠后，李敏又有了些精神，但很快天又黑了。幸亏当晚没有下雪，否则很容易迷路。李敏爬上了一个山坡，突然发现下面有亮光。她想，这个亮在下边，应该不是星星，也不会是月亮。正想着，她听到踩树枝的哗啦哗啦的声音，下面有个人喊："同志们，同志们，起来起来……起队了起队了。""一听到'同志们'这一句话，一下子就把我，哎呀，打明白了，哎呀，就走不了了。哇一下子就哭……"老人说到这里的时候，又一次红了眼眶。后来，李敏就昏过去了，战友们怎么把她抱到火堆前她都记不清了。

李敏遇到的这支队伍是抗联第六军的另一支部队。此时，14 岁的她已经在雪野中独自支撑了两天两夜。

多年之后，李敏才得知，她所在的女兵排只有她一人突出了包围圈。那几位走在她身后的战友成了俘虏，最后大多牺牲在日军监狱中。

"徐光海主任的头被敌人割走了，只剩下下肢；裴大姐衣服都被撕开、扒光了；还有一个姓李的同志、马贵，还有刘排长、刘常友，都是在那个战场牺牲的，原来那个战场上。"虽然时间过了这么久，老人对这些战友的名字仍是如数家珍，那些和她共同经历过生死的人，如今都成了老人回忆里最鲜活的画面。

1938 年底，杨靖宇率领 1400 余名抗联战士转战至长白山地区，但在随后的蒙江战斗中遭受重大损失，队伍仅剩 400 多人。进入冬季，斗争更加艰苦，抗联战士缺衣少食，经常十天半月吃不到粮食，常常是渴了抓把雪，饿了吃些树皮、野菜、草根。没有鞋穿，就用麻袋片或破布把脚包起来在雪地上行军，常常是空腹与敌军搏斗。

1939 年，东北抗日形势进一步恶化。日军集中兵力对杨靖宇所部进行昼夜追堵。据日军记载，身高近两米的杨靖宇，跑起来双手摆过头顶，像鸵鸟一样在雪地里奔跑。600 多人的日军讨伐队，最后因疲劳掉队的竟有 500 多人。

1940 年 2 月 1 日，一路军特卫排排长张秀峰叛变投敌，致使日军完全掌握了杨靖宇的突围路线。23 日，孤身一人的杨靖宇在濛江县保安村附近被日伪军包围，激战 20 分钟后，被叛变投敌的原抗联战士张奚若用机枪击中，壮烈殉国，年仅 35 岁。据说，杨靖宇中弹前的最后一句话是：

> 谁是抗联的叛徒？站出来，我有话说！

但是，这个抗联的英雄到最后也不知道，是谁做了日军的走狗。

敌人剖开了他的遗体，发现他的胃饿得变了形，里面除了尚未消化的草根和棉絮，连一颗粮食都没有！残暴的侵略者被震惊折服了，不禁发出感慨："虽为敌人，睹其壮烈为之感叹：大大的英雄！"并特意为杨靖宇举行了"慰灵祭"。

1940 年 11 月至 1941 年 12 月，因抗联部队损失严重，抗联大部相继越界到苏联境内进行休整，东北战场上只留下了少数抗联部

是谁打死了杨靖宇

当敌人向杨靖宇喊降不奏效时，岸谷向张奚若下达了"干掉他"的命令。张奚若随即扣动扳机，杨靖宇中弹牺牲。

当晚，日伪军在濛江喝庆功酒，张奚若、白万仁、王佐华坐在首席上，张向人们炫耀说："正当杨靖宇抬起腿要跑的一刹那，我一个点射，齐刷刷地给他点在这儿上了 (指胸口)"。叛变的原抗联一路军特卫排排长张秀峰端着酒杯，隔桌过来往张奚若面前一墩，沉闷地骂了声："混蛋！不得好死！"张秀峰的失态使"讨伐"队人员像得了传染病一般都喝不下去了，庆功宴不欢而散。

解放后，直接告密的两个人被逮捕了，枪毙在杨靖宇墓前。但真正打死杨靖宇的人，始终没有得到应有的惩罚。

杨靖宇

杨靖宇将军落难后遗容

队同敌人作战，继续进行游击活动。李敏也和大部分战友一同前往苏联休整。1945 年 5 月，苏联政府授予她"反法西斯战争胜利功勋奖"。

1945 年 8 月 8 日，苏联正式对日宣战，在苏联整训的东北教导旅空降人员和在东北各地坚持游击战争的抗联部队，积极配合苏军作战。1945 年 8 月 15 日，日本宣布无条件投降。

据不完全统计，抗战中，东北抗联牺牲的军长级以上官员达 177 位，其中包括杨靖宇、赵尚志、陈荣久、陈汉章、王亚臣等抗日名将；牺牲的师级以上将军达 101 位，剩下的当中有 40 多位失踪或叛变。

据日本陆军省公布的数字统计，仅从 1931 年"九一八"事变到 1937 年的 6 年间，日本关东军累计死伤 178200 人，相当于近 8 个日军甲种师团的总兵力。从 1932 年到 1940 年，东北抗日武装共出击 154761 次，平均每天袭击日军 52 次。

反扫荡

亲历者

朱　韬——时为冀中军区抗大二校七大队老师

张旭初——时为沭阳县抗日儿童团团员

赵　勇——时为冀中军区第七军分区二十二团二连战士

★★★★★ 编导手记

　　小的时候看《小兵张嘎》，一看到日军进村抓八路，奶奶牺牲的那段我就会哭个不停，我跟着姥姥长大，很害怕也会那样失去姥姥，幸好不会发生这种事。

　　1942年5月1日，日军扫荡冀中平原。

　　日军把住过八路的民房烧毁，然后抢走村里的粮食，为了困死八路军和新四军，还会制造无人区，不是制造"人圈"，就是直接杀光全村人。

　　这就是三光政策。

　　这就是扫荡。

　　日军把全村的人都赶到广场上，让他们围坐成一堆，然后一个个审问，只要听出口音不同，哪怕不是八路军或者新四军，都难逃一劫。

　　在采访过的这些老人中，很多都是那时候参加八路军和新四军的，日本人来了，他们再也活不下去，或者亲人都死了，于是参军去打鬼子，他们中的大部分人都还是孩

子，有的甚至只有十一二岁。八路军把这些孩子送到学校学习，或者直接送去延安。

而更多年纪大些的孩子留在了战场，参与反扫荡的战斗。

八年抗战下来，他们也会像当年大哥哥收留自己一样，收留更多的孩子，送他们去读书，或者和他们并肩战斗。

封锁沟把平原分成 2600 多块

1941 年 12 月，太平洋战争爆发后，日本华北方面军为巩固对占领区的统治，使之成为"大东亚战争兵站基地"，于 1942 年制订了《治安肃正建设计划大纲》，规定"治安肃正"的重点应放在以"剿共"为主的作战讨伐上，并依此集结大量兵力，重点对晋察冀、冀东、冀中以及晋冀鲁豫、太行、太岳等敌后抗日根据地进行大规模的扫荡。朱韬当时是冀中军区抗大二校七大队的老师。1942 年，日军对冀中地区进行"五一"大扫荡。

抗大

中国共产党领导下的八路军干部学校。1936 年 6 月 1 日在陕北瓦窑堡成立，原名"红军大学"，后来迁到保安，1937 年 1 月迁到延安。卢沟桥事变后改名为"中国人民抗日军事政治大学"，简称"抗大"。

朱韬说："军备一团和敌人打得非常激烈，那子弹、炮弹像暴风雨一样。"最终，朱韬所在的部队成功突围。突围后，部队立刻化整为零，分散成若干游击小分队。朱韬和两名战友潜入了河北深县，等待部队重新集结。朱韬说："有一次我们到一个村庄，碰上敌人一个班的尖兵。我们赶紧往回撤到村子里面。这个村子的老大娘看到我们，指着叫我们上阁楼。我们就上到阁楼。"

日军近在咫尺，朱韬等人没有武器，他们躲在阁楼上屏住呼吸观察着外面的情况。过了一会儿，老大娘说敌人走了，让他们下来！朱韬他们下来看到，老大娘已经做好了饭叫他们吃饭。成功躲过了敌人的追逐，又有一顿热乎乎的饭可以吃，这样的事情，在那个动荡的年代真算是最幸福的事了！70 年后的今天，朱韬仍然怀着深深的感激："我说冀中人民，那真是伟大的人民！对子弟兵的热爱和感情，那真是永生难忘。"

怀着对根据地老百姓的感激，朱韬三人匆匆离开了村子。然而，危机并没有就此结束，他们一出村就碰到了一个伪军队长，此人正骑着车子，打着个小旗，宣传"强化治安运动"，朱韬感觉到，事情麻烦了。

伪军队长荷枪实弹，但朱韬三人却手无寸铁，四个人就这样僵持住了。朱韬的战友李政军摸摸鼻子悄声对他说："3∶1，必要的时候，我们三个人把他给整掉。"就在这个万分危急的时刻，村长出现了。见此情景，村长连忙上前调解。没想到，伪军队长并没有露出凶恶的一面，而是向村长吐起了苦水。原来，他之前也是抗日队伍的，后来被抓了，没办法当了伪军。还说他虽然是伪军，但也为村子里做了不少好事。他说："我放你们走，但是这个村子离我们的据点贡家台很近，你们走，我得放两枪，你们往西北走，那边没什么情况。"就这样，朱韬三人化险为夷。

逃离险境后，他们来不及休息就赶紧向西北方向撤退，此时的华北平原已经变了一个样。

日军在平原上建立了1700多个据点儿挖掘了4000多公里封锁沟，把平原分割成了2600多块，朱韬和战友们走在平原上，仿佛陷入了一张大网里。几天后，他们遇上了七兵团的政委，接到了返回部队的命令。

朱韬说："我们手无寸铁，准备到那个地方弄点武器，哪怕弄个手榴弹也好。"他们决定先不回去找部队，而是准备到比较熟悉的地方弄点武器来。不料，就在这天，他们遇到了日军的包围，包围圈越来越小，怎么突围都突围不出去了，他们只好躲进了村内，隐藏在老百姓家里。天一亮，敌人把农民们都赶出来了，朱韬也被发现了，伪军拿刺刀扎着他的脖子问："你是八路？"此刻，朱韬已命悬一线，朱韬说他是当地的村民，可日军听出朱韬与其他村民的口音不同，立刻开始拷打他——将他打倒在地，然后在脖子上压杠子，剧烈的疼痛让朱韬一下子昏了过去，等他再次醒来的时候，已经浑身水淋淋地躺在了牢房里。朱韬说："昏过去后，被泼了水，我又缓过来了。"被日军泼醒的朱韬一口咬定说自己是当地的老百姓，他没有暴露任何秘密。后来，朱韬和战友李政军被当作苦力辗转送往多个集中营、矿场，不愿屈服的他们在集中营偷偷成立了自己的共产党支部，对抗日军的暴行。最后，朱韬和战友们成功策划越狱，逃了出来。

"五一"大扫荡一直持续到1942年6月上旬。经过此次残酷扫荡，冀中根据地遭到严重摧残。冀中军区部队减员16800余人，5个军分区司令中，第八军分区司令

常德善、政委王音远双双战死，第十军分区司令朱占奎被俘投敌。剩余的 2000 主力被迫转移到晋西北，群众被杀、被捕达 50000 余人。共进行大小战斗 272 次，毙伤日伪军 11000 余人。

一个抗日儿童团团员的遭遇

太平洋战争爆发后，面对越扫荡越顽强的华北军民，日军企图迅速解决这一问题，他们开始对华北解放区进行愈演愈烈的扫荡，甚至对根据地实行"三光政策"，即烧光、杀光、抢光，企图用这种毒辣的手段彻底破坏抗日根据地军民的生存条件。华北解放区的抗战进入了空前困苦的阶段，数十万百姓流离失所。侥幸逃出的老百姓依然在这最黑暗的日子里尽力躲避着日军的追捕。

张旭初是沭阳县抗日儿童团团员，那年他 14 岁。几天前，他的家乡沭阳县口头庄正遭受着日军的扫荡。日本人集中了 300 多人，北面从滥洪港上绕过来，南面从荣吴城绕过来，南北夹击包围了口头庄。此时，口头庄里只有 30 多名基干民兵，民兵们分成三段进行防守，拖住敌人，好让其他人伺机突围。

经过几个回合的战斗，中路最终被敌人突破了。敌人利用青纱帐很容易找突破口，突进来以后，首先就碰到了张旭初的二伯父张飞龙，张飞龙已经负伤了，但又有几个敌人顶到他的面前，于是张飞龙从屋里面跳出来跟敌人搏斗。在搏斗的过程中，日本人的刺刀从他的胸部捅了进去，但是，张飞龙依然誓死抵抗，敌人看到他太能抵抗了，就又放火烧他。张旭初说："第二天，我们为他收敛遗体的时候，发现他身上被火烧得一段一段的。"

中路不幸被突破，西路也受到了严峻的考验。西路被突破之后，张志生带几个人转到西头炮楼上面进行防御。眼看没有其他办法抓住他们，敌人就开始放火，他们把炮楼周围的房子点着了，火势越来越猛烈，滚滚浓烟直逼炮楼上的张志生几个人。可是，此时他们手里的子弹早已打光了，只能用砖头石块与日军进行殊死的搏斗。搏斗中，张志生负了重伤。眼看这个地方怎么也守不住了，一个叫盛前线的战士要背着他突出这个地方。张志生对盛前线说："你背我，我们两个都走不脱，你赶快向北面转移，不要管我。你能坚持到什么程度就坚持到什么程度。"盛前线无奈地自己逃走了，敌人围了上来。

张志生牺牲了，时年28岁。

口头庄一战，基干民兵一共牺牲了12人，却得以让其他人顺利突围。张旭初跑了出来，当他逃到石大庄村时，却遇上了伪军的追击，慌乱中，他躲进一户村内的粮仓。这时，两个伪军直奔他而来。

伪军把张旭初绑了起来，押往村子的广场。张旭初说："走到中间的时候，有个伪军说干脆就在这儿把他枪毙算了，因为我的两只手是被反绑着的，我也没办法同他斗。后来有一个伪军说暂时不要毙他，先审讯他。"

伪军把张旭初带到村中，吊在树上，问他是哪里人？是干什么的？是不是新四军？张旭初那个时候意识到他不能讲话，因为如果说自己是石大庄村的人，石大庄老百姓都不认识他；说是口头庄人，万一碰上伪军就是要抓口头庄人，那怎么办？张旭初左思右想，就是不开口。情况已到了最危急的时候，这时，善良的老百姓救了张旭初。

如今回忆起来，张旭初仍然充满着感激："我很感谢那个村的人，老百姓说，他是我们村上的，我们村上的人都认识他。"听到当地的老百姓众口一词，伪军也没有办法了，只好把他放了。

就这样，张旭初得救了，善良的老百姓们又给他拿出水和食物。张旭初望着这些乡亲们顿时哽咽起来，他永远无法忘记这些朴实的老百姓。后来，思念家乡的张旭初偷偷回到了口头庄，但那里已经变了一个样。家里已经没有人了，房子是空的，被一把火烧得精光，到处都是残垣断壁。

房子被毁了，但人还在。根据地军民知道，总有一天，这里还会变成美丽的家园。

一个妇女拆穿了他："他不是我们村的！"

太平洋战争爆发后，日军企图迅速灭亡中国，他们除了在根据地实行"三光政策"，还使用了"囚笼政策"、"铁壁合围"、"淘水战术"、"蚕食政策"等新的战术手段。其中，"铁壁合围"是指使用大部队严密交互包围的战法，企图把我军包围在狭小地区而消灭。但是，这一战术并未达到目的。于是，日军开始在根据地中心区反复扫荡，围剿根据地的部队。

面对这种情况，八路军和新四军开始调整战术，各部队化整为零，将最优势兵力集合在一起，找准日军的薄弱处全力攻击，从而跳出封锁线，在外线与敌人打持久战。

赵勇是冀中军区第七军分区二十二团二连战士。1942年6月8日，赵勇所在的二连跟随团长左叶在深泽县以北的宋庄与八路军冀南军区警备旅一团二营的一部分战士，以及两个县大队各一部会合。由于日军对此处有合围之势，团长左叶临时决定在宋庄对日军进行一次伏击。

得知要伏击日军，战士们兴奋极了，他们积极地在宋庄内修筑防御工事。赵勇说："我们二十二团不是吃素的，在冀中平原上，我们打仗很有两下子，打得又准，机枪装备得又比较精良。"

> 我们是革命的先锋军，
>
> 是一支新生的力量，
>
> 战斗在最前线，
>
> 烈火中锻炼成长，
>
> 虽然艰苦备尝，
>
> 却是快乐无疆，
>
> 哪怕敌人疯狂扫荡，
>
> 电线密如蛛网，
>
> 任凭汉奸丧心病狂，
>
> 使尽阴谋伎俩，
>
> 我们依然站稳坚定的立场，
>
> 实现光明的理想。

——《三纵队进行曲》

战士们唱着这首《三纵队进行曲》，投入反扫荡的战斗中，他们坚信总有一天会把敌人赶出去。

面对镜头，赵勇再次唱起了这首刻在他心底里的歌，当时的情景似乎就在眼前。那时候，他们开始在街中心的房子上修工事：先在房上捅个洞，再在房屋地下捅一个洞，这样房上房下就通了。"户户相通，房上下相通，那就是要跟他们决战了。"老人一边说一边呵呵地笑了起来。

6月9日上午7点30分左右，在宋庄的东北方向出现了日军骑兵，守在宋庄的战士迅速就位，将枪口瞄准了敌人。此时，日军虽然距离宋庄不过一公里之遥，却丝毫未能察觉出前方的村庄就是八路军的伏击阵地。领头的日军骑兵在绕过村外的树林之后，径直往宋庄东北方的入口而来。

赵勇他们之前已经跟日本的骑兵交过几次手了，早就打出瘾来了。一瞬间枪声骤起，走在前面的日军骑兵被守在村里的八路军击中，纷纷落马，日军立刻明白自己中了埋伏，开始与村里的战士进行对攻。"他冲锋，端着枪，挺着胸，他这样子冲锋，他吼叫着就冲，他冲我们就消灭他，以后他爬着冲，爬着冲还不是照样打他。"回忆到这里，赵勇老人越说越有精神。

面对强劲的对手，日军开始召集援兵。上午10时，从周边据点陆续赶来的日伪军部队共计1000多人，将宋庄团团包围。在经过平射炮和掷弹筒近一个小时的轰击之后，日军从宋庄的东、西、南三面同时发动了进攻。

原本打算打一下就走，却没想到被日军团团围住，二十二团团长左叶下令：全体战士务必坚持到天黑，以增加突围概率。战士们互相鼓励，誓死守住阵地。赵勇他们能够坚持住还有一个优势，因为宋庄是日本人的一个弹药库，存有很多弹药，所以二十二团占了天时地利的优势。

为了能坚持到天黑，守在村里的战士们杀红了眼。最后，敌人还是冲进了村子，赵勇和战友们就冲过去和敌人拼刺刀。在几次打退日军的进攻后，南宋庄还是被日军攻下，里面大部分的战士牺牲了，北宋庄的三道防线也被攻破了，战士们可以依靠的只剩下手榴弹，就在这时，援军来了。

说到援军来了，一直紧张讲述的赵勇也松了一口气："十七团上来了，十八团也上也来了，十七团、十八团都是我们临近部队的友军。"见到援兵，宋庄的战士们开足火力进行掩护，援军终于冲入了宋庄内，团长左叶连忙重新分派兵力，开始做突围前的最后动员，让战士们把鞋带绑好，一切都收拾好，准备突击。

就在这时，日军对宋庄内施放了瓦斯弹，并趁八路军战士暂时不能射击之时，派遣了突击小队抢上村边的屋顶。团长左叶立即组织小分队反突击这些立足未稳的日军，经过激烈的白刃战，日军的突击小队被战士赶了出去，此时夜色已开始笼罩大地。

"坚持到天黑，就是我们的天下，当时大家就做准备，就突击。"

村外的日军此时认定：守在宋庄内的一定是八路军的主力部队。在天黑后，他们点起篝火，准备困住八路军，等待第二天的援军到来，而宋庄内的八路军则开始做最后的突击准备，安置伤员。伤员们一声不吭。或许在这一刻，大家心里都已明白，这将是最后的诀别。

夜深之后，一部分日军已经睡去，这时八路军战士开始突围。而敌人则开始到处点火，"它就是表示好像照亮看到你，你跑不脱。我看了那个火在燃烧，当时我们就冲过去了。"赵勇和战友们用手榴弹开路，沿着村边的沟道朝正南急进，一口气跑出6里地，摆脱了日军。此时的日军无论如何也没有想到，刚刚突围出去的八路军就是与自己激战了一天的全部对手。这些日军仍然包围着宋庄，他们没有想到的是，第二天迎接他们的只有一座布满残垣的空荡村落。

突围后，赵勇所在的部队与其他部队集合，但是，他们怎么也没想到，天明时分他们再次遭到了另一股日军的追击。

万般无奈之下，赵勇转到附近的固罗村，跟老乡们坐在一起。敌人到了村里就开始盘查，找八路军。知道自己不是本地口音，赵勇骗日军说，自己是本村请来帮忙干活的。本以为自己这个说辞可以骗过日军，但谁都没想到，这时候，一个妇女突然拆穿了他，她说："他不是我们村的！"

那一年他只有14岁。

现在，花甲之年的赵勇这样平静地讲述着当时的情形，没有丝毫埋怨，他说："老乡们也可以原谅，她胆小，把我揭露了，结果汉奸、日本鬼子就打我。"

就在赵勇遭到敌人严刑拷打的时候，一个从墙外边跑来的青年救了赵勇的命。

这个青年刚往村子里跑，一看到这里面都是日本兵，他拔腿就使劲往回跑，鬼子们见状就跑去追他，结果就把赵勇留下了。

直到今天，赵勇也不知道那个帮助自己脱离险境的年轻人到底是谁，他也不知道，那个年轻人最后是不是被鬼子抓住了。

怀着感激之情，14 岁的赵勇跑出了村子，到东北方向的几个村子去寻找大部队。然而，那些村子里原有的联络点都已经变成维持会了。

当时，由于大部队到外线作战，原有的游击区变成了敌占区，原有的根据地被日军变成了无人区，没有找到组织的赵勇无奈之下，躲回了老家。在那里，他日夜盼着能够早日归队，那首经常唱起的《三纵队进行曲》，也只能在心中默默地唱起。

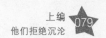

维持会

抗日战争初期日军在中国沦陷区内利用汉奸建立的一种临时性的地方傀儡政权。其任务是为日军实现"以华治华"、"分而治之"服务。担负着给日伪统治者筹集钱、粮，替日伪军队提供粮秣、民夫，向日伪军汇报中国抗日军队活动情报等任务，成为其侵略和奴役中国人民的工具和帮凶。

1943 年的时候，八路军又开始活跃起来了，消息不断地在抗日积极分子中间流传，赵勇终于又听到了部队的消息，他迫不及待地想回去。

日军进村抓捕八路军和新四军的情景，让亲历过的老人至今不能忘记，多年以后，这些残酷的经历被亲历者拍成了电影，人们用这样的方式来纪念那些在扫荡中不屈服、不投降的根据地军民。

1951 年，北影厂拍摄了一部名叫《新儿女英雄传》的电影，里面有一段情节：日军对根据地进行扫荡，一进村就把老百姓围在一片空场上，让村民指认谁是八路军。

日军：谁是八路军、共产党、民兵？都站出来！

日军：老头，你不说马上命就没了。

日军：快说！老家伙！

老百姓：这里头净好老百姓，没有一个共产党、八路军和民兵。

……

电影里的群众演员都是冀中平原的老百姓，大多经历过日军的扫荡。

潜 伏

亲历者

叶钟英——时为中共上海地下电台报务员

方 晓——时为中共上海浦东工委伪军工作委员会委员

唐 路——时为新四军军部侦查二科交通员

何 苹——时为中共华中局情报部交通员

丁公量——时为中共浙东区党委敌伪工作委员会副书记

王芸彬——时为国民党军统"抗日杀奸团"河南新乡工作组组长

彭望缇——时为国民党三民主义青年团驻上海情报员

编导手记

我确实难以表达对抗战老战士的真实情感，说感动、振奋，并不是最真实、最迫切的。

说实话，看着老战士们轻松地、甚至没什么表情地回忆着70年前那些惊心动魄的亲身经历时，我很难身临其境。

这不是冷血，而是一种岁月磨砺之后的细节缺失，以及经历上缺乏共振，所带来的情感阀暂时关闭状态。

情感阀暂时关闭了。于是，我只能用一个匠人的心态，把故事做到好看。

这是一个追求收视率的时代，是一个希望你能安静地坐下来，不嗑瓜子、不上厕所、不聊天，将我的故事看上10分钟的时代。

可是，耄耋老人们超慢的语速、慵懒的身姿，偶尔断篇儿的尴尬，都跟一个故事想要的效果格格不入。

于是，我必须把故事做好看了。用各种手段——音乐、音效、快速剪辑，让老人平静的讲述，忽然变得让人揪心。

要是能回到70年前，手里还有台摄像机，我一定要跟着这些老战士，去拍下他们的战斗情景。

我特想知道，他们嘀嘀嘀发报的时候，是一种类似于办假证的躲避警察的心态，还是明天就可能牺牲的心态？他们手里攥着左轮枪在街角等待一个日本军官时，那盏街灯是不是像电影情节般地闪烁着？

我就是想知道，"当时到底怎么回事儿？"

然而，因为我70年前不在现场，所以无从知晓了。

当然，因为70年后我敬业的演绎，让无从知晓的这一段，变得更加扑朔迷离。

在整理的过程中，我偶尔会泛起恻隐。很奇怪，不是为这些老战士们感动，而是常常想起他们身影后的那些老百姓，忽然就有种想哭的感觉。

这期《潜伏》中，因为暗杀"北"大校而受到牵连的黄包车夫，在暗杀发生后逃跑了，后来被日本人逮捕，严刑拷打，并将他的妻子和儿子带到他面前，给他最后一个交代的机会。

遍体鳞伤的黄包车夫当然还是无从回答，于是，日本人放狗咬死了他的小儿子，并枪毙了他们两口子。

看笔录的那一刻，我的情感阀空前开放，不能平静。

只是，这些细节，在故事里没有放大，因为无关宏旨。

但是我想，如果我能，我要拿起摄像机，去拍一拍在暗杀发生前，车夫一家三口毫无危险征兆的平静生活，留给今天的自己一段真实的素材——一段令所有音乐、音效、剪辑技巧苍白到无耻的素材。

抗战时期，始终存在着一条看不见的战线。国共两党的地下抗日人员，在各自的潜伏岗位，秘密注视着形势发展，伺机而动，通过种种特殊手段，完成了对敌情报搜集传递、物资运输、策反、破坏乃至暗杀行动。

情报

　　今天位于上海的黄陂南路710弄，民国期间叫做贝勒路福煦村，这里有一幢不起眼的三层小楼。1940年8月至1942年8月，有一座秘密电台架设在这里，与延安和中共华中局保持着通讯联系。报务员叶钟英、张志申，以学生身份做掩护，在这里从事着秘密工作。

　　叶钟英和张志申收发情报都是在晚上，他们将发报机隐藏在楼梯的夹层里，每天深夜3点准时将电台取出，收发情报。收发情报时，他们用黑布把窗子蒙起来，因为机器都摆在地上，人也就坐在地上。长期这样的工作，叶钟英的身体开始吃不消了，但是，每天晚上必须得等到3点钟，而且，必须得坐着等到那个时间，不敢睡到3点，怕睡过了。叶钟英的妈妈心疼女儿，于是主动承担起叫醒女儿的工作，这样，叶钟英每天还能先睡一会儿，到3点之前，母亲会准时叫醒她，开始工作。

　　叶钟英和张志申将发报机隐藏在三楼楼梯最上一级的夹层里。每天深夜，这座电台都会准时收发情报。来往电报稿由叶钟英与译电员约定在公园、电影院或马路边秘密交接。1942年，叶钟英在工作中，感觉到一丝异样。她突然听到咕噜咕噜的响声，知道有人在侦查他们。另外，她还看到窗外有人在朝天线看。于是，她立即向领导反映此情况。叶钟英老人说："那时是潘汉年来做决策，他决定让张志申一个人留在那里，让我去另外一个地方。于是，我就从那里撤走了。"

　　叶钟英走后，张志申在墙面上开了一个洞口，作为藏发报机的暗室，洞口外糊上墙纸，挨着洞口放只茶几，茶几上放上热水瓶和茶杯。叶钟英老人说："那所房子是木板的，按茶几大小开了一条口，把木板取下来，机器就可以放到里面去了。"

　　夜深人静时，张志申移开茶几，拿出耳机、电键，把天线接上，继续通报着情报、信息。与此同时，日本人也在利用特殊设备，搜寻着从福煦村发出的电波。

　　1942年夏天的一个深夜，张志申紧张地收发着电报，一楼突然传来敲门声，他迅速将设备藏进暗室，上床装睡。四五个日本便衣宪兵，冲进了屋子，其中

叶钟英（1948年8月）

一人身上还背着仪器。日本宪兵一进屋就到处搜，可是什么也没有搜到。当时街上已经有很多人在围观，日本人搜不到证据，也不好把人带走。他们只好让张志申继续睡觉。在以后的日子里，日本人一直都在跟踪张志申。叶钟英老人说："好久以后，日本人也放松了，因为每次都搜不到什么东西。"

从 1937 年抗日战争爆发至 1949 年上海解放前夕，在卢湾区范围内，现已发现曾有 6 个中国共产党的地下电台。其中，曾在今黄陂南路 148 号的电台工作的李白，就是影片《永不消失的电波》的故事原型。

交通员

抗战期间，上海的多个地下电台，都在用电波远距离传递着消息，与此同时还有大量地下交通员，用双脚实现着情报的传递。那时，还有一些小通信员，他们都是孩子，男的女的都有。小通信员进出敌人的封锁线很容易，敌人不知道他们在做什么。

方晓当时是中共上海浦东工委伪军工作委员会委员，他说："我们这些工作，如果说取得了很大的成绩，那是因为我们的交通站、我们的政治交通、我们的小通信员做了很大的贡献。"

1943 年，年仅 13 岁的唐路，就已经是新四军军部侦查二科的一名交通员。在上海，本来有一个情报小组，后来变成两个情报小组，唐路就负责联系这两个情报组。唐路老人回忆说："我在书本里边做夹层，把情报夹在书里边。有时情报是纸条，就可以放在皮带里、鞋子里、帽子里，这些地方都可以作掩护。"因为唐路年纪小，敌

唐路（1943年）

何荦

潘汉年

人就不太注意，他曾经进出扬州、镇江很多次。

同年被分配到华中局情报部工作的何荦，也是交通员当中的一员。交通员的工作很辛苦，何荦老人说："来去大体上是 300 里，生过疥疮，身上都是虱子，屁股拱起来雪白雪白一大堆。脚上不知道起过多少泡，一双袜子跑三次就破掉了，还不能穿破袜子，穿破袜子跑路容易磨掉皮。怎样才能不让敌人怀疑呢？社会化、群众化，要把这两个表演好，才能淹没在群众的大海之中。"

1943 年夏天，何荦携带一包密封文件，从淮南根据地出发前往上海，没人知道那包文件是延安的"整风文献"。为了防止敌伪盘查，何荦的上级潘汉年，用工整的楷书在文件信封上写上"南京国民政府上海特工总部武君国亲启"，下款则写上"镇江特工站"。

据何荦回忆，那一次，潘汉年是假作写给上海的武君国，他还想在信封下面写上"年"，因为潘汉年过去的化名叫"老年"。何荦老人说："潘汉年当时对我说，你拿去好了，如果出毛病，也交给武君国算了，反正文件也没什么秘密了。"何荦拿着这包密封文件，想办法避过一些可以绕过去的大站或码头。何荦老人说："比如到了江边，我不乘轮船了，我乘小筏子，在金山上岸，把这个东西放在伪军的报纸里，带到上海。"

这样一路避过盘查，顺利到达目的地的行动，远远不止一次。

何荦老人至今还清楚地记得，自己如何动脑筋避过敌人的检查。有一次，上海的上级把一卷胶卷放在手电筒里交给何荦，那是六届三中全会和四中全会的文件。何荦想出了一个很好的办法，他不仅带着藏有密件的小手电筒，而且自己又买来了两个新电筒，三个电筒放在一起带着。何荦当时想："万一敌人检查到了，我可以讲是晚上照明用的，如果认为我带得太多了，我可以把两个送给他们。"结果，何荦预想的这个情景还真的发生了。敌人检查时，对何荦说："你带这么多也没用。"于是，何荦说："这样吧，你们也辛苦，这是违禁品，我也不好意思，这两个干脆作为罚款吧。"敌人说："好！那你走吧。"那一次，何荦又顺利通过了敌人的盘查。

潜伏——"你们要进入到妓院这种地方去"

1944 年的秋天，从事情报策反工作的丁公量，经常思考着一个问题。他手下的同志周迪道，已经在日本宁波宪兵队，拥有了"八大密探"之一的身份，并且建立了潜伏在日本宪兵队内部的"400"小组，但"400"成员们的开销捉襟见肘，不得不向丁公量申请活动经费。

丁公量对周迪道说："汉奸就是敲竹杠的，但是敲竹杠有一个原则，就是不能向人民群众敲竹杠，要向奸商敲竹杠。"丁公量还告诉周迪道，要广泛交朋友，各种各样的人都要拉得住，不然就不能互相帮助，更没有情报。

周迪道和小组的另外四位同志，在老百姓眼中是不折不扣的"汉奸"。丁公量对他们说："不要太拘谨，放开手脚，主动跟鬼子、密探接近，打麻将、推牌九，甚至逛妓院，但是如果去妓院一定要'借干铺'，不能'睡湿铺'。"

★★★★★
"400"小组

　　1944 年秋，世界反法西斯战争到了一个新的转折点，中共中央又一次把关注重点放到了浙东。为了配合美军在东南沿海登陆，对日寇的情报工作的力度在原有基础上大大加强了。为了获取日寇更多的情报，一个由我军组织的，打入驻宁波的日本宪兵队的反间谍小组——"400"小组成立了。它主要的工作就是深入敌人内部收集情报，并破坏敌人对我军的威胁。这个小组主要有 8 位成员，每个人都有不同的代号。丁公量是"400"反间谍小组负责人。

丁公量还告诉手下的同志："要进窑子，你们一定要懂这些。那些地方是最邋遢、最龌龊的地方，但是你们要进入到这种地方去。"周迪道和同志们过去不敢做的事情，这时候也必须大胆去做，既然是汉奸了，就应该既能够摸透日本人的心，又能够挖出许多情况。

一天，"400"小组在日伪报社发展的一名线人，匆匆赶来，从口袋中小心地掏出一卷日军宣传品，这个重要情报表明：鬼子马上就要下乡扫荡了。

鬼子要扫荡的时候会有一些"苗头"出来，比如说要抢粮。线人也不是马上就

丁公量

周迪道

能知道确切情报，而是需要看"苗头"、看现象。这时鬼子往往会要密探、翻译一起出发。从这些现象里面可以了解到什么地方要被扫荡，于是，丁公量他们马上就告诉有关的地区。

迅速的情报传递，令日伪扫荡队伍往往颗粒无收，败兴而归。宪兵队思想课长铃木渐渐失去了耐心，他觉得周迪道等人，混吃混喝，却没有情报。为了稳住鬼子，丁公量决定，今后要利用打时间差的方法，为鬼子提供既"假"又"真"的情报。

丁公量老人说："所谓时间差，就是我们给日本人的情报确实是真的，但是等到日寇嗅到、布置下来的时候，我们这里早已经变化了，那个情报已经不起作用了，已经成了旧闻。比如说，我们司令部在什么地方开一个什么大会，这个情报是真的，但是当日寇拿到情报的时候，司令部早已经走了。"

假情报后来被屡次证实，日本人对"400"成员们的不满和怀疑渐渐消散。丁公量把情报送出去，是要让这个情报为敌人所信任，而且能够起到调动敌人的作用。具体说，主要就是周迪道提供给铃木的情报，能够使铃木在宪兵队里得到重视，这样铃木就会觉得很满意，反过来他对周迪道的小组也就重视，觉得很亲切。

丁公量领导下的"400"小组，潜伏在宁波日本宪兵队，传递情报无数，解救同志多人，为妓女赎身，枪毙叛徒，引起伪军内斗，坚持了一年零三个月，直至抗战胜利。

暗杀

1943年末，日寇华北作战兵团开始在河南新乡、开封等地集中兵力，囤积物资，于1944年春在中牟、花园口一线强渡黄河，攻克郑州，沿京汉铁路南下，直扑武汉、广州，企图打通华中走廊，支援南太平洋、东南亚地区的对美作战。

11月，美国开始向日本占领的亚洲地区发动猛攻，节节胜利，并且控制了日本人后方补给的海运和空运。前线日军的作战需要接济不了，华北的日军派遣总司令部制定计划，在1943年的冬天，日军在黄河北岸的开封和新乡聚集大量兵力。

因应形势，1944年春，重庆国民党情报部门也大力部署，加强华北沦陷区的地下抗日组织。军统特务王芸彬，被征调到河南新乡，组建抗日杀奸团。"杀绝汉奸"是军统当时的除奸标语。

抗日杀奸团，简称抗团，是"九一八"事变后不久，在天津和北京由一些青年自发组织的一个爱国组织。抗团里面的成员都是青年学生。当时的天津和北京，北洋军阀后裔中的很多公子、少爷们，都参加这个组织，因此声势很大。

军统在上海留下的除奸标语

1944年4月，在伪第六方面军的掩护下，王芸彬取得了公开合法身份，并建立了新乡地下工作组。王芸彬被安排到了伪第六方面军的参谋处。参谋处处长是门致中，他是黄埔军校第十二期的学员。门致中给王芸彬安排了一个公开的身份，就是谍报参谋。

王芸彬老人说："这个时候我可不是王芸彬了，我叫郭冰然，郭参谋。"在新乡宪兵队，还有一个特务机关，就是宪兵特务队。门致中也给王芸彬弄了一个公开的身份：当顾问。

接下来的日子，王芸彬注意到一个人——新乡车站机务段工人刘鹏，这个人的背景有点儿神秘。王芸彬老人说："刘鹏这个人平平凡凡、朴朴素素，待人接物很厚道，乐于助人，从不跟人计较得失。我听他的口音，是贵州人。后来，他跟我碰到几次，也主动跟我说话。"但是，当时大家也不深谈，都是客客气气的。

1944年10月下旬的一天黄昏，平日里客气稳重的刘鹏，忽然跑来找王云彬，他告诉王云彬：下午日落前，20多架日本战机从北边陆续降落在西郊日军飞机场。情报迅速通过王云彬传到美军基地。第二天黎明前，新乡上空机声轰鸣。七八架美式重型轰炸机在四架"黑寡妇"夜航战斗机的掩护下，仅10分钟，就把西郊机场日寇飞机及机场设施炸毁。

初次合作，信任在国共两党的地下抗日人员之间建立起来了。

1944年秋的一天，刘鹏告诉王芸彬，日本指挥部命令新乡车站站长，限令第二天组装13节军用列车，装载物资驶向郑州，这些物资必是日军前线作战急需，刘鹏提议炸毁军列。

王芸彬对刘鹏说："不要在新乡车站炸，而是要等军列开过新乡车站以后，走到黄河铁桥时再炸，不但把车炸了，而且连黄河铁桥一块儿炸了。"刘鹏说："太好了，太好了。"王芸彬的爆破小组带上炸药，在新乡车站就登上了车。

在第一节车厢和第二节车厢交界处的连钩上，王芸彬紧紧地贴上了一个30克的炸药，起爆器也安好了，时间定为3分钟。安好炸药以后，王芸彬爬到第二节车厢顶上，用手电筒跟第五节车厢联系，那边回电表示："知道了，我也投放。"王芸彬顶着烈风低着头爬到第五节车厢，爬到车门那个地方，用手去推车门。车门很松，把车门推开了，王芸彬就把30克的炸药变成圆的塞进去，同时把起爆器也安上了，时间也定好了，然后又用手电跟爆破组的小张联系："都好了，跳车。"他们两个都跳下去，王芸彬跳下去以后正好滚到沟里面。

爆炸虽然没有成功炸毁黄河铁桥，但炸毁了40多米的路基，日军大为震动却调查无果。1945年3月下旬，宪兵队里忽然来了一个日军"北"大校。3月以后，他经常到宪兵队来，宪兵队长对这个"北"大校毕恭毕敬。后来才知道，这个"北"大校是华北派遣军司令部派来主管豫北地区的保卫工作的，专门对付国民党和共产党的地下组织。他的地位很高，不仅是大校，而且还是一个皇亲。

这个"北"大校，每到礼拜天的晚上，总是一个人，不要任何人陪同，雇上一个黄包车，把他拉到妓院去发泄性欲。他离开妓院也很准时，每到12点钟，他就雇黄包车把他拉回军营他住的地方。根据举报，很少有哪个礼拜天他不去的。王芸彬他们研究了这个情况，认为这个人一定要除掉，如果不除掉的话，对王芸彬自己领导的那个组织，对八路军的地下组织，比如刘鹏那个组织，以及其他的抗日组织，一定会非常不利。

一场暗杀行动，在王芸彬心中渐渐酝酿成熟。王芸彬用的枪是前进基地配给他做特工狙杀人的左轮手枪，子弹是高爆头的，只要击中人就活不了。那天晚上，王芸彬预备好出手了。准备用木船接应他的同伴小张，也把船放到了一个隐蔽的地方。

12点左右，王芸彬等了不到四五分钟，就看到一个黄包车摇摇摆摆地过来了。那时路上虽然有电灯，但是光线很暗，王芸彬看到一个军官倚靠着坐在车上，嘴里叼着烟卷，手里扶着军刀，穿一件大衣，王芸彬几步就蹿了过去。"北"大校发现有人过来，挺起了身体，骂道："八嘎雅路"。

王芸彬右手嘣的一枪，声音很闷。王芸彬老人说："这枪不太响，嘣的一枪，就看到大校往前

左轮手枪

即转轮手枪，是一种属手枪类的小型枪械。其转轮一般有5~6个弹巢，子弹安装在弹巢中，可逐发射击。为了配合多数人使用右手的习惯，转轮多向左摆出，"左轮手枪"因此得名。但它的原意是"转轮手枪"，与左右没有任何联系。

一蹿，子弹从右边进去了，啪，向左边倒下去了，我左手拿着手电一照，看到他的左脑袋没有了。"车夫吓坏了，愣在了那里。王芸彬告诉车夫自己是游击队，被打死的是日本特务，让车夫把车扔了，赶快跑。枪一响，船上的小张也上来了，上来以后拿手电跟王芸彬联系，王芸彬几步就跳到了船上，船就顺着水流走了。

事发后，新乡日本宪兵队将沿途所有摊贩，全部缉捕，严刑拷打，车夫一家三口惨被折磨致死，但日本宪兵队仍然一无所获。

日本人见到中国人躲着走

那段日子，国共两党的地下抗日人员，在各自的潜伏岗位，通过种种特殊手段，完成了对敌情报搜集传递、物资运输、策反、破坏乃至暗杀行动，他们都在等待那个胜利的日子。1945 年 8 月 16 日，丁公量正在洗澡，一个通讯员跑来大叫："粟科长，粟科长（粟后为丁公量化名），我们胜利了！我们胜利了！日本投降了！日本投降了！"他交给丁公量一封谭政委（谭启龙）给的信。丁公量看了以后，向同志们公布了胜利的消息。丁公量老人回忆说："当时在那里的同志，全站起来欢呼呀，这个信里就是讲，延安的电台报告说，日本已经投降。"

在同样的日子里，王芸彬也在享受着胜利者的骄傲。王芸彬老人说："那个日本宪兵队的队长，级别也不高，他拖着他的小马，把他的一柄军刀，祖传的军刀送给我了，他说对我很钦佩。在日本，尤其是贵族家庭，军刀都是一代一代传下来的，很宝贵，他把这军刀赠送给我了。他第二天就走了，第二天日本的部队也撤走了。"

同样的日子，带给所有人同样的心情。何莘老人说："我一看马这么多，手电到处摇，就知道是大事了，大家不睡觉了，看看到底是什么大消息，一会儿就听到了，日本鬼子投降了，哇，一个晚上没睡觉，都快活得要死。"

彭望缇老人说："我们胜利以后，日本人也蛮怪的，看到中国人对面走过来，他们就过到马路另一边走，离我们远远地走，不敢跟我们面对面地走。"彭望缇老人认为，这是日本人不敢来对视中国人那种胜利者的眼光，他说："那个时候，我们自然而然地觉得我们是胜利者。"

在延安长大

编导手记

有些故事没在节目里说。

当年在延安，女同志少，男同志多，许多领导干部到了延安，需要成家或者重新成家。很多女学生因此成了被追逐的对象。学校门口总有男同志在那里等着,他们很直率,见面就问:结婚了吗?有对象吗?跟我好吧。

可惜有些干部是农民出身,与女学生结婚后无法互相适应。大老粗哪能理解知识分子的浪漫?类似的场景,前几年的热播剧《激情燃烧的岁月》中,石光荣和褚琴的婚姻便是一个例子。这就造成了一些悲剧。当然也有幸福的,干部里也有有文化的。我们不必抱怨时代的荒诞。时间是一个伟大的教师,长期的共同生活会让具备不同价值观的人学会忍让和理解,并在冲突和摩擦中不断地贴近对方。这里不讲阶级,只讲两颗心的消融与一个家庭的缔造。

几乎每个受访者都提到了当年流行的一个笑话——女学生说:"今晚的月色真好啊,我们去赏月吧。"丈夫说:"一个大月亮有啥好看的?警卫员,提个马灯陪她去看吧。"

这个笑话很可能是真事,因为几乎每个人都提到过,可见这种情况是多么普遍。

当然也有聪明的,比如那个叫苏毅的女孩,她坚持要找一个有文化的干部,结果很幸福。可惜很多女孩没有这么幸运,不够聪明,或者身不由己。

在延安长大的孩子对延安都怀有最美好的感情,实际上这种感情是对少年时代的留恋。我一直很喜欢郑律成的《延安颂》这首歌,特别美好。做了这个故事之后,研读了一些资料之后,我的心情似乎有了变化。

不过我依然喜欢《延安颂》,依然愿意相信它的美好,毕竟,作曲家创作这首歌的时候是怀着真诚的美好的浪漫的憧憬。

这歌属于艺术的范畴,而艺术,是可以不朽的。

山间的"高楼"

> 夕阳辉耀着山头的塔影,
> 月色映照着河边的流萤,
> 春风吹遍了坦平的原野,
> 群山结成了坚固的围屏。
>
> ——《延安颂》

这首名为《延安颂》的歌曲诞生于1938年。在当时,大批革命志士受到这首歌

《剑桥中华民国史》关于延安，有这样的描述："像十年前的长征一样，延安时代具有一种独立的存在方式——部分是历史，部分是神化——足以影响未来的事件。"曾在延安培养红军无线电报操作人员的英国人迈克尔·林赛将那个激动人心的时代描述为"中国共产主义的英雄时代"。

更感性一点，摄影家吴印咸回忆道："深厚坚实的黄土，傍城东流的延河，嘉陵山上高耸入云的古宝塔，以及那一层层，一排排错落有序的窑洞，这一切都使我感到新鲜。特别是这里的人们个个显得十分愉快，质朴，人们之间的关系又是那么融洽。……我被深深地感动了。我觉得我已经到了另一个世界，这正是我梦寐以求的理想所在。"

作为一个以反封反帝为奋斗目标的年轻共产主义者，任弼时和妻子陈琮英却是典型的包办婚姻。与许多中共领袖多波多折的婚姻生活相比，任弼时的家庭观念更传统，感情专一堪称典范。他的事业，则是操持着一个过度贫穷又富有理想的，有着上百万武装力量的政党的日常事务。他的革命字典中，除了困顿的生活、被摧残的身体，就是忧患与共的兄弟情谊。

的激励，为了追求崇高的革命理想而奔赴革命圣地延安。

在投奔延安的队伍中，有很多孩子，他们有的是中共高层、军队和地方骨干的子弟，有的是革命烈士的后代，还有一些从四面八方投奔延安的普通少年。

那些在延安度过年少时光的人，拥有让当时很多人羡慕、让他们自己无限感慨的一段记忆。在这段记忆里，虽然生活是艰苦的、学习是紧张的，但是这丝毫不影响延安在他们脑海里的形象：延安的天空又蓝又高，延河的水又清又甜，窑洞里特别温暖，宝塔山无比巍峨。

宝塔山是延安城的标志，当这些孩子们走在去延安的路上，离得很远就能看见它。而清清凉凉的延河水也永远印刻在了孩子们的童年记忆中。那时的延河水清澈透底，可以在河里边洗澡、游泳。春天的延安是最美的，红色的荞麦花开遍山野，把延安装扮成了真正的红色圣地。

窑洞，这一在陕北非常普通的住宅，在第一次来延安的孩子们的眼里却是异常新奇的。

任湘是当时陕甘宁边区的师范学生，他是在晚上到达延安的，当家家户户亮起灯火时，映入他眼帘的是一排一排的延安窑洞，看起来就像一座座高楼。他忍不住惊叹："哎呀，延安有这么多大高楼啊！"有人在旁边听了他的话，笑着说："傻孩子，这是窑洞。"

任远志是任弼时的女儿，当时还是中学生的她也是第一次来到延安。在她以前的想象中，窑洞就是人们在山上挖的一个洞，人能够爬进去睡觉就可以了。结果到延安以后，看到真实窑洞的任远志，才知道窑洞根本不是她想象的那样。窑洞其实和房子一样高、一样大，里面能够放床、放桌子，也有门和窗。

当时，人们普遍认为延安就是最安全的地方，人人心中都充满了幸福感和快乐感，每天延安的每一个山沟

任弼时一家

里都有抗战的歌声，歌声非常抒情、非常美，虽然当时的生活环境非常艰苦的，但是心里却不觉得苦。

蛋壳里的"墨水"

根据地的条件很艰苦，填饱肚子都不是一件容易的事。最困难的时候，一个人一天三两小米，三两小米熬成粥灌都灌不饱，主要还是靠野菜。最好的伙食也就是大米、面条和菜一块儿煮出来的糊糊。那时候要想吃点肉，可真是不简单。

那时候的人们普遍都营养不良。大人们凑合着吃，保育院和保小的孩子可不能饿着，他们长大了还得建设新的国家。宋庆龄捐款在香港买了肉送到延安，党的领导决定自己不吃，送给保小的学生们吃。孩子们一个星期有两次能够吃到馒头和肉，所以那时候的孩子们总是盼望时间能过得快点，这样就又能吃到那难得的馒头和肉了。

这里不仅是食物缺乏，其他的生活必需品也很缺乏，比如说衣服。很多人就是一身棉衣，白天穿着晚上用来盖着取暖，根本没有换洗的衣物。虱子也就无法遏制地变得到处都是。其实，灭虱最根本的办法就是常洗澡常换衣服，但这在当时物质匮乏的延安恰恰是最难办到的。抓虱子

> **保小**
>
> 延安保育院的孩子大部分是革命烈士和干部子女。"保小"是保育院小学部的简称。很多领导人的子女都是在这里度过童年的，如刘少奇的女儿刘爱琴、邓小平的女儿邓林等。

保小的孩子们

延安的孩子们都很乐意参加劳动

成了孩子们常做的功课之一。当时孩子们的被子上、床上到处都是虱子卵,身上总是痒,所以只要一出太阳,他们就脱掉衣服用指甲挤虱子。很多孩子的头发里都生了虱子,不得已也不管是男孩还是女孩都把头发剃掉了。

1939年,为了巩固根据地,毛泽东号召大家自己动手、丰衣足食,延安开展了大生产运动。部队、机关、学校,全民都参与到了轰轰烈烈的大生产运动中,在农业、工业、商业中都取得了可喜的成就,其中最突出的就是王震率领三五九旅让南泥湾变成了"陕北的好江南"。通过大生产运动,抗日根据地实现了粮食、蔬菜的自给,根据地军民战胜了严重的物质困难,为革命的胜利奠定了物质基础。

延安的孩子们都很乐意参加劳动。大人们大规模地开垦农田,孩子们就成群结伴地一起到山上种土豆等蔬菜;大人们不论男女,一个人一个纺车,在那儿整天地纺,孩子们也跟着大人们一起做。

没有地方住的时候就自己打窑洞,没有东西吃的时候就自己动手生产。艰苦的环境,不仅是生存面临的基本问题,同时也是到延安要过的第一道关,是极有意义的考验和革命洗礼。艰苦的劳动,换来的不仅是物质上的变化。对于很多那时候在延安的孩子来说,他们得到的更多的是一种一生受用不尽的精神财富,那是一种最朴素的自力更生的精神,是一种最坚定的革命信仰。

在劳动中得到锻炼,也要在文化上进步提高。延安的学习气氛非常浓,大家一到延安就要求多学东西,学好了以后去抗日、去建设新中国,这是延安当时的教育目的和方针,也是大家的共同目标。

在延安,年龄小的孩子进了保育院,大点的进小学,再大点就上中学,中学上完了还有大学，比如抗大。

抗战前夕，为了大规模培养干部，党中央决定创办抗日红军大学。这是中共在抗战时期开办最早也是最有名的两所学校之一，是当时中国军政最高学府。毛泽东为抗大题写了8个字的校训：团结、紧张、严肃、活泼，并且经常和朱德等去为学生讲课，很多著名的理论文章都是在抗大讲课时诞生的。

抗战8年间，抗大陆续培养出了20多万名党政干部。

延安培养出来的人才就分散到各地，走到了抗日的最前线，在军队、教育、卫生等很多方面都充当了中坚力量，为革命的发展做出了相当大的贡献。诗人何其芳在一首诗中描述了青年们当时在延安学习的情景：

> 延安的城门成天开着，
>
> 成天有从各个方向走过来的青年，
>
> 背着行李，燃烧着希望，走进这城门。
>
> 学习，歌唱，过着紧张的快活的日子。
>
> 然后一群一群地，穿着军服，燃烧着热情，走散到各个方向去。

在延安学习的环境是非常艰苦的。当时没有印刷的课本，都是老师手写的讲义，刻成蜡版后油印发给大家。当时也没墨水瓶和笔，任远志老人回忆说："我们就在鸡蛋壳上挖个小口，再用点黄泥把鸡蛋壳包在中间，里面放墨水。我们的蘸水笔，就是把高粱秆的尖用线捆上，然后就用它写字。"

课本纸笔都有了，可以开始上课了，课本的内容很丰富，政治、语文、数学样样都有。那时的学习内容有鲜明的时代特征和强烈的目标性，例如当年语文课本里的一首诗，这首诗的名字叫《人皮》，作者是艾青。

艾青（1910~1996）

伟大的民族革命必然产生伟大的民族史诗。全民抗战中寄寓着民族新生的历史要求，而抗战怒潮更造成了近百年来民族积郁的总爆发。

艾青的伟大在于他的诗歌与中华民族悲哀的生命现实凝结在一起，具有惊人的艺术创造力，以至于有人说"抗战初期根本是一个诗的时期"。抗战文艺深深扎根于全民抗战这一现实土壤，与中国人民一道经受了暴风雨的袭击，故而才能忠实记录下历史转折关头的情绪变化，准确捕捉住时代精神的本质。今天，我们从这些作品中，可以看到中国人民的进取精神，看到民族英勇迈进的历史轮廓。

敌人把她处死了，剥下来她的皮，

剥下无辜的中国女人的皮，在树上悬挂着、悬挂着，

为的是恫吓英勇的中国人民，

中国人啊，今天你必须把这人皮当作旗帜，

让它在你最鲜明的记忆里，唤醒你，

让它使你永远牢记，万恶的日本强盗曾经给予我们民族，

以亘古所未有过的掠夺、奸淫和杀戮。

——《人皮》节选

孩子们珍惜学习的机会，在学习的潜移默化中都知道自己学习的目的是什么——为抗战学习，为建设新中国学习。

延安是个大熔炉，孩子们绝不是生活在安逸中的，尽管他们得到了大人们尽可能多的保护，但他们的生活不可避免地受到外界的影响，他们都能感受到所处的是战争年代。

抗日根据地一天天发展壮大，让敌人感到了恐慌。从1941年开始，日军集中大量兵力，对根据地实行疯狂扫荡。而反扫荡的斗争也在不懈地坚持，为了战斗的需要，延安的部分中学被改建成医院，学生们就变成了护士，在她们眼里，前线负伤的战士们很勇敢。

任远志当时也变成了一名护士。有一次，一个战士的整个左手掌都被炸没了，任远志帮他消毒、给他敷药。可是当时没有麻醉药，那个战士疼得手一缩一缩的，但是他很勇敢，没哭也没叫。战士治好了伤又上前线打仗去了。

他们中的很多人，再也没能回到延安。

近距离的接触给孩子们的心灵以强烈的震撼，这些勇敢的战士让孩子们难以忘怀，在战争的洗礼中，孩子们正努力地学习，迅速地成长。

孩子们眼中的领袖

1938年5月，在延安的窑洞里，毛泽东写下了《论持久战》，确定了抗日战争的战略方针。这些文章大家都得学习，不过他们更愿意面对面听领袖讲演。因为中央领导在那里经常讲课、做报告，直接听到他们讲话，那种感觉和读课本是不一样的。人们爱听领袖讲演，更盼着近距离接触领袖本人。那时，在延安见到领袖毛主席、朱总司令这些大人物并不是什么难事儿，特别是孩子们。

陈祖涛就曾经到过毛主席窑洞，见过毛主席，他笑着说："当时，我还看到李敏，她很小，还在地上爬。"任远志老人称呼毛主席为"毛伯伯"，在他的记忆中，毛主席喜欢躺在他的躺椅上看文件、报纸，有时候也出来走一走。时为八路军留守兵团烽火剧团的演员李长华刚到延安时还是个孩子，但他至今还记得那次和毛主席见面时的对话。那一次，毛主席问他："你是哪里人啊？"李长华说："我是陕西商州人。"毛主席问："你知道李自成吗？"李长华回答说："不知道。"毛主席又问："李闯王呢？"李长华立即回

少年时的陈祖涛

答说："哎！李闯王我可知道。"毛主席笑了，说："哎，小鬼啊，闯王和李自成是一个人，你们家乡曾经是他的根据地。"李长华惊奇地感到毛主席学识真广，当时的他对毛主席佩服得五体投地，并牢牢地记住了毛主席的话："多读一点书，知道的事情就多一点。"

《论持久战》

先用空间换取时间，再用时间换回空间——毛泽东比击败拿破仑的沙俄的库图佐夫元帅更进一步地阐发了这个伟大战略。不过，当时中国共产党名义上的理论权威王明对该文却冷嘲热讽，同时，对《论持久战》赞誉有加的却是"小诸葛"白崇禧。

烽火剧团

八路军留守兵团政治部宣传队，成立于抗战初期。主演话剧，兼演京剧。新中国的很多影剧演员、主编等人都在这个团待过。

朱总司令威震四方，他指挥八路军打了好多胜仗，建立和扩大了抗日根据地，可是在孩子眼里他是另外一个样。任远志说："朱总司令就是像个老爸爸似的，他很爱孩子，见到每个孩子都喜欢抚摸抚摸头，问一问情况。比如我刚到延安的时候，他见了我就问，你是谁的小孩啊？你是从哪里来的啊？他平常见了我们也是特高兴，还教我跳舞呢，我不会跳交际舞，都是他教我的。"

有段时间，领袖们在同一个大窑洞里办公，他们时常对着地图，彻夜讨论前方的战役，任远志帮他们抓蚊子和臭虫。她回忆说："像周（周恩来）伯伯也爱开玩笑，我摔倒了以后，他就

朱德与孩子们

说，哎呀，这下糟糕了，这下我们损失大大的，没人给我们消灭'飞机'和'坦克'了（飞机指的就是蚊子，坦克指的就是臭虫）。"

陈祖涛眼说："刘（刘少奇）伯伯对小孩很温和，从来不提高嗓门。陈祖涛跟刘少奇的孩子是同学，他总问刘伯伯，刘允斌（刘少奇的长子）哪里去了？刘爱琴（刘少奇的长女）哪里去了？什么时候能和他们见面，跟他们一起玩啊？"

当时还小的他们并不知道，躺椅上气定神闲的毛伯伯、和蔼可亲询问小孩子的朱总司令、经常开玩笑的周伯伯、温和的同学父亲刘伯伯，正指引着千军万马的战斗，为中国的未来殚精竭虑。

文娱生活支撑着艰苦的延安

在延安，还能看到不少高鼻子的外国人。孩子们都知道，像白求恩、柯棣华、马海德这些人都是不远万里来帮助中国抗战的。

陈祖涛还记得，他小时候牙齿不好，当时给他补牙的就是马海德，就在宝塔山底下马海德的医疗所里。在延安，马海德医生爱上了中国姑娘苏菲，每个礼拜六他都骑着大马，去接心上人。他一只手把苏菲抱在怀里，坐在他前头，一只手骑马，就像西方的牛仔电影、西部片似的，也不管在当时那个年代的延安，这样的举动有多么的招摇显眼。

在延安的外国人让孩子们渐渐感到熟悉，1944年7月，美军观察组乘坐飞机来到延安，这回孩子们见到了更多"高鼻子"。但是飞机没有合适的停靠地点，于是，中央动员延安的军民抢修飞机场，连小孩都参加。一块修机场的还有日本人，这些日本人，主要待在日本工农学校，学校就建在宝塔山下面的窑洞里。这个学校的学员是日本战俘，还有一部分赶到延安的日本共产党人士，来帮助教育、改造这些日

柯棣华　　　　　　　　苏菲与马海德

本战俘。延安对这些战俘实行优待政策，每天都能吃到大米白面，而延安的中国人当时的饮食之艰苦在前面已经提到了。这样的待遇让这些战俘很受感动。日本人喜欢打棒球，孩子们觉得很新奇，总是跑到河滩上看他们打球。日本人也喜欢中国小孩，经常和这些孩子交流。中国小孩教他们说中文，他们教中国小孩唱日本歌谣。

延安模式："爱我就结婚"

孩子们可不会像日本人那样打棒球，他们有自己的游戏，比如弹球。那时候没有玻璃弹珠，孩子们就在延河边上捡石头，把石头磨成圆球用来玩。夏天，孩子们最爱去的地方是延河，在河里可以游泳，也可以洗澡。洗澡时，先把衣服脱下来洗干净晒在河边，然后下水洗澡，洗完了，衣服也干了，穿上就走了。所有人都是这样，所以男女不能在一块儿洗澡，是分段的，女同志在这段，男同志就在那段。

孩子们白天游完了泳，晚上还能看到精彩的文艺演出，比如《白毛女》、《黄河大合唱》，还有话剧和京剧，这些节目不但在延安演，也在抗日前线演，鼓舞着战士的斗志。

1942 年 5 月，在延安文艺座谈会上毛泽东发表讲话，号召文艺工作者要为工农全兵服务，演出场所先得贴近群众。一般是找个空地，比如打麦子、晒麦子的麦场，或者河滩地、荒地，大家在那儿一坐，开个场子就开演。《兄妹开荒》、《夫妻识字》都是在那种情况下演出来的，很多人觉得，如果真把它放到舞台上，还没什么看头，但是大家围成圈那么一打，还挺好玩。

从1943年春节开始，秧歌也在延安时兴起来，因为老百姓喜闻乐见。小战士李长华很喜欢节日里的延安，一到春节，或者其他节日，延安就非常热闹，大家搭好场子，人围坐好了，就开始表演。那时候农村的秧歌队，各个剧团组织的秧歌队，都来跳大秧歌。

通俗易懂的秧歌剧，让老百姓对胜利充满了信心。除了扭秧歌，跳交谊舞也是延安重要的文娱活动。跳舞是大人的事儿，孩子们喜欢在一旁观看，领袖在场的时候，大家的情绪更高涨。何理良曾经和毛主席跳过舞，她回忆说："毛主席腿很长，当时我的个子很小，他跳舞都是大踏步前进，大踏步后退的，就像我们的山东战役，七战七捷，结果我要踮起脚尖来才能跟得上。"

舞场上，漂亮的女同志常常引人注目。当时还是小孩的阮崇武，在一旁看着大人们跳舞，他也记住了那些漂亮女兵的模样。她们穿的也是军装，但就是瞅着比较特殊。人家系个皮带，领子开个衩，头发梳得比较整齐，或者弄个大马尾辫。

根据地的工作学习很繁忙，谈恋爱也要争分夺秒。当时，延安有个女子大学，每个礼拜六都有很多男同志在门口站岗。任湘老人说："出来一个女同志就直截了当地问，你有对象吗？那时没什么可隐讳的，直接问，爱我吗？咱俩结婚吧！"那时在延安结婚有一个特点，速度都很快，不能夜长梦多，因为女同志少，男同志多。

延安的婚礼十分简朴，何理良跟黄华结婚时也是这样。何理良是军委俄文学校的学员，她结婚的时候，俄文学校俱乐部主任在桃园组织了一个舞会，平地里点上一些马灯，大家跳舞，一面吃花生、枣子，就算是庆祝何理良和黄华的婚礼了。结了婚也没时间享受家庭生活，

★★★★★ 《兄妹开荒》

这出诙谐、轻松而不乏革命乐观主义精神的秧歌短剧宣扬了延安精神的内核——自力更生、艰苦奋斗。兄妹开荒式的生活和婚姻，在当下的社会，也未必不是一种寻求价值依托、充实生活内涵的精神资源。

★★★★★ 军委俄文学校

1938年起，抗大相继建立十二个分校。1941年3月，第三分校俄文队正式成立。7月，俄文一、二、三队组成俄文大队。在抗大三分校改名为延安军事学院之后，俄文大队又成为俄文科。1942年5月，延安军事学院俄文科单独建校，改名军委俄文学校。1944年6月，俄文学校增设英文系，学校改名为延安外国语学校。1994年正式更名为北京外国语大学。

前方的战斗正等待着他们。

如果没有乐观主义的文化娱乐生活，就很难在那个艰苦的条件中维持下去，靠什么力量维持？就是靠这种革命的精神，革命的乐观主义。

重逢的喜悦和永别的悲伤

1945 年 8 月，八路军对日军展开大反攻，黎明前的战斗打响了，大人们更加忙碌，有时候忙得顾不上自己的孩子。与久别的父母团聚，成了孩子们最盼望的事儿。

朱育理在战火中与母亲失散，他们最终在延安的窑洞里重逢。朱育理老人回忆说："我一开门，就看见了她的侧影，在那儿纺线。妈！我就这么一叫，她回头一看是我，就愣了。她没想到是我，过来拽住我就哭。"

任远志从小没见过父亲，母亲生下她就被关进敌人的监狱，十五岁时她来到延安，第一次见到了父亲任弼时。父亲拄着拐杖，戴着黑边眼镜，任远志立即跑过去搂着父亲的腿，却怎么也喊不出"爸爸"来。任远志老人说："因为从小没有喊过爸爸妈妈，就搂着他很久说不出话来，就是太高兴了吧，流着幸福的眼泪。"这位慈祥的老人每每想到此处，片刻心酸涌上来，都忍不住又要掉下眼泪。

延安见证了久别重逢的喜悦，也目睹过与亲人永别时孩子眼中的悲伤。1942 年，十五岁的任湘转眼间失去了父亲任作民，大人们说他是累病的。虽然已经过去六十多年，但是父亲逝世的一幕，依然不能减轻任湘老人的痛苦，他说："我托着父亲的时候，我就……真是非常……太难受了，那会儿他才 40 多岁呀。"

任湘和父亲在一起的日子加起来只有五个年头，在延安，这样的孩子还有很多。那些孩子，父母在前线的非常多，有好多孩子经常得到消息，父母牺牲了，或者是下落不明。

艰难的日子总有尽头，1945 年 8 月 15 日，日本宣布无条件投降，这一天延安度过了一个不眠之夜。8 月是延安最暖和的时候，沉浸在胜利喜悦中的人们敲锣的、打鼓的，有些人把自己生产劳动时用的纺车都烧了，把棉衣、棉被都拆了，掏空了里面的棉花，用来扎火把。

1945 年 8 月，抗战胜利后，孩子们陆陆续续离开延安，开始了新的生活。阮崇武说："被子打个背包，在背包上插两只鞋。还有个小挎包，小挎包里放着自己的

笔、小烟袋、茶缸，就这点玩意儿，没什么东西，所以走的时候呢，咱们也都是轻装。"他们的行李跟来的时候一样简单，又似乎多了些什么。

《延安颂》的歌声再度响起，新的生命在延安出生，幼稚的孩子慢慢长大，大人们经过洗礼变得更加成熟。

很多年过去了，顽皮的孩子已变成慈祥的老人，有些记忆慢慢不再清晰，可是延安的一切都历历在目，高高的宝塔山，清清的延河水，温暖的窑洞，长眠在那里的亲人，它们躲在年少青葱的回忆里，永远不会变老。

> 我为少男少女们歌唱，
> 我歌唱早晨，
> 我歌唱希望，
> 我歌唱那些属于未来的事物，
> 我歌唱正在生长的力量。

——何其芳　1942 年于延安

钢筋铁骨

亲历者

宋锡善——时为国民政府军正部直属炮十团士兵

陈海峰——时为江抗情报站副站长

郭宗凯——时为八路军冀鲁边区运河支队东光县大队战士

王　亮——时为八路军山东纵队连级指导员

阎启志——时为军政部直属炮十团二营五连副连长

★★★★★ 编导手记

在战争中，对于一个战士来说，武器就是自己的生命。在我看来，任何一个战士对自己的武器都是有感情的。在制作本片的过程中，我发现士兵对武器的一种有意思的情感差异，我试图将这种情感表达出来。

美国一位军事专家曾对一位日本军事专家说过：二战期间，如果八路军有跟日军同样的武器装备，三个月内就可以将日军赶回日本。这种说法有点夸张，但这样的说法是有道理的。抗战期间，一个八路军士兵一把土枪、三发子弹，便要奔赴战场，这是需要勇气的，但也是无奈之举。

我们也许看过许多关于八路军赤手空拳缴获鬼子武器的电影。对于小八路郭宗凯来说，他也有电影中八路军战士对一件好武器的渴望，但他获得武器的过程，并没有电影中那么浪漫传奇。为了缴获一把三八大盖，郭宗凯头部负伤、脚筋被打断，排长也因

此而牺牲。对于郭宗凯来说，赤手空拳缴获敌人武器的过程，是残酷而血腥的。据了解，由于武器装备太差，八路军战士为了缴获一件武器，往往要以一两个战士的生命为代价。

但对于国民党士兵而言，无论是宋锡善还是阎启志，在他们对武器的表述中，除了战争还是战争。他们并没有像八路军战士那样，能够很直接地表达出对自己武器的那种喜爱。这一点，是我的疑问所在。

剪辑的过程中，我发现一个问题，宋锡善、阎启志等人在讲述"三十二倍十五榴"时，不知不觉都会表现出一种傲气，即使在讲述"三十二倍十五榴"在战争中受挫时，也没有悲伤和气馁。这是一种奇怪的感觉，这种感觉让我想煽情的时候不知所措，却解答了我心中的疑惑。

"三十二倍十五榴"虽然不像倚天剑、屠龙刀那样可以号令天下，但对于当时的中国军队来说，也算得上是最尖端的武器。武器就是因战争而生，更何况是为了阻止日军入侵而特意制造的"三十二倍十五榴"，只有战争才能彰显它的价值。如果把郭宗凯、王亮和他们自己喜爱的武器，比作恋人之间的情感；宋锡善、阎启志等人与"三十二倍十五榴"，则是父子之情。

恋人的情感，常常表露于言语动作之间；父子之情，并不外露却感情至深。我们常常喜欢讲述追求恋人的经历，来表达自己的爱慕之情。但父亲很少会直接说出对自己子女的深爱之情。当子女非常优秀的时候，父亲对外人讲得最多的，是子女的成功案例。哪怕是在讲到不如意的地方时，那种发自内心的骄傲，依然如旧。

无论上述比喻是否恰当，但我相信，对于一个合格的战士来说，都会对自己的武器充满感情。只是有些情感会表露于外，有些情感则需用心体会！

陇海线上

"九一八"事变后，为了应付日益加剧的民族危机，国民政府展开了一系列国防建设，1934年春，国民政府花费2088万元，向德国莱茵金属厂订购了24门十五公分重榴炮。

根据"1934年德国军火输华数值统计表"显示，当时的国民政府在这一年向德国订购了总价值为3507万元的军火，这也就意味着订购这批重武器的金额约占年总

额的近 60%。由此可见，国民政府对这批超级
大炮非常重视。

★★★★★
十五公分重榴炮

即 sFH18，是德国莱茵金属公
司与克虏伯公司在 1926~1930 年期
间联合研制的 150 毫米重型榴弹炮，
该炮最大拖曳速度为 60 千米/小时，
射速约为每分钟 4 发，是二战德军
的主力重型野战炮，德军昵称其为
"常青树"。

由于中国提出炮弹的射程要达到十五公里，
所以莱茵金属厂在十五公分重榴炮的基础上，
设计使用了三十二倍径炮管，因此这批炮又被
称为三十二倍十五公分重榴炮，简称"三十二
倍十五榴"。

在 20 世纪 30 年代，"三十二倍十五榴"
称得上是最新型的现代化武器。它的最大射程为 20000 米（40 里），有效射程为
15000 米（30 里），弹头重 100 斤，弹头上边有引信，引爆后几乎能够逢坚必摧。

1936 年，24 门大炮运抵南京，军政部直属炮十团随即成立。对于这批花了大价
钱的重武器，蒋介石十分喜爱，各方军政要员们也陆续专程到重炮团参观考察。

1937 年 8 月 12 日，淞沪会战爆发的前一天，十六门被寄予厚望的"三十二倍十
五榴"秘密运往上海。8 月 14 日
傍晚，上海虹口一带的枪炮声一直
没有停歇，国民政府军政部直属炮
十团的士兵宋锡善正站在远离战场
的某个角落，观察着前方的一栋大
楼，那里是上海日本海军司令部。

大楼里的人正在开会，丝毫没
有感觉到危险的临近，宋锡善和战
友们此行的任务就是摧毁这一目
标，而他们所依仗的武器，就是"三十二倍十五榴"。

三十二倍十五榴

宋锡善回忆炮轰日本海军司令部时的情景说："在虹口那个方向试射了一下，很
准确，马上转移过来了，转移过来以后，五连一起开炮，一次四发，打得极准。"

确认命中目标后，我军一个加强排的步兵立即发起冲锋。此时，日本海军司令
部的院墙大门已经被炸开，战士们很顺利地冲了进去，可是谁也没有想到，隐藏在
暗堡里的机枪突然打响，最终这一个排的战士全部牺牲。

战争结束后，宋锡善才知道，"三十二倍十五榴"早已威名远扬，战争还没有开

始，日军就已经对海军司令部大楼进行了层层加固。而中国军队发射出的炮弹虽然对目标命中甚多，但因为没有燃烧弹，而难以达到毁坏的目的。

被寄予厚望的超级大炮首次征战不仅没有摧毁敌人的工事，反而使一个加强排的战士因此丧命，这让指挥官们大为失望。但这个消息只在部队上层流传，没有对外宣传。宋锡善说："那个时候，指挥部知道这些情况，也不说，一说的话影响士气。"

这次战役结束后，日军已经知道"三十二倍十五榴"出现在了淞沪战场上，于是开始用海军舰炮火力和空中优势对这些超级大炮进行打击，最终，16门本可以抵近目标瞬间急射的"三十二倍十五榴"却始终未敢向前沿阵地推进，到最后炮十团竟不得不被分割成连、排使用，以两门炮甚至一门炮去完成一些带有游击色彩的任务。

1937年11月5日，日军在杭州湾金山卫登陆，宋锡善所属的炮十团三营被迫在8日开始撤退。

回忆起撤退时的情景，宋锡善唯一的感觉就是"急"："撤退时我们大部分都是夜间行动，由无锡到江阴，到江阴后再到南京，在南京也只停了一两天，把营房里的东西收拾了一下，就直接到了武汉。"

三营顺利地撤退了，但团长彭孟缉亲自率领的二营却在撤退中遇到了麻烦。他们撤到方家窑附近的一座公路桥时发现：为了阻止日军追击，先头部队已经在桥上埋了许多地雷，大炮根本无法通过。彭孟缉得知情况后失声痛哭，大声喊道："中国就只有这一个像样的炮团，怎么办呀？"但为了能够顺利撤退，他最终忍痛下令，将二营的八门大炮推入河中。

因为首次失利，在很长的一段时间里，"三十二倍十五榴"都备受冷落，直到1938年，这些超级大炮才再一次得到证明自己的机会。

1938年3月，因为徐州战事吃紧，参谋总长白崇禧想到了这些被遗忘已久的超级大炮，于是急调四门星夜赶往台儿庄，增强那里的防御力量。也是在 3 月，宋锡善所属的三营四门大炮由团长彭孟缉亲自率领增援潼关。

对于当时的情景，宋锡善回忆说："咱们去的时候，敌人正在黄河对面那个风陵渡构筑工事，作过河准备。"风陵渡位于黄河东转的拐角，是山西、陕西、河南三省的交通要塞，跨华北、西北、华中三大地区之界，自古以来就是兵家必争之地。

"先头部队没有炮，机关枪打他（敌人），他也不怕，等到我们增援部队去了，一切射击准备都作好了，他还不知道。直到我们对他开炮了，他们才知道我们的大炮来了。"宋锡善说。

"三十二倍十五榴"的突然到来，让渡河的日军猝不及防，撤退后的日军立即用大炮进行疯狂的还击，但他们的大炮的威力和射程远远不够，最终只能放弃，这一次，超级大炮们找回了尊严。

1939 年 11 月，为了对付"三十二倍十五榴"，日军向风陵渡增派了 16 门重炮，其中两门是 280 毫米的重型榴弹炮。这种大炮的炮身自重就达 30 吨，每颗炮弹重达 200 公斤以上，是"三十二倍十五榴"炮弹的四倍。由于威力太大，280 毫米的重型榴弹炮每发射一次，地基就会松弛，炮座也会逐渐下沉，据说当发射到四十至五十发的时候，地基就需要重新整修。

11 月 3 日，日军连续两天向潼关发射了 4434 发炮弹，潼关几乎被炸平，而经过潼关的陇海铁路也遭到了严重破坏。

陇海线是连通西北和中原的唯一一条铁路线，战略位置极为重要，280 毫米榴弹炮的最大射程虽然不如"三十二倍十五榴"，但强大的火力足以摧毁陇海线。每当有中国军队的火车途径陇海线时，敌人就会发射炮弹攻击，火车被击中后，立刻遭到摧毁。如果没被敌人的炮弹击中，就算是侥幸"闯关"。所以，当时中国军人把途经陇海线的火车称为"闯关车"。

面对敌人的猛烈攻势，要保证陇海线的安全畅通，唯一的办法就是智取。

据宋锡善回忆，当时他们是这样做的：途经陇海线的火车要经过一个山洞，火车将要出洞的时候就停下放气，由于放气的声音很响，日寇一听到声音就以为途径

的火车来了，就会发射炮弹攻击，而敌人的大炮一射击就会发出火光。所以，只要敌人一开炮，中国军队的炮弹马上反击回去。"三十二倍十五榴"发射的炮弹在敌人的碉堡前面一爆炸，立刻尘土飞扬，敌人就什么都看不到了，再加上弹片的威胁，根本无暇炮击途经陇海线的火车，陇海线的火车这时就可以飞驰冲过危险区。

失去了空军支持，也没有射程的优势，280毫米重型榴弹炮根本无法攻击"三十二倍十五榴"，而"三十二倍十五榴"却可以对它的火力进行压制，陇海铁路因此得以顺利通车。一年后，280毫米重型榴弹炮最终撤出了风陵渡，潼关的胜利让"三十二倍十五榴"在淞沪战役失利的阴霾一扫而光，炮十团三营从此常驻潼关，他们的的超级大炮也被誉为"潼关守护神"。

弹夹里装的是玉米秸

呼——嗞，呼——嗞，火星乱溅

呼——嗞，呼——嗞，钢刀待炼。

叮当，噢，叮当，

打，打，再打几下！

叮当，叮当，噢叮当，杀敌的钢刀，再打！

......

铁花乱飞，再打；

叮当，噢叮当，

钢热欲流，再打，

这是杀敌的钢刀，

叮当，多打几下！

你们在前线上杀，呼——嗞，我们在这里头打，

叮当，

绿的是筋

红的是汗，

叮当，噢，叮当，

杀敌的钢刀在炼！

——《打刀曲》

这首载于 1933 年《文艺月刊》的老舍短诗《打刀曲》充满了侠士精神的浪漫，颇具本土的"团练"色彩，着实豪迈有趣，但现代战争不是靠豪迈就能取胜的，"你们在前线上杀，我们在这里头打"也折射出中国武装力量装备的原始性。

与国民党军队拥有"三十二倍十五榴"这样的重武器相比，八路军和新四军的军事装备就显得捉襟见肘。重武器基本没有，轻武器的小部分来自改编初期国民政府配发，大部分则靠缴获。所以，当时革命队伍里的枪比较杂，有日本的枪，有汉阳造，还有中正式步枪，总之，各式各样的枪都有。即使这样，有枪的士兵也是少数，甚至许多排长都没有枪，而是以马刀、梭镖作为武器，而且即使有枪，也没有多少弹药，步兵一人只发 3 枚子弹。

对于这些情况，陈海峰是再熟悉不过了："弹夹里面装的基本都是玉米秆，子弹只有 5 发 10 发 8 发，看着是两排，子弹好多，实际上没有几颗子弹。"

电影《董存瑞》中有这样一幕，充分说明了当时的艰苦情况：

董存瑞：为什么光发我们两盘，你们可全都装得鼓鼓囊囊的，就十发子弹，让我们打什么仗？

老战士：全掏下来，给他们俩看看。

老兵们掏出自己的弹夹，露出弹夹里装的玉米秆，新战士们这才恍然大悟。

由于枪支弹药紧缺，战士们就想方设法从敌人那里夺取武器，15 岁的小战士郭宗凯就一直梦想着从敌人那儿夺取一支三八大盖儿。

1940 年 6 月的一天上午，趴在草丛中的郭宗

八路军武器装备情况

抗战期间，八路军和新四军的武器装备缺乏和落后的状态始终没有得到改善。但据统计，抗战八年，八路军和新四军子弹消耗 4000 万发，手榴弹 800 万枚，按杀伤 52 万日军和同样的伪军计算，平均每毙伤一敌，约消耗子弹 30 发，手榴弹 7 枚。在第一次世界大战期间，平均毙伤一敌就需要消耗子弹 2000 发以上，而第二次世界大战的欧洲战场上，每毙伤一敌平均耗子弹 5000 发。八路军和新四军在武器使用上的高效率，在世界战争史上是极为罕见的。

★★★★★
三八大盖

也称三八式步枪，因其枪机上有一个拱形防尘盖，所以中国人喜欢叫它"三八大盖儿"。这种枪射程远、打得准，也适合白刃战，而且几乎不会产生枪口炽热现象，是许多八路军战士最为喜爱的步枪。

三八大盖

凯有点紧张，根据他们得到的情报，大约30个汉奸、十多个日军，将带着一挺机枪、一个掷弹筒，乘坐一辆汽车途经他们埋伏的地点——乌马营。

十点半左右，敌人出现了，所有人都在等待他们慢慢靠近，但就在敌人还差三四百米就要接近埋伏地点时，突然传出一声枪响。开枪的是一纵队的一名新战士，第一次参加战斗，面对我们的镜头，郭宗凯老人分析说："他沉不住气，可能是有些害怕，敌人汽车距离还有三四百米时，他就开枪了，他这一开枪，整个大队提前全部开枪了。"

为了节约子弹，打了几枪后，部队便开始发起了冲锋。见排长冲上去了，郭宗凯也跟着冲了上去。在冲锋的时候，郭宗凯用手里的土枪打伤了一个反抗的日军，不过拿着轻机枪的日军也同时朝他开了枪。

郭宗凯对这一段遭遇记忆犹新，老人说："你看我脑袋这，一梭子机枪子弹贴着头皮打过去，当时打上不太疼啊，血流到脸上才知道。"在郭宗凯负伤时，排长已冲到汽车底下捉住那个受伤的日军，日军端起枪，一枪打到排长身上，排长就这样光荣牺牲了。

几乎在排长牺牲的同一时刻，另一个日军一枪打中了郭宗凯的脚，将他的筋骨打断了，此时的郭宗凯强忍着剧痛，掏出手榴弹扔了出去，两个日军当场被炸死，身负重伤的郭宗凯此时仍然没忘记去抢敌人的枪支。老人回忆说："好家伙！抢了两把日本大盖，那可了不得！我心想，回去以后，我得要一把那个东西。"

战斗很快就结束了，部分日军和汉奸投降，但扛着轻机枪的日军却逃跑了，郭宗凯不顾身上的伤痛，又拼命地向日军逃跑的方向追去。郭宗凯顺着青纱帐追了一里多地，还是让日军逃脱了。没能缴获轻机枪，郭宗凯和战友们心里非常难过。但最终的战利品还是很丰富的，战士们缴获了一个掷弹筒、10把三八式大盖，还得了很多子弹。缴获的汽车因为派不上用场，当场就被销毁了。

分配战利品时，郭宗凯得到了一把三八大盖，但他感觉不到丝毫的兴奋，内心里只有因为排长牺牲而留下的伤痛。"我们这个排长真是好排长，所以说现在写回忆录，一想起这些生龙活虎的战友，心里就非常不安。"说到这里，郭宗凯老人的神情变得异常黯然。

八路军山东纵队连级指导员王亮得到梦想中的武器已经是 1945 年 8 月 14 日了。这一天，他们的部队准备攻打无棣城和商河城。当天下午，部队包围了无棣城。当时的无棣城里有 6000 多敌人，是一个旅，旅长叫张子良；在商河也有一个旅，将近 5000 人，旅长叫田三土司。

夜幕降临后，城墙上的敌人开始有了动静。

王亮先是看到城墙的西北角有人往下扔一捆一捆的柴禾，紧接着有敌人跳了下来，想到这可能是敌人要突围，王亮赶紧派人向连长汇报。连长其实早就得知这一情况，带着三排冲了上去。

敌我双方展开了一场激战，一名伪军军官也跑出了城门，王亮随即一枪将其击毙。战斗并没有持续多久，敌人便投降了。在清理战场时，王亮才发现，那名被击毙的伪军军官所配带的枪，竟然是自己做梦都想要的武器——匣子枪。

"两支匣子枪，一支二号匣子枪，还有三号匣子枪，那三号匣子枪我真是梦寐以求啊！那个颜色瓦亮瓦亮的，和乌鸦颜色一样，非常漂亮。"王亮老人回忆起那把心爱的枪，至今仍然难掩激动之情。

然而，在军区里喜欢匣子枪的可不止王亮一人，缴获枪的第二天，旅部参谋长的警卫员找到王亮。原来参谋长的警卫员配枪都不太好，得知王亮缴获了两支匣子枪后，参

匣子枪

因其枪套是一个木盒而得名，也称驳壳枪、毛瑟军用手枪。由于发射子弹时，其枪口会上跳，难以控制，因此欧洲国家的军队都不喜欢使用。不过中国军人想出了一个非常简便的方法，不仅解决了枪口上跳难题，而且将它转化为全自动速射的扫射优势，就是手持驳壳枪，将枪机扳至速射挡，手心向上也可向下举枪，扣动扳机，枪口的上跳作用，使子弹可以瞬间平行扫射。中国许多军官都喜欢把这种枪作为自己的随身配枪。后来的电影中，李向阳拿的就是这种枪。

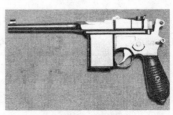

匣子枪（驳壳枪）

谋长想请王亮支援一下，于是王亮交出了一支匣子枪。

上缴了心爱的战利品，王亮有些失落，但失落的情绪没有延续多久。几个小时后，王亮听说日本投降了，八年的艰苦抗战终于结束了。

超级大炮结束使命

我们最后再看看，那些超级大炮的命运：1944 年 6 月，"三十二倍十五榴"已经服役八年，先后在台儿庄、潼关、武汉、昆仑关、宜昌等重大战役中立下战功，在中国军队里被誉为"战神"。1944 年 6 月 4 日，中国远征军向怒江西岸的日军松山阵地发起进攻，"三十二倍十五榴"再次被寄予厚望，此时炮十团二营五连的副连长阎启志却有些担心，他担心这些心爱的武器会因过度使用而报废。

在战斗中，阎启志和他的战友们都是到了万不得已时才使用"三十二倍十五榴"，因为一门炮只能发射 1000 枚炮弹，超过这个极限，要么是炮膛磨损，没有准度了，要么大炮就会自己炸膛。

7 月初，松山阵地久攻不下，部队伤亡惨重，第 8 军军长何绍周急令炮 10 团进驻位于怒江东岸，距离滇缅公路 733 公里的大山头阵地，要不惜一切代价完成对松山攻击的炮火支援。

奉命对日军射击的士兵们先是每两分钟发射一枚炮弹，继而一分钟发射一枚。由于炮击太过猛烈，看着炮击数量记录本的阎启志有些心疼，但他更担心大炮因为超过 1000 发的发射极限而出现炸膛，所以他建议连长暂时停止射击。连长却告诉阎启志，不用管炮，打坏了就换炮。就这样，射击又持续了一段时间，阵地上突然传出一声巨响，阎启志知道除了炮炸没有别的声音，赶紧跑过去看，果然，一门大炮已经被炸得四分五裂了。炸了一门炮，其余的还得继续攻击。

阎启志至今还记得当时战友们战斗的情形，他说："敌人的炮弹来了，我们就蹲下，等到他的炮弹一炸，我们马上就起来装炮弹。100 斤的炮弹，以前要三个人装，两个人弄弹夹，一个人在后面用推弹棍推，而现在，一个人抱着炮弹到那，手捂着引信，一放一推就进去了。"

何绍周 (1902~1980)

贵州兴义人，国民革命军陆军中将。曾因指挥松山战役获胜，获青天白日勋章。他是何应钦二哥何应禄之子，因此也被称为"侄帅"。

炮击一段时间后，步兵开始向松山发起冲锋。"二〇〇师上去，等到第二天，又拉着无数伤兵撤了下来。"阎启志回忆说。

炮都打炸了也没能摧毁日军的堡垒，军长何绍周对"三十二倍十五榴"的威力似乎已经不再信任。但阎启志知道，"三十二倍十五榴"已经尽了最大的努力。因为据日军《缅甸作战》记载：松山阵地建成时，日军曾进行过测试，数枚500磅的重型炸弹直接命中阵地，也不能使工事内部受到损害，建成后的松山阵地枢纽部足以承受中口径火炮直接命中。

当步兵再次发起冲锋的时候，何绍周下令：所有大炮向敌军阵地射击，他说："敌人拼刺刀比我们强，与其在白刃战中被敌人刺死，不如双方同归于尽。"

★★★★★
★★ 松山

松山位于云南省保山市龙陵县腊勐乡，为第二次世界大战滇西抗日的主战场。该山属横断山系高黎贡山山脉，由大小二十余个峰峦构成，海拔2200米的主峰顶上，北、东、南三面可俯瞰气势恢弘的世界第二大峡谷——怒江峡谷。怒江东岸的高山峭壁与西岸的松山对峙，形成惊涛拍岸、飞峰插云的怒江天堑。著名的滇缅公路经惠通桥越过怒江后，在该山的悬崖峭壁间盘旋四十余公里。大有"一夫当关，万夫莫开"之势，是滇缅公路的咽喉要塞，被美国军事家称为"东方直布罗陀"。

9月7日凌晨，在付出极为惨痛的代价后，中国军队终于攻克松山。在这次战役中，"三十二倍十五榴"几乎将寿命折尽。

1945年抗战胜利前夕，阎启志所属的炮十团更换美械装备，"三十二倍十五榴"被美式一百零五毫米榴弹炮代替。在参加完最后一场重大战役——松山之战中，"三十二倍十五榴"以悲壮的方式完成了自己的使命。无论是荣耀或是悲壮，与"三十二倍十五榴"一起度过的抗战岁月，阎启志至今无法忘却。

生命线

编导手记

　　我想给他们立碑，却不知道他们的名字；我想给他们唱一首赞歌，却没有人表述过他们的功绩。

　　其实他们从没想过立碑，也没想过赞歌。

　　他们心里只有抗争、抗争、抗争！

　　1937年，日军全面侵华，云南几十万老少妇孺用双手和简易的工具，修筑了一条1000多公里的滇缅公路。而这条公路在抗战前期成为了国际援华物资进入中国的唯一通道。1942年，滇缅公路被日军封锁。中美空军开辟了飞越喜马拉雅山脉的驼峰航线，这是中国与外界联系最重要的航线，也是唯一的生命线。1500多名中美飞行员在这条航线上献出了年轻的生命。

我想跟他们说，你们很伟大！

但或许他们并不知道什么是伟大，因为他们那时或许只有五六岁。

我想跟他们说，谢谢你们。

但或许他们并不知道什么是谢谢，因为他们来自大洋彼岸遥远的国度。

或许他们有些人根本没能看到抗战的胜利。

或许他们有些人并不知道中国是一个怎样的国家。

但几十年后的今天，我想对他们说，滇缅公路是一项可以媲美苏伊士运河和万里长城的伟大工程，而驼峰航线，至今是世界航空史上最危险、最悲壮和飞行时间最长、影响最大的国际空运线。

是他们，给予了中国人民抗战的资本。

是他们，给予了中国人民抗战的希望。

对于他们的伟大功绩，

立碑，太过庸俗。

赞歌，太过无力。

我所能做的，只有让生者给我们讲述他们亲历的故事，缅怀逝者，珍惜现在！

全面抗战爆发之初，云南省政府主席龙云就提出了一条修路的方案，该路起于云南昆明，终于缅甸北部的腊戍，这就是著名的"滇缅公路"。因为中国工业基础薄弱，打这么大一场仗，不靠外援是不行的。修筑滇缅公路，可以保证在日军完全切断中国海岸线后，援华物资还能通过缅甸进入中国。

1937年12月开始，各地民工陆续到达，准备开始修建工程。这些人中，十之七八是老人、妇女和儿童，并且，往往是祖孙三代一同上路。

龙云（1884~1962）

字志舟，原名登云，云南省昭通市昭阳区炎山乡人，彝族，彝名纳吉鸟梯。中华民国大陆时期国民党滇军高级将领，国民革命军陆军二级上将，云南省国民政府主席，云南陆军讲武堂校长。

从1928年至1945年，共主政云南18年之久，被称为"云南王"。

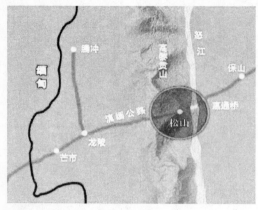

滇缅公路路线图

纯人力开辟滇缅公路

1938年1月，快过春节了，云南省龙陵县13岁的少年何开枝，却被征调进山修路去了。当时何开枝并不知道为什么要修路，他说："只知道要修路，要派民夫，就派我去了，我们是自己带着锄头去。"那个时代，这些民夫被集体征调进山修路，都叫尽义务。杨广说："到哪里都是自己拿米，自己带钱，规定你去半个月，你到第14天跑回来都不行，一定要去满半个月。"

像何开枝一样的修路者们有的人得走上三五天才能到达目的地，而且要自带粮食、锄头和斧子，忍受着风餐露宿之苦。

蔡文伯就是一名当时参加修路的民工，他回忆说："整个省的老百姓都被派来，挑着担担，队尾巴在这，队头子到那边。家里没有劳工，女人也要参加修路。"

1938年1月，滇缅公路总工程处紧急成立。由于当时缺少受过训练的专业技术人员，滇缅公路总工程处就对因战祸迁往昆明的一些无业知识青年进行速成培训，这批青年后来成了滇缅公路的技术骨干。

滇缅公路全长1146公里，修通它要穿越无数的横断山脉、沟壑险滩。美国工程师在实地勘测后认为：即使用上全世界最先进的工具，也需要整整3年。

可是那时候，修建滇缅公路并没有国家供应——没有电，没有机械，没有现代炸药，更没有先进的挖路工具。唯一从公家拿来的就是那几条炮杆和几个用来打炮眼的锤子。筑路工地没有机械，土石方全靠锄头开挖。畚箕是民工最重要的运输工具。据《云南公路史》的资料，滇缅公路共有土方19983960立方米，石方1875497立方米。这些土石是全靠民工用双肩一挑一挑挑走的。

由于没有炸药，工人们用的都是过去的火药。为了将路面压平，人们自制了三四吨重的石碾子。但是这样的方式却隐患重重——因为没有刹车装置，碾子在下坡的时候会很容易失控。而这七八十人也拉不住的石碾子一旦失控，会像野兽一样冲下来，压死正在修路的民工和路边玩耍的孩子，非常危险。

在 1938 年间，怒江和澜沧江上一共架起了三座大型的钢索大桥。它们分别是：惠通桥、昌淦桥和功果桥。这些桥成为滇缅公路上的咽喉，没有它们，整个滇缅公路的畅通就无从谈起。而何开枝当时就是在三桥之一的惠通桥作业。惠通桥两边的山崖叫"猴子崖"，地势极其险峻，只有猴子能上去，人是上不去的。在操作的时候，工人们只能用绳子把人拴起来，然后吊下去打炮眼。何开枝记得当时他们从保山找来的一个炮手，第一次炸炮的时候就连石头带人掉下江去了，他们只能又重新找炮手。

> ★★★★★
> **滇缅公路**
>
> 从昆明到德宏这一段 320 国道，以前通称为"滇缅公路"，1938 年全线通车。全长 949.4 公里的滇缅公路是抗日战争时期我国出海的唯一国际通道，承担着抗战军用物资和经贸货物出口的繁重任务，被称为祖国西南边疆的"大动脉"。
>
> 美国资深撰稿人多诺万·韦伯斯特受美国《国家地理》杂志之邀，2002 年 11 月从印度加尔各答启程，穿越缅甸境内的热带丛林，踏上这条在二战期间具有重要战略地位的利多公路-滇缅公路。通过沿途极为艰苦的实地考察，多方探访当年的老兵以及修路者获取了大量第一手材料。
>
> 对于这条路所承载的历史，他的评价是："对我而言，这条道路所代表的精神绝对壮美：它象征中国和她的人民为着独立地作为一个国家、一种文明而生存，所绽放出来的旺盛生命力与无可匹敌的救亡渴望。"

当时的民工一天最少要劳动 12 个小时，没有医药，没有任何资源补给。有人生病的话，就找懂药的人去挖一些草药、树根来吃，能治好就算是幸运，治不好就只能认命了。到了夏天，民工汗流浃背，恶性疟疾能在几小时内夺走他们的生命，工棚附近，随处可见新坟堆。据滇缅公路管理局局长谭伯英事后回忆，许多不可代替的工程师和能干的工人都死了，人越来越少，工程随时可能停下来。

《大公报》记者萧乾在亲历滇缅公路现场后写道：

> 昆明至畹町每天有十多万人摆成 950 多公里长的人路，十个民族，一锄一挖，一挑一筐，饥饿生死都负重在这条路上。其中有两三千人做了路鬼，只能魂飞回他们亲人的梦中。

滇缅公路正式通车的时间，还有一种说法是 1939 年 1 月 10 日正式通车。

据《云南公路史》的记载，死亡人数不会少于两三千人，其中有 8 名工程技术人员捐躯，伤残者不下万人。他们死得不声不响，死得无姓无名，平均每公里公路就有 3 名以上民工献出了生命。

13 岁的何开枝并不能完全明白为什么要付出如此大的代价修这么一条路。不过，修路的工作在 1938 年 8 月 31 日终于结束了。云南人凭借双手，只用了 10 个月便让全长 1146 公里的滇缅公路正式通车。

美国总统罗斯福对滇缅公路通车的消息深表怀疑，为此，他特地让美国驻华大使詹森取道滇缅公路回国，以查看消息的准确性。詹森沿着公路走了一遍后告诉罗斯福：

> 滇缅公路工程浩大，但缺乏机器，纯属人力开辟，全赖沿途人民艰苦耐劳的精神，这种精神是全世界任何民族所不及的。

全世界最繁忙的公路

1939 年 1 月 10 日，滇缅公路正式通车，急需大批熟练的机工。而当时国内驾驶人员严重匮乏，于是国民政府将目光投向海外，致电华侨领袖陈嘉庚先生，希望他代为招募华侨机工。

爱国华侨陈嘉庚号召南洋华侨司机和技工回国支援抗战。2 月 7 日，陈嘉庚发表《南侨总会第 6 号通告》，号召南侨机工回国服务。仅半年时间，就先后有 9 批共 3200 余人回国。他们成为滇缅公路运输的主力，占到运输线司机总人数的三分之一以上。

23 岁的王亚六与 3200 多名华侨一起应召回到祖国，成为滇缅公路上的一名运输司机。在这里，运输队从昆明把桐油、银元、钨砂矿拉出去，回来时则从外面把枪支、弹药、汽油、大炮拉回来。用王亚六的话说，抗日战争如果没有这条滇缅公路，那么中国抵不住，老早就完了。因为当时日军封锁了中国所有的海上出口，还切断了滇越铁路，那么，滇缅公路就成为了国际援华物资输入中国的唯一通道。

针对中华民族的唯一"生命线"，日军成立了"滇缅公路封锁委员会"，开始对功果桥和怒江上的惠通桥实施重点乱炸。3 个多月的时间里，日军出动近 200 架次轰炸机，却始终未能成功。

敌人轰炸的次数多了，司机们总结出了一系列应对经验。王亚六说："日本轰炸机飞来时，如果路边有树，就把车停在树底下。如果没有树，人就趴到水沟边上。另外，人要悬空趴倒，胸部不要抵到地下，这样就可以避免日本飞机轰炸时地震对心脏造成的影响。"

翁家贤和王亚六一样，也是应召回国的滇缅公路运输队司机，他当时在第五中队。翁家贤讲述了这样一个真实的故事：一次，他的同队朋友王亚新和另外的几个司机在运输回来的路上住在一个旅馆，而日本飞机把这个旅馆炸毁了。大队部以为这批机工死了，就发放了死亡通知，并把他们在队部门口挂着的队员牌都翻了过去。可是没想到，过了几天，王亚新几个却又奇迹般地回来了。大家都纳闷死的人怎么又回来了？王亚新说，在旅馆被炸之前，他们就已经搭车离开了。

机工们就在与敌人的斗争中，成长为经验丰富的运输战士，保证着祖国的生命线畅通无阻。

冬季的云南很少下雨，对滇缅公路上司机们来说是好天气。1941 年 1 月 23 日临近中午，司机王亚六随车队从保山出发，刚行驶到澜沧江上的功果桥时，几十架日本轰炸机尾随而至。日军当时共用 27 架飞机，分成三批对功果桥进行狂轰滥炸。这已经不是王亚六第一次经历轰炸了，但王亚六发现这次的飞机比以往多，炸弹也比以往密。到第三批的 9 架过来时，司机们眼睁睁看见——功果桥真的断了！紧接着东京的电台开始轮番播出"好消息"："滇缅公路已断，3 个月内无通车希望。"

国民政府得知消息后大为震惊，交通部急电前方技术人员昼夜抢修，务必尽快

通车。仅仅十几个小时后，惊魂未定的重庆方面便收到回电：车队行驶正常，滇缅公路全线畅通！

王亚六回忆说："当时桥管队虽然有一个工程师，可这个工程师却拿不出解决办法。结果驾驶员中有个华侨想出了办法，拿汽油桶做浮桥——当时还是冬天，没有下雨，水位低。他们把7个汽油桶捆起来，跟船一样，然后从桥边拿来木板，用钢丝绳捆起来，铺在上面，这样就做成了浮桥，保证车队临时通行。"

13天后，5000名当地劳工将功果桥抢修完毕，从此，"炸不断的滇缅公路"被广为传颂。滇缅公路也在不断的轰炸声中，成为世界上最繁忙的一条公路。

被切断的滇缅公路

1942年5月，雨季，滇缅公路上一片忙乱——逃难的百姓、运输司机、刚刚败退的军队挤在了一起。

1942年初，日军入侵缅甸后，沿着滇缅公路直逼中国云南。十万中国远征军入缅作战，但没能阻止日军。远征军在缅甸失败以后，日军第五十六师团紧追而来。5月2日，日军三千多人从畹町进入中国境内，一直打到怒江边的惠通桥西岸。惠通桥是怒江上唯一的一座大桥，也是滇缅公路的咽喉。为了防备日军的到来，守桥的中国部队事先就在大桥上安放了炸药，并且派了一队宪兵在大桥上维持混乱的秩序。日军派便衣队化妆成中国的难民，混在难民队伍里，也赶到了离惠通桥不远的地方。这时，从桥东来了一辆大卡车，它要逆行过桥。守桥的宪兵当然不许这样，命令它退回去。但是车主据说很有来头，他不服从宪兵的指挥。宪兵命令马上将卡车推下江去，车主又不同意，还大哭大闹。宪兵一时着急，以"防碍执行军务罪"把车主拉到河边，一通乱枪把他打死了。这时，身着便衣的日军已经来到了桥头，他们听到枪声，以为中国士兵发现了他们，于是，日军从衣服里抽出枪来就打。中国士兵这才发现日本人已经冲到了桥上，他们二话没说，点燃了导火索。日本人不顾一切地往桥头冲，但晚了一步，大桥"轰"的一声炸断了。从此，日军再也没有越过怒江一步，中日两国军队在怒江两岸形成对峙局面，直到两年后大反攻开始。

惠通桥被炸毁，日军疯狂的脚步终于在怒江西岸停下。但中国唯一的一条国际运输线也因此被切断。

滇缅公路被切断以后，运输队司机们找不到工作，生活没有了着落，十分痛苦。白天他们只能在昆明南前街、金沙坡等地方流浪，晚上没有旅馆睡，就睡在防空洞里。在王亚六眼里"那种生活，跟乞丐差不多"。

随着滇缅公路的切断，国内的战略物资也变得更加匮乏。龙启明当时是驼峰飞行员，据他回忆说："当时的公共汽车都是烧钢炭、烧木炭，一般的私家车都是烧酒精，根本没有汽油。"龙启明当时开吉普车，装了一点汽油，他有时候就帮忙放一点点给别人。在那个战略物资极度匮乏紧张的年代，这样的事情就是贪污汽油，一旦被抓到就要处以枪毙。

蒋纬国说："长这么大，目睹父亲脾气最坏的时候，就是缅甸战败那段时期，中国最后一条通道彻底被截断后，父亲明显憔悴，整个人一下子老了许多，那些天，身边的人连大气都不敢出。"

忧心忡忡的还有美国总统罗斯福，他很清楚，如果中国军队因失去物资支援而战败，中国战场上的 100 多万日军就可以抽身投入太平洋战场，到时后果将不堪设想。

第二条生命线——驼峰航线

1942 年 4 月 29 日，罗斯福电告蒋介石，表示美国一定要打破日军的封锁，重新找到一条把飞机和军火送到中国的有效途径。1942 年 5 月，中美两国根据美国国会通过的《租借法案》开辟了从印度的加尔各答、汀江通往中国昆明的空中航线。执行运输任务的是美国陆军航空运输总队和中美合资经营的中国航空公司。这条空中航线从印度汀江起飞，向东横跨喜马拉雅山、高黎贡山、怒江，直至中国昆明的航线。飞跃高耸云端的喜马拉雅山脉和横断山脉，由于绵亘起伏的高山陡谷很像骆驼的背峰，故称为"驼峰航线"。那时候，所有人要想进入中国，飞跃"驼峰"是唯一的路。

很多人认为飞行驼峰航线不是疯了就是做梦，因为在喜马拉雅山南麓经常有暴风雨出现，高层强风和机身结冰现象也威胁着来往的飞机。

刚刚飞行驼峰航线不久的吉福德·布尔便遇到了汽化器结冰的问题。一次飞行中，布尔发现他的两个引擎都失灵了，于是他试着把燃料加到最大，然后打开汽化器，但却没有任何反应。他又尝试用了所有可以用的仪器，希望能够让飞机飞过山

★★★★
★ 驼峰航线

战争年代是创造奇迹的年代。驼峰空运创下了战争史的纪录，是第二次世界大战中持续时间最长、条件最艰险的空中通道，创造了人类航空史上的奇迹。

分为北线和南线。北线：汀江（印度）—葡萄（缅甸）—云龙（大理云龙）—云南驿（大理祥云）—昆明。有时受天气影响，也从汀江经葡萄、丽江到昆明。南线：汀江（印度）—新背洋（缅甸）—密支那（缅甸）—保山（云南保山）—楚雄（云南楚雄）—昆明。由于日军发动进攻占领密支那，南线被迫停止使用，继续空运战略物资的重担全部落在北线。

当时的新闻报道披露：我国云南省的昆明、陆良、呈贡、云南驿、沾益和四川的叙府（今宜宾）、新津、彭山、广汉、泸州及重庆等机场，都承担了驼峰空运任务，在驼峰空运最繁忙的时候，每 75 秒就有一架飞机从印度或我国某一机场起飞。

脉。而此时，飞机却开始向下滑落，飞向白雪皑皑的雪山……

当年布尔还很年轻，只有二十四五岁，但他已经是一个老飞行员了，也开过很多飞机，那些飞机也都没有汽化机加热器。最后的关头，布尔没有放弃，他再试了一次，突然，啪的一声，引擎回火了，然后开始运转了，于是他又拉动引擎，试着爬升，引擎逐渐运转正常，他成功了！

除了恶劣的天气，喜马拉雅山南麓平均海拔接近 7000 米的山峰也是当时的飞机不可能逾越的一个高度，飞机只能在山峰之间低凹处穿行。骆驼和它高耸的峰背，对于沙漠戈壁的旅行者是安全的象征，但在这条航线上，那高达 7000 多米的一个个"峰背"对于飞行员来说，就是死亡的陷阱。"你以为能过去，结果没有过去，就撞山了。从中国飞到印度，最少一天摔两三架。"龙启明说。

由于飞机失事率太高，援华空军把这条航线称为"死亡航线"。在天气好的时候，飞行员们完全可以沿着山谷里战友坠机碎片的反光飞行。他们给这条撒落着战友飞机残骸的山谷取了个金属般冷冰冰的名字"铝谷"。

虽然飞行难度极大，但飞机照飞不误，"驼峰飞行员"们谁都不知道明天是生是死。龙启明说："洋人一上飞机就画十字祷告，关了飞机门就不知道什么时候能下来，所以有时候你看见飞行员，一下飞机就在亲吻地面，就是这么个心态。"

飞行员们永远摆脱不掉的是亲眼见到伙伴们在自己的面前牺牲，这是很痛苦的经历，所以他们都会很小心自己的安危。

那时候，平均每天有一百多架次飞机飞行在驼峰航线上，"驼峰"成了抗战中最顽强的一条生命线，但也因此成为日本空军最重要的攻击对象。

　　一天，刚执行完运输任务返航的龙启明突然发现两架日军战斗机正向他们飞来。当时，龙启明他们的飞机没什么护航，都是各飞各的，甚至连一支枪都没有，怎么办？危急时刻，龙启明觉得自己是命不该死，当时有点云层，他就赶快躲到云层里面去。在云层里转了将近一个小时，才终于摆脱了日军战机。但当飞机飞到机场附近时，龙启明又收到消息：日军飞机正在对机场进行轰炸，而此时他的飞机所剩的油量已经不多了，于是，龙启明决定冒险迫降。

　　60多年以后，龙启明回忆起这段冒险经历依然心有余悸。他一边用右手模仿跑道、左手模仿飞机，一边说："一点油都没有了，发动机动都不动了，一接近飞机跑道的时候，飞机'啪'地掉下，就像个死鸭子一样，一动都不动。"老人觉得自己很幸运。

　　同样幸运的还有驼峰飞行员乔治·塞勒，他遭遇两架日军战机时，也是躲在云层里才避过一劫，大难不死的。乔治·塞勒还用照相机拍下了那片云柱，并且把这张照片命名为"救命庇护所"。

　　杰伊·文雅德的家乡在美国气候宜人的迈阿密。从航校毕业时，他正计划跟女友结婚，当得知自己被分配到中国飞"驼峰"时，文雅德立即取消了婚礼。因为学校里的每个人都知道，一旦去了"驼峰"，就可能将永远长眠在那里。文雅德说："有很多大学生很快结了婚，然后分开了就再也见不到了，我不想让她经历这些。于是我说我非常想结婚，但我不能这么做，你还太年轻，不能承受丈夫走了，丢下自己一个人的事实。"

　　从飞"驼峰"的第一天起，20岁的文雅德就一直都在祈祷，祈祷自己能安全地飞完规定的650个小时，然后回到家乡迈阿密。那时候，文雅德有时一天要连续飞行十几个小时。

　　文雅德的运气也不错，在之前的86次飞行任务全都圆满完成。1945年1月6日，下午7点，文雅德将开始他的第87次飞行，路线是从印度苏克雷汀基地往东南飞行，穿越缅甸和横断山脉，绕过大理苍山后再往东飞到昆明。

　　起飞前，气象分析员告诉文雅德：今晚驼峰航线上空会有时速达到75英里的强风，这可不是一个好兆头。飞机起飞不久后便进入了云层，文雅德明显能感觉到飞机在强烈的气流中上下颠簸，而周围频繁的闪电则预示着前方的天气会更糟糕。果

杰伊·文雅德

不其然，文雅德和同行的飞行员们遇到了风切变，他可以清楚地看到，整个前面的100英里都是雷雨区。他当时在18000英尺的高度，而飞机下面的山大约是15000英尺高。气流太猛烈，文雅德很难保持飞机的平衡。文雅德想联系地面导航台了解更详细的天气情况，但风暴造成的闪电干扰了导航信号，他与地面失去了联系。此时，他们的耳机中只剩下从其他飞机传来的断断续续的求援声。

回忆起当时的情节，文雅德说："不管怎样，我听见他们有人在呼叫，要求引导。我说，我们在这里迷失方向了。我们不知道我们现在在哪里，有些人可能知道，但部分人是不知道的，通过呼叫，希望有人帮助我们出去。"

此时，副驾驶建议左转，向东方的昆明机场飞行，但文雅德担心此时转向会因飞行距离不够而撞上大理苍山。为了确保安全，文雅德决定再往东南继续飞行10分钟，如果再没有信号，便左转向东飞行。

飞机和气流把文雅德带到了23000英尺的高空并开始下降，就像乘坐电梯那样，一直下到15000英尺，而那里的山的高度就是15000英尺。10分钟过去了，他们依然没有收到任何信号。文雅德感到自己不能继续向东南飞，因为下面就是日军的占领区了。这时，他转向左90度方向，飞往昆明机场。

文雅德多么希望，他正前方是闪着导航灯的昆明，而不是大理苍山。往东飞行一段时间后，信号终于来了。文雅德得到了来自云南驿机场的强大信号，这个信号回转指向他们的后方——这就是说他们刚刚飞过了云南驿。

文雅德依然惊魂不定，因为他的预计目标是昆明，但现在却到了云南驿。这意味着他们是从大理苍山南面的群峰附近穿行而过，差一点就撞上了苍山——是那多飞的10分钟路程救了他们的命。

此时的云南驿机场上燃放着引导降落的火堆，死里逃生的文雅德第一次发现，曾经那些不起眼的火堆，今夜竟是如此美丽。成功降落后不久，文雅德收到消息，由于天气过于恶劣，机场关闭，所有飞行任务被迫取消。而那天夜晚，至少有九架飞机没能安全回到机场，所有机组人员全部失踪，其中包括文雅德的几名室友。

文雅德说："和其他人相比，我的经历真的好很多，但是你会很难受，因为你失去了室友，你回到宿舍的时候，发现和你一起生活的室友再也回不来了……"

那是文雅德一生中最漫长的一夜。

第二天，当他从云南驿机场起飞的时候，看到跑道旁边的许多中国人向他竖起了大拇指。文雅德突然意识到：这是他们表达好感的方式，他竟然一直都没有在意过。

世界上最曲折的两条生命线

文雅德说："'二战'改变了许多人的生活，因为每个人从不同的方面，都被卷入了战争。这是百分之百的努力，许多的牺牲和奉献。"

在战争中逐渐成长的还有13岁时便参加修筑滇缅公路的何开枝。1944年，他看到中国军队从滇缅公路反攻，将入侵的日军赶出了云南。他说："过去在思想上不明确的东西，到这个时候才晓得，滇缅公路是重要的，出点力是应该的。反攻作战的时候，一切都是靠这一条公路来运输。所以，这个路是一条生命线。"

日军投降了，何开枝开始新的生活。文雅德也终于迎娶了自己深爱的女友。60多年过去了，层峦叠嶂的"驼峰"依然让文雅德刻骨铭心。他说："我一直强调一点，我们遗失的飞机还有很多都没有找到，有许多还在那里，在山上。有的男孩长眠在缅甸或中国，没有人知道他们是谁。所以，当我有幸在台湾向一大群人做演讲时，我最后说道，'我们今晚在这里享受着深厚的兄弟情义和友谊，但当我在这里讲话时，我们要记得那些遗失了的138架飞机和长眠在驼峰上的345位工作人员'。这么多年过去了，他们仍旧在那里，长眠在中国的土壤中。"

1993年，为了纪念"驼峰"航线对中国抗战的贡献，中国政府在云南昆明市修建了一座"驼峰飞行纪念碑"。2005年8月15日，"滇缅公路'零'公里纪念碑"也在昆明正式落成。它们纪念着世界上曾经最曲折的两条生命线。

　　1938 年 8 月至 1942 年 5 月间，国际社会通过滇缅公路向中国运输物资 49 万多吨，运进汽车 1 万余辆，运送部队约 9 万余人。

　　1942 年 4 月至 1945 年 8 月，在 3 年零 3 个月的时间里，中美两国通过驼峰航线，运送战略物资 80 余万吨，人员 3 万余名，其中有赴印度的中国远征军两个师，另有千余架作战飞机经此线投入中国战场。但运输过程中，中美坠毁和失踪飞机共有 609 架，1500 多名飞行员牺牲和失踪。驼峰航线至今是世界航空史上最危险、最悲壮和飞行时间最长、影响最大的国际空运线。

击　毙

亲历者

甄济培——时为晋察冀军区一分区三团一营二连战士

陈汉文——时为河北省涞源县黄土岭村村民

黄士伟——时为第二十八集团军第一四六师独立工具第八营少校
　　　　　　代理营长

阮捷成——时为浙江省保安第六团少尉排长

★★★★★ 编导手记

　　"击毙"，每每看到这两个字，都会莫名地感到振奋。不为别的，只为每次想起抗日之时，中国军人击毙日军那一瞬，对民族、对国家、对千万百姓而言，是守土、是雪耻、更是安慰。我是一个有热血情结的人，想到此等情景更加对那时那景充满向往。

　　当我真切面对这两个字时，最初得到的资料只是从记者口里零星听到的信息。在我们采访的几百个口述历史老兵中，只能得到三个被击毙的日军高级将领的名字：辻村宪吉、酒井直次、山县正乡，三个几乎没听说过的名字。

　　关于他们的新闻和资料不多，其中的叙述更是少之又少。甚至酒井直次、山县正乡也仅是每人有一张照片，辻村宪吉连照片都没有。在反复查找资料的日子里，我对战争的残酷的理解经历了新的洗礼。

　　之前对于击毙日军的痛快和兴奋，都被一串串中日战场伤亡比和惨烈的故事所取

代。抗战时，中日两军伤亡比至今也无法统计出确切的数字，有的只是触目惊心的数字
5∶1、7∶1、10∶1，甚至 20∶1……

那是怎样的厮杀与较量，那是怎样的悬殊与决绝，那是怎样的侵略与反抗，那是
怎样的包围与剿灭。仿佛一颗颗手榴弹在我身边炸响，一枚枚子弹从我耳畔划过……
不能想也不敢想象，当一个日军士兵被击毙的时候，必须有 5 个、10 个，甚至 20 个年
轻的中国军人活生生地倒下！

此时，"击毙"对于我已经少了振奋，却多了份悲壮与直面死亡的勇敢！

当杀死一个普通日军士兵都是如此困难的时候，击毙日军高官，那将是个流尽更
多热血、牺牲更多年轻生命的任务。

于是，悲壮中又多了份对守土卫国将士的尊重。

带着对为击毙死去日军将领而牺牲的将士的敬佩与缅怀，《击毙》的故事成形了。

阿部规秀，很多人对他的了解都是通过电影《太行山上》。雁宿崖战役，是黄土岭
战役的前奏。正是因为日军的一个大队被伏击，才有阿部规秀的亲赴战场，被迫击炮击
中而亡。

酒井直次，浙赣战役日军的一员猛将，然而却是他谨慎小心的作风让其送命。

山县正乡，一个前途无量的海军司令，因为一次阴差阳错的着陆而葬身江底。

抗战将士们的血没有白流。每个故事都听起来偶然，但谁又知道，这里有没有冥
冥之中的必然呢？

小炮手李二喜击毙了"名将之花"阿部规秀

1939 年 11 月 7 日，年仅 18 岁的八路军战士李二喜完成了一个壮举，日军第二
独立混成旅的旅团长，被称为"名将之花"的中将阿部规秀死在了他的炮弹之下。

阿部规秀生于 1886 年，当时正是日本军国主义侵略扩张的空前膨胀时期，于
是，在年幼时，能够做一名"驰骋疆场、孝忠天皇"的"武士"就成了阿部规秀所
憧憬的理想。1907 年 5 月，刚满 21 岁的阿部规秀踌躇满志地从日本陆军士官学校步
兵科毕业，开始了他追逐成为真正"武士"的生涯。很快，因为战功卓越，他就在
嗜血的战争角逐之中脱颖而出。1939 年 6 月 1 日，他成为侵华日军华北方面军驻蒙

军独立混成第二旅团旅团长。

1939年11月7日，阿部规秀率领部队来到河北省涞源县的黄土岭村，他亲赴战场的目的只有一个——雪耻。

阿部规秀

那场让阿部中将感到耻辱的战斗发生在1939年11月3日，当时日军辻村宪吉大佐率独立混成第二旅团第一大队1500余人行至雁宿崖时，遭到八路军的伏击，并且伤亡惨重。

当时年仅15岁的八路军战士甄济培参加了那场伏击战。如今，面对我们的镜头，甄济培老人分析说，日军之所以来雁宿崖一带，是要经过一分区、三分区、二分区，然后到太原，把这整条线打通后，就可以在中间建成敌占区的统治区，把晋察冀隔成两段。甄济培所在的晋察冀一分区三团，接受了埋伏在雁宿崖伏击敌人的任务。上面命令部队要在限定时间内到达指定地点，于是战士们连饭都没顾得上吃，就开始奔袭。

抗日战争期间，日军的武器装备要优于八路军，所以八路军主动攻击日军并且取胜并不容易，但此次伏击，八路军占据了一个有利条件——地形。雁宿崖三面环山，中间是一条沟，这里的地形酷似一个天然"口袋"，如果兵伏两侧，等敌人进来后再用火力封锁入口，日军就插翅难逃。

甄济培和战友们很早就到了雁宿崖，剩下的就是等待。在熬过了一个寒冷的夜晚后，日军终于在清晨进入伏击圈。随着一声令下，轻、重机枪和迫击炮吐着火舌从三面向日军打来，在沟里的日军顿时乱成一片。"他们没有地方可跑，我们居高临下，他们在底下，我们在上头。说老实话，他们就只有挨打的份，没有还手之力。"甄济培老人说。日军虽然有小钢炮，但是一发炮弹都没放出来，因为八路军的一挺水压重机枪，专门对着日军的炮打。据甄济培老人说，光日本人的炮手就死了30多个，死一个又上去一个，死一个又上去一个，最后尸体都把炮堆起来了，还是一发炮弹都没打出来。

埋伏在雁宿崖的八路军有3000多人，伏击圈中的日军为500多人。但伏击圈中的独立步兵

★★★★★
水压重机枪

水压重机枪在打仗的时候得先灌上水，一次可以装250发子弹，只要有水就可以不停地射击，这种机枪封锁角度很大，但一挺机枪得用三四个人扛着。

第一大队全是战斗兵，是按照对苏作战装备的，不但武器精良、训练有素，指挥官辻村宪吉大佐更是出身关东军，战斗经验丰富，即使面对突发状况，也不会轻易束手就擒。

甄济培当时在二连，二连的三个战士和一个鬼子拼刺刀，结果三个人却杀不死一个人！当时，手里拿着手榴弹的甄济培跑到那个鬼子后头，用手榴弹砸中鬼子的后脑勺，鬼子这才扑倒在地。这时，三个战友拿着刺刀，一起扎在这个鬼子的身上。

由于日军很顽强，战斗就这样持续了一天，直到晚上雁宿崖才恢复了宁静，早上钻进伏击圈的日军，除了指挥官辻村宪吉大佐和少数几个人逃跑外，其余全军覆没，山上、沟里遍布着死尸。

这次战役八路军缴获炮6门、机枪13挺、步枪210支、骡马300匹及部分军用品，甄济培那个连的战士，有一半都换了枪。

损失了一个大队的编制，刚晋升为中将的阿部规秀自觉无法带着如此的败绩面见天皇，所以留给他的只有一条路——复仇。1939年11月7日，阿部中将亲自指挥复仇行动。

在黄土岭一带，阿部规秀率领的日军与八路军遭遇，并展开激战。在战斗过程

雁宿崖伏击战后，八路军缴获的日军武器。

中，八路军晋察冀军区第一团发现远处山包上的一处独立小院里有很多日本军官，判定那里就是日军指挥所，于是命令炮手李二喜以迫击炮对其进行射击，李二喜手起弹出，连发两发，炮弹不偏不斜，正击中小院。

当时李二喜还不知道，他已经在抗战史上写下辉煌的一笔。后来，他才得知，他击毙了阿部规秀，这是抗战以来八路军击毙的日军最高级别将领。

只是阿部规秀并不是被迫击炮直接击中当场毙命的，他当时是在屋子里，被炸开的弹片划伤，经抢救无效，在当晚不治而亡。

那座被击中的小院正是陈汉文的家。采访中，陈汉文老人指着自己院中的一块地方说："咱们八路军的迫击炮，就打到这儿了。"老人又领着我们走到屋里，指着中间，比画着："这有个凳子，他（阿部规秀）就坐在这儿。"如今，

报纸报道阿部规秀之死

李二喜

★★★★★
李二喜 (1921~2010)

1952年转业时，李二喜被上级要求保守秘密。这个秘密，即不能四处张扬打死阿部规秀的事。解放初期，粤北地区时有敌特匪徒活动，上级出于斗争需要和对李二喜安全的考虑，发出过类似指示。这时，李二喜将名字中的"喜"改为"玺"。

对于自己的功绩，老人曾表示，"比起那些牺牲的战友，我能活着亲历时代变迁已很幸福，没有什么值得显摆。"李二喜多次告诉亲友，不要轻易告诉别人自己当年的"神炮故事"。

他的故事，迟至2005年才为世人知晓。2010年3月26日晚，英雄病逝于广东省韶关粤北医院，享年89岁。

这个地方已经种上了一朵小花。很多人说阿部规秀是死在外面的，陈汉文老人却说，阿部规秀是死在他家里的。他指着屋子里的一处说："就死在这儿了，我亲眼目睹啊！就这么躺着，仰在这儿。"

据甄济培讲，八路军当时并没有特意打死阿部规秀，只觉得那座小院里可能有日军的大官，后来听到日军的广播后才知道，有人被炸死了，而且死的正是阿部规秀。

阿部规秀的死震惊日本，他成为日俄战争后第一个在战场上被击毙的日军中将。据调查，抗战时中日两军伤亡比约为 5：1，可见要杀死一个日军，至少要赔上 5 个中国军人的性命。但从另一个角度来说，可以想见日军死亡的消息，对中国人民来说有多振奋。击毙阿部规秀的那门炮，现在还陈列在中国人民革命军事博物馆里，当年击毙阿部规秀的炮手李二喜，也因此成了英雄。

工兵黄士伟炸死了日军少将酒井直次

在英雄李二喜出生的同一年，重庆荣昌县一个叫黄士伟的男孩也出生了。1937年抗战全面爆发，满怀爱国热忱的 16 岁的黄士伟参加了二十一军的战地服务队。1937 年 12 月份，不想只在服务队唱歌跳舞的黄士伟去了湖南工兵学校读书。工兵负责布雷炸日军，黄士伟觉得干这个比唱歌跳舞更能为抗日作贡献。工兵学校主要是教人学技术，所以又叫教导营。

经过战火的洗礼，黄士伟的布雷技术也越发老练纯熟。21 岁的他，已经晋升为少校代理营长。

老年的黄士伟

1942 年 5 月 15 日，浙赣战役打响，为配合浙赣战役，黄士伟所在的第一四六师赴寿昌、兰溪一带，归浙西方面第二十八军指挥。为组织日本人渡江攻占寿昌，黄士伟和战友们炸毁了桥梁，掩护一四六师四三六团的团长唐绍梧渡过寿昌。

此时日军部队已朝兰溪方向开进，带队的少将是酒井直次师团长。他曾多次对江苏、安徽、浙江等地抗日根据地实行"三光"政策，在扫荡中，他甚至让部下进行奸淫比赛，犯下的滔天罪行可谓罄竹难书。此次酒井的目标是兰溪城。

掩护唐绍梧渡过寿昌不久，5月27日，独立工兵第八营少校代理营长黄士伟又被调到兰江东岸布雷，埋雷的地点正是兰溪城外日军的必经之路。

★★★★★
★ 浙赣战役

浙赣战役，是1942年夏季日军为摧毁中国在浙江前进机场，打击国军第三战区主力而发动的一场战役。此战役后，日军基本达到了"没收与破坏铁路设施和器材以及其他培养战力的各种军事、政治、经济设施和资材"、抢掠物资，并掳劫青壮年等"以战养战"的目的。

据黄士伟老人回忆，5月份，正是江南草长群莺乱飞的时候，如果地雷埋早了，即使伪装得再好，过了两三天，草一枯萎，就被发现了。因此，必须"热草热埋"——头一天把地雷埋好，人员撤离，第二天敌人来时，那些草还是完整的。

5月28日凌晨，日军在行进的路上，果然不断踩响地雷，损失惨重。酒井派出一支工兵分队搜寻道路上的地雷，之后日军工兵报告，地雷已被全部清除。此时，日军离兰溪城仅剩三公里，前进的方向出现一条三岔路，酒井直次决定站到高处观察一下地形再作定夺。

这个地方，一边是道路，另一边就是高地。黄士伟感觉这个高地比较特殊，日军的指挥官很可能会到这里瞭望，所以他故意选择在这里埋雷。回顾起自己的这一段故事，黄士伟老人说："结果真的不出我所料。"

1942年5月28日10时左右，正在浙江寿昌一带进行游击作战的黄士伟忽然听到兰溪方面传来几声沉闷的地雷炸响声，直觉告诉他，这是鬼子遭到了他和战友在兰溪县布下的地雷阵的伏击，但是他没有想到，他们炸死的竟然是酒井直次。

原来，正当酒井的马踏上高地之时，只听一声巨响，酒井的战马当场被炸死，酒井本人左脚被地雷炸烂，左腿皮肉绽裂，血流不止。当军医赶来救治时，酒井已失血过多，回天无力。酒井直次（1891～1942，时任第十五师团师团长）于1942年5月28日14时13分毙命。但当时黄士伟

酒井直次

只听到有响声，并不知道是哪里，也不知道炸死了什么人。而日本方面，酒井直次是日本自明治维新后第一个被打死的在任陆军师团长。因此，日军大本营决定暂不向外宣布消息。所以，很长一段时间内黄士伟都不知道当初的炸弹炸死了什么人。

21岁的黄士伟还是继续着自己的战斗生活。抗战胜利后，黄士伟退伍回到了家乡，成了一名会计。直到1984年，从曾任二十三集团军参谋长的吴鹤云的文章中，老人才知道了自己在几十年前做了这么一件大事。

黄士伟老人说："两边都不知道我，共产党不知道我的事迹，连国民党都不知道。我的想法就是，我给国家立了很大的功，应该在历史上给我记上一笔。至于以后能不能富贵，当时我没考虑。"知道黄士伟故事的人也不多，在大多数朋友的眼中，他只是一个爱好书画和诗词的退休会计。

一群海盗击毙了日本海军中将山县正乡

1945年3月17日上午，一架日本二式大艇飞机"晴空"，在中国海岸上空3000米高度飞翔。突然它的右后方出现了一群美军PB4Y-1型轰炸机。"晴空"发现敌机后立即逃跑，但美军已经开火，只见几道火链射入"晴空"机身。此时此刻，浙江省保安第六团少尉排长阮捷成正在浙江海门进行日常执勤工作。那时候，海门的防空哨，每天要向他报告。"报告什么呢？比如说南方某一个观察点，发现飞机来了，朝我们这个方向飞来了，那么就要告诉我，几架飞机，什么时间经过我们这儿，往哪个方向去。"阮捷成说。

★★★★★
★ 二式大艇

二式大艇又名"晴空"，翼展达37.98米，腹部带双级断阶的滑行艇，是一种水上运输飞机。

★★★★★
★ PB4Y-1型轰炸机

1942年，美国海军将陆军的B-24D"解放者"轰炸机增加装甲板、雷达和探照灯，改装出自己的反潜巡逻轰炸机，正式型号是PB4Y，别名"私掠船"，是一种综合作战性能明显优于水上巡逻机的陆基飞机。

与此同时，中国海上的空战还在继续。突然出现的飞机是驻菲律宾克拉克机场的美军第一○四中队。3月17日早晨，该中队接到截击日军飞机的任务，并被告之机上有日军高级军官。听到这个消息，美军飞行员们兴奋不已。日机中弹后，也急忙还击。美军飞机见日机中弹，减速下降，于是驾机飞离。在日军飞机坠落的时候，身处浙江的阮捷成还像平时一样做着搜集情报的工作。

阮捷成老人说那时候因为经常出差，所以比较熟悉从南到北沿海的一带的地形等常识。因此有些作战计划，都是派他去了解情况。

1945 年 3 月 17 日，在减速下降的日军飞机中的确有一名日军高级军官，他就是日军驻印度尼西亚第四南遣舰队司令山县正乡。

其实，山县是中国的老对手。1932 年时为第一遣外舰队参谋的山县，为参与策划日军入侵上海，竟能在两周内不眠不休。1941 年太平洋战争前夕，日本海军航空队开始掠夺中国战时重要物资。为支配开往日本的船位，成立了特务组织"儿玉机关"，山县便是创始人之一。

在日军飞机迫降地点的不远处有一群中国人，其中的一个人正是身着便装的阮捷成。阮捷成回忆说："下午大概四五点钟，我准备回家去了。却看见前面有十几个人围在一起，朝椒江口在看。于是，我也朝他们看的方向看。结果，看到了一架飞机。"

这架陷在岸边浅滩的飞机就是刚刚被美军击落的日军飞机"晴空"。阮捷成距离这架飞机大概十几公尺，他看见机身旁边有个太阳，这是日本的国徽。于是，阮捷成心想："这是日本的飞机啊！它来干什么？"

阮捷成

山县此次的目的地是日本横须贺海军基地，回国后他将晋升海军大将，并成为日军海军部次官的候补。不知道飞机里坐着中国人的老对手，阮捷成走向飞机停靠的方向。

阮捷成看到三个人从飞机上走下来，当时浅滩的水里有小船，这三个人就把小木船拉了过来。他们走到阮捷成对面，距离只有几十公分，问阮捷成这是什么地方？阮捷成说："你讲话我听不懂。"最后，这几个人终于弄明白了这个地方位于黄海之

滨的浙江海门，他们的脸上显出了诧异的神色。

被美军飞机击中后，山县指示飞往上海，所以当知道降落之地是浙江海门时，几名日军心中不免诧异。不过此时，阮捷成的心里也没闲着。阮捷成开始动脑筋了，他想用吃的东西引诱这几个日本人上来，然后对付他们。那三个日本人说："我们要请示一下。"那么，飞机上肯定还有更大、更高一级的长官。这时，阮捷成也回头叫他的岗哨赶快回中队部，把所有的士兵都带过来。

此时已是傍晚，身着便衣的少尉排长阮捷成正在江边焦急地等待着部下，好活捉飞机中的大官。飞机上与海军大将只差一步的山县正乡也在等待救援。但是谁都没有想到，他们等来的是另一群更焦急的人。

随着几声枪响，从阮捷成右面跑来十几个人，带着枪，一边跑一边喊打日本人。这些人就是刚刚被七区保安司令部收编的一批在海上以抢劫为生的海盗。阮捷成想活捉日军，日军中将想活着变成大将，甚至海军省次长——现在都要看这群刚上岸的海盗同不同意了。

阮捷成回忆说，海盗们胆子很大，纷纷爬到了飞机顶上。最初，这个飞机里面的人没有还手，也没有开枪。但是到后来日本人还是开了枪。最后，可能是子弹打到飞机的油箱里，飞机着火了。当时正是晚上六七点钟，潮水退了以后又回涨了。一方面飞机着火，一方面潮水返涨，逐步逐步就把飞机淹没了。

飞机爆炸后，被收编的海盗们高兴地走了。阮捷成后来得知了机上大官的身份——谁都没想到，山县正乡的归宿竟在中国，他的尸骨和"晴空"飞机在中国的江底一直沉睡至今。他也成为了抗战中，最后一个被击毙的日军高级将领。

抗战中被击毙的日本高级将领名录：

　　　　林大八：陆军少将，1932年3月毙于上海

　　　　仓永辰治：陆军少将，1937年8月毙于上海

　　　　家纳治雄：陆军少将，1937年10月毙于上海

　　　　浅野嘉一：陆军少将，1937年11月毙于天津

　　　　加藤仁太郎：海军少将，1938年7月毙于长江下游

　　　　杵春久藏：陆军少将，1938年8月毙于山西运城

　　　　饭冢国五郎：陆军少将，1938年9月毙于江西德安

小笠原数夫：陆军中将，1938 年 9 月毙于湖北孝感

饭野贤十：陆军少将，1939 年 3 月毙于南昌

山田喜藏：陆军少将，1939 年 5 月毙于湖北大洪山

田路朝一：陆军中将，1939 年 6 月毙于安徽南部

沼田德重：陆军中将，1939 年 8 月毙于山东

阿部规秀：陆军中将，1939 年 11 月毙于河北涞源

小林一男：陆军少将，1939 年 12 月毙于内蒙古安北

中村正雄：陆军中将，1939 年 12 月毙于广西昆仑关

秋山静太郎：陆军少将，1940 年 1 月毙于山东

佐藤谦：陆军少将，1940 年 3 月毙于江西鄱阳湖

木谷资俊：陆军中将，1940 年 3 月毙于江西

水川伊夫：陆军中将，1940 年 3 月毙于内蒙古五原

前田治：陆军中将，1940 年 5 月毙于山西晋城

古川贞佐：陆军少将，1940 年 5 月毙于河南开封

藤堂高英：陆军中将，1940 年 6 月毙于江西瑞昌

大冢彪雄：陆军中将，1940 年 8 月毙于晋东南

井山官一：陆军少将，1940 年 10 月毙于湖北宜昌

饭田泰次郎：陆军中将，1940 年 11 月毙于华北

大角岑生：海军大将，1941 年 2 月毙于广东中山

须贺彦次郎：海军中将，1941 年 2 月毙于广东中山

上田胜：陆军少将，1941 年 5 月毙于山西中条山

山县业一：陆军中将，1941 年 12 月毙于安徽

酒井直次：陆军中将，1942 年 5 月毙于浙江

冢田攻：陆军大将，1942 年 12 月毙于安徽

藤原武：陆军少将，1942 年 12 月毙于安徽太湖

浅野克己：陆军少将，1943 年 5 月毙于广东东江

仁科馨：陆军少将，1943 年 6 月毙于湖南

黑川邦辅：陆军少将，1943 年 6 月毙于云南

布上照一：陆军少将，1943 年 11 月毙于湖南常德

中畑护一：陆军少将，1943 年 11 月毙于湖南常德

下川义忠：陆军中将，1944 年 4 月毙于湖北应城

横川武彦：陆军中将，1944 年 6 月毙于浙江

木村千代太：陆军中将，1944 年 6 月毙于河南

和尔基隆：陆军少将，1944 年 7 月毙于湖南衡阳

大桥彦四郎：陆军少将，1944 年 7 月毙于湖南

左治直影：陆军少将，1944 年 7 月毙于湖北荆州

志摩源吉：陆军中将，1944 年 8 月毙于湖南衡阳

藏重康美：陆军少将，1944 年 8 月毙于云南腾冲

南野丰重：陆军少将，1944 年 9 月毙于云南芒市

与野山寿：陆军少将，1945 年 2 月毙于华中

山县正乡：海军大将，1945 年 3 月毙于浙江椒江

下编

他们，她们：大离乱时代的沉浮

　　张晋活下去只为了能喝上一口水。

　　在窝棚里喝到第一口清水的时候，从水缸的倒影里看到自己扭曲的脸，那一刻，他内心感到了恐惧。

　　战争节目做多了，生死的故事也遇到过很多。当这样一个普普通通的个体的生死故事摆在眼前时，我仍旧忍不住扼腕。很长一段时间我都难以清晰地辨别这生死一刻，所以会有这样的解说词——此时的张晋面部已经变形，他自己也不知道自己到底是活着还是早已死去。远处，日军搜山的叫喊声此起彼伏，由惊慌产生的心跳加速，才让张晋意识到，自己还活着。

　　那一刻，他们决定活下去！

天　使

★★★★★ 编导手记

　　老人孙英杰回忆说，台儿庄战役结束后，那里全是一片一片的尸体，黄色衣服的日本人，灰色衣服的自己同胞，满眼望去，看不到头。那时天很热，部队怕尸体腐烂会带来瘟疫，于是调来大量的消毒药水，在战场消毒。

　　《天使》讲的就是战地医生的故事。这里的天使，不禁让人联想起《黄河绝恋》里面那个从女大学生转变为八路军护士的安琪。在那个烽火连天的时代，动荡的国土早已放不下书桌，无数青年学子为保家卫国，都义无反顾地投笔从戎，对于女学生来说，从事医护工作则是常见的选择之一。

　　1939年，一个刚刚毕业的小护士被分到了第三战区的重伤医院，后来，她回忆说，那里每天都有锯手锯脚的，她很害怕。但是没过多久，小护士就适应了这种生活，她主动接近伤员，给他们唱歌，还替他们给家里写家信，伤员们都盼着重返战场，但可惜，他们中的很多人无法再回战场了。

小护士回忆说，医院的山背后，是一大片一大片的墓地。

医生与伤患之间的故事是最能打动人的，尤其是在战场上。有个担架兵回忆说，忻口会战，他在前线抬担架，看见营长负了重伤，就过去抬，营长说别管我，还有比我伤更重的，他又去抬伤更重的，结果伤员说，别管我，还有比我伤更重的。如是几次，担架兵的眼里已经全是泪水。

做这个专题的时候，最难的是找不到全面的抗战时期战地医疗的资料：照片，影像，还有数据。我们除了那些援华的外国医生，找不到自己同胞，那些中国战地医生的名字。

他们是战场上的天使，但有太多太多人没有留下名字，等到我们想起他们的时候，却都不知道从何说起。

这是我心中的遗憾，也增加了做片子的难度。松山战役的时候，日军的记录里记得很明白，哪怕是一个兽医，都记得清清楚楚。可我们却找不到自己人的名字。

后来，组里买了大量的图书，其中有一本是 1936 年出版的《军医手册》，书很小，很旧，里面已经痕迹斑驳，翻着这本书，心里突然有一种很难过的感觉。不知道当年看着这本《军医手册》的医生是否从战场活着回来，他后来过得怎么样？

1940 年 2 月 17 日这一天，时为第十集团军八十六军七十九师战士周良柏经过了一场枪林弹雨的战斗。从那一天起，他永远失去了一只胳膊。

当时两方面的火力都对准了一座桥，单单是双方面火力相对已经僵持不下，必须要人冲上去了，步枪已经不大起作用了，都是机枪扫射，一场枪林弹雨开始了。冲上石桥的周良柏被日军子弹击中，倒在了石桥上。对受伤时的情形，周良柏记得清清楚楚："受伤的时候，开始自己不知道，就是麻了一下子。"转头去看自己的伤口，发现子弹并没有打穿自己的胳膊，因为根本找不到出口。他心想，遭了，子弹在里面没有出来！"血一涌，心里面讲不出的难过，究竟怎么难过，我现在也交代不清楚，就是感觉很难过，把袖子抓住，手一松……全身都是血。"

在日军的疯狂扫射中，战友把周良柏拖下了战场，送往医疗队。当时，担架已经没有了，医疗队的人找到一个藤椅，用梯子扎起来，就做成了担架。

那时候，每一团只有一个医疗队。医生用橡皮管子把周良柏受伤的胳膊扎住了。止住血以后，因为他伤势严重，医疗队为他做简单的处理后，就将他送往野战医院了。周良柏说，师里有个野战医院，因为没有房子，就是随便走到哪里就临时搭起来的，所以叫"野战医院"，其实就相当于收容所罢了。

抗战期间的野战医院

由于前线源源不断地送来大量伤员，被送到野战医院的周良柏来不及被救治，就又被送往宜阳的后方医院。伤口的疼痛折磨着他的神经，使他每天都要和疼痛做着激烈的斗争。一个星期后，他被送到了宜阳，但已经错失了最佳治疗时间。周良柏说："在那个时候，重伤就是死亡，轻伤也变成重伤，我这个伤是不轻不重的伤。到底关节和血管都被打断了，但生命还是保留下来了。"

抗战期间，有很多像周良柏一样的战士，他们冲上战场受了伤，却因得不到及时的救治，再也无法返回战场。那时，由于战线过长，中国军队的药品以及后勤补给严重缺乏。而现代战争中，正面战场作战拼的不仅是战争意志和武器装备，更是后勤与医护。

周良柏记得那个时候他们身上全是虱子，衣服换下来了没办法洗，就把脏衣服放在一边，换上别的衣服，等到换上去的衣服又脏了，就又把脱掉的脏衣服换上来，轮流穿着脏衣服。战士们穿着脏衣服冲上了战场，他们中的很多人没能再回来。非战斗性减员成了抗战期间各部队医疗人员面对的最大问题。

余慕贞当时是第三战区重伤医院的一名护士，她记得每到一个医院，都会看见山上有好多坟墓，一大片一大片的，都是在战争中死掉的伤病员。这些人来自全国各地，好多人她都不认识，但是遇到知道名字和家乡的，她都会给死伤人员的家属写信。

琴声与伤员

1943年，七十三军作战参谋谭昆山被送到了后方的伤兵医院。在常德保卫战中，一块弹片插进了他头顶右后方的位置，伤口感染了，高烧四十多摄氏度，情况已经非常危险。

脓血淤积在谭昆山的伤口里，负责看护谭昆山的看护长见状，做出了一个令谭昆山意想不到的举动：

看护长拿来一个大号漱口杯，竟然开始用嘴直接对着谭昆山的伤口，一口一口地吸里面的脓！吸一口、吐出去，然后猛喝一口水漱口，又接着吸吐、漱，这套动作，她反反复复地做……直到伤口中的脓血彻底清理干净。看护长当日的惊人之举，让谭昆山的伤势很奇迹般地得以控制。

谭昆山老人回忆起这件事，眼里闪着泪光，说："我看了心里好难过，我亲人都没有那样对过我。"在谭昆山看来，这位看护长已是他最亲的亲人，而这件事，也让这个叫戴新华的看护长，成了他心里永远的感动！

谭昆山后来知道戴新华看护长对哪个伤兵都很好，伤兵都亲切地喊她戴姐。戴姐口琴吹得很好，天气好的时候，她就会把伤员们带到

★★★★★
七十三军将士公墓现状

记者在湖南长沙采访当日，谭昆山老人特别激动，拉着记者说，带你们去看看我们七十三军将士的公墓！

登上山顶，眼前却是一片火热的施工场面——整个公墓区被夷为一个硕大的施工坑。工人说，这里正在建成一片豪华别墅区。老人从地上拾起一块残留的墓碑，沉默许久……对于我们的烈士的尊重，绝不应该只存在于口头上。他们的英灵更需要后人用自己的赤胆忠心去祭拜、追思。

★★★★★
常德保卫战

常德保卫战又称常德会战，1943年11月初，负责保卫常德城的国民党陆军第七十四军五十七师，在易攻难守，无险可凭的情况下，在师长余程万率领下，以八千之师，对付装备精良的四万日寇，孤军奋战16个昼夜，最后几乎全军阵亡，仅有80余人幸存。

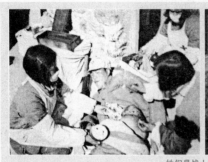

她们是战士们眼中的天使。

湖边，然后吹起口琴给他们听。静静的湖面，悠扬的琴声，那颗被战火所累的心也似乎可以安静下来。

谭昆山伤愈后，还经常会想起那位看护长，他总想回去看看她。过端午节的时候，谭昆山腌了盐蛋，又拿了粽子，要去要感谢看护长和护士们。然而，谭昆山没有找到那位看护长，等待他的是一群神色悲伤的护士。"一到那里，我也不知道怎么回事，那几个看护长和护士都是很悲哀的样子。"谭昆山说。几个护士告诉他，戴姐被炸死了。这个消息，对谭昆山来说，无疑是晴天霹雳！原来，有一次日本人的飞机来了，所有伤员被疏散到山里，但是还有六七个脚伤了，走不动。面对这种情况，戴新华毅然决定坚守下来，陪着那些不能离开的伤员们。结果，日军的一个炸弹把土砌的房子炸垮了，看护长没能逃出……

年轻的看护长在日军的轰炸中献出了她宝贵的生命，听到这个消息的谭昆山久久说不出话来。他为大姐竖了一块碑，然后带着满腔的悲愤返回了战场。

戴新华只是抗战八年中一名普通的医务工作者，还有很多像她一样的天使为了挽救伤员而去世。稍微值得庆幸的是，从谭昆山的口中，我们至少知道了她的名字——戴新华。

根据抗战时期《保盟通讯》所做的一项调查，按当时中国一线部队人数计算，至少应配备 30000 名合格的医生，然而实际情况是，只有医生 6000 名。治疗是一种悲剧性的努力，因为几乎无药可给伤员。在中国西北地区，仅有60%的伤员能得到医治，陕甘宁边区的医生，4

★★★★★
《保盟通讯》

1938 年 4 月初，宋庆龄、廖承志（廖仲恺之子）、詹姆斯·贝特兰等在香港筹建保卫中国同盟（简称保盟）。宋庆龄创办《保盟通讯》，此刊及时全面地向世界人民报道中国抗战的实况，是当时一本权威的英文宣传物，在争取抗战的国际支持上发挥了很大的作用。

人合用一副听诊器，3支针管要给60位病员打针，外科手术用的橡皮手套，破了补，补了破。

李维英当时是八路军一二○师的一名文化教员，他清楚地知道抗战时期的医疗条件有多差。"虽然是野战医院，但是没有女护士，都是男护士，就连男护士也不多；医生更不多，伤员太多，顾不过来。总之，就是缺医少药。"当时八路军的医疗水平相对更加落后，许多伤员只能寄放在老乡家里养病。

1939年3月，伤员李维英被两个老乡抬着送往野战医院，由于路途太远，深夜他被寄放在小山村一户老乡家里。进屋以后，担架被放在了一个柜子上，李维英迷迷糊糊地昏睡过去。半夜，他醒了，看到屋里黑黢黢的，只点了一盏小油灯照亮。他恍恍惚惚地听抬担架的老百姓讲："看样子明天送不到了，恐怕他今天晚上就要咽气了。"送不到了，怎么办呢？这时，就听见一个老太太说："这么年轻的孩子，爹娘现在在哪儿？真可怜！不能看他死，怎么着我们也要救一救啊！没有药又没有医生，我们这地方又穷，要不我们试试给他灌点姜汤吧。"听到这些，李维英心头很暖，但又很酸，失去了知觉⋯⋯

天亮时，李维英又醒了过来，他发现老大娘还守在自己身边，一夜没睡。老大娘见李维英醒了过来，连忙把自己仅存的一点小米熬成汤，喂给他喝。李维英有了点精力，老乡们连忙把他送往野战医院，乡亲们就这样为他赢得了抢救的时间！

但是，他伤得不轻，重病要靠护理。野战医院把他寄存在另一户老大娘家里，让老乡帮忙护理。李维英说："没有她护理我就没命了。"在长达一个月的时间里，因为失血太多，重病的李维英几乎都是在昏迷中度过的。怎么吃饭，怎么大小便，他自己

老乡们也加入了救治伤员的队伍

完全不清楚。李维英就这样在老大娘的照料下过了一个月。一个月后，他慢慢挺过来了，可以坐到炕上了。医生来家里检查，说他基本上没有生命危险了，但因为野战医院条件太差，所以建议再恢复几天，最好是送到延安。"临走的时候真是掉了眼泪了，"李维英说，"这个姓刘的大娘，还有喂我姜汤的那个，两个大娘救了我一命。"

李维英被送去延安治疗。后来他总想回去看看那两位老大娘，却一直没有机会，这件事情成了他心中永远的遗憾。那时，许多战士都有过这样的经历，那些朴实的老乡在最关键的时候挺身而出，成为战士们心中的天使。

驼背的医生

1938 年，宋庆龄领导的保卫中国同盟在香港开始向中国战场运送药品和医疗器械，在近 4 年的时间里约给前线送去各种医药救济物资 120 吨。各国援华医疗队，也纷纷来到中国，帮助中国人民抗战。

1938 年 3 月，加拿大人诺尔曼·白求恩率领一支 3 人组成的加美医疗队来到延安。随后，白求恩奔赴前线，出任八路军晋察冀军区卫生顾问。李玉茂老人曾经亲眼见过白求恩，他说："他的眼睛不是蓝色的，好像发灰，身材细高细高的，大概做手术时间长了，背有点驼。"尽管已经过去 60 多年，因为脑血栓对于过往记忆已经有些模糊的李玉茂，对于见到白求恩时的情景却依然无法忘记。

> ★★★★★
> ★ 保卫中国同盟
>
> 1938 年 6 月 14 日在香港成立，由宋子文出任会长，宋庆龄担任主席。主要任务是"成为需要者和资金、物资捐赠者之间的桥梁"。积极从事国际范围内筹募款项，医药工作、儿童保育和成立工业合作社等活动。

1939 年 4 月 22 日，日军吉田大队八百余人由河间县城进犯城北三十里铺，一二〇师师长贺龙判断，该日军可能在周边据点日伪军的配合下对齐会地区进行"扫荡"，于是集中兵力，准备围歼进犯日军。23 日晨，日军由三十里铺东进，在炮火掩护下，向齐会村发起进攻，将第七一六团第三营包围于村内。

李玉茂记得，那天敌人围攻得最厉害，打得最凶就是原六团三营。三营营长王祥发率领 400 人迎战日军 800 人的大队，目的就是为了吸引更多的日军前来。在几次打退了日军的进攻后，敌人随即焚烧房屋，向齐会村以及北面的大朱村施放毒气弹，师长贺龙以及大部分战士中毒，情况十分危险。在这种危机的情况下，白求恩大夫被火速请到了冀中为贺老总和战士们排除毒气。

此时，白求恩的战地手术室就设在离主战场不到三公里的一座庙里，在教会战士使用口罩蘸湿尿水捂在嘴上解毒的办法后，他继续在破庙里为伤员救治。后来，这个破庙改成的急救所还是被敌人发现了。日军随即准备对那里发动进攻。晋察冀边区卫生部长劝白求恩赶快转移，因为这里实在太危险了。可是，白求恩却说："这么多伤员不怕死，我们怕死吗？"

白求恩不愿意就这样离开阵地，他同意将伤员转移，然后跟随战士前往阵地，在那里救治伤员。往往是有伤员来了，白求恩利落地把手一洗，手套一戴，马上就趴在担架上

白求恩在破庙里救治伤员

做手术。当时根本就没有什么手术台，就是在伤员被抬来的担架上做手术。

战况紧急，白求恩看着那些等待救治的伤员，心里非常着急。李玉茂说："有时候那些医护人员递钳子递慢了，白求恩就发脾气。"

大部分的战士没有和白求恩说过话，他们对白求恩表达感情的方式只有微笑。战士们知道，自己受伤时会有白求恩大夫给自己治疗，他们就可以毫无顾虑地冲上战场，这是一名战士对一名战地医生表达敬意的最好方式！

此时，负责伏击日军援兵的八路军游击队分别击退敌人，而一二〇师主力部队也完成了对齐会村吉田大队的包围，随即总包围战打响了！齐会战斗一共激战三昼夜，八路军共击毙日伪军七百余人，日军吉田大队长率领残部八十余人仓皇逃脱。李玉茂和战友来不及庆祝，就随部队离开，准备接着打日军。而白求恩也收起医疗用具，带领阵地医疗队赶回晋察冀根据地。当时没有车子，都是用牲口来代步的。

李玉茂说当时白求恩的药品用一头骡子来驮，工具用另一头骡子来驮，白求恩自己骑着一头骡子。"只有三头骡子招呼他。"李玉茂开玩笑地说。

没有临别的拥抱，也没有感谢的话语，战士们就这样默默地望着这个只接触了三天的白求恩大夫远去。

1939年10月，日军扫荡晋察冀根据地，当时正准备回一次国的白求恩听到消息后主动留了下来，赶往前线。他在一天的时间里就为13位重伤员做了手术。当他为一位头部严重感染的伤员实施排脓手术时，本已受伤的手指又被感染，致命的病毒侵入了他的血液。医务人员说："白大夫，把这个指头去掉吧。"白求恩说："外科医生把指头去掉怎么工作？"

就为了能继续给战士们做手术，白求恩任由病毒慢慢侵入他全身的血液。不愿离开手术台的白求恩身体越来越虚弱。

1939年11月12日凌晨，白求恩在河北省唐县黄石口村逝世。白求恩的国际主义精神不仅给中国抗战军民以极大的感动与鼓舞，还从另一个角度告诉日军及狂热的日本民众：缺乏国际主义精神的狭隘民族心理，正是他们酿下这一滔天大国的根源。

1939年秋季的一天，李玉茂听说冀中的人员和晋察冀的人员给白求恩开追悼会。听到消息的李玉茂哭得很伤心。

直到今天，李玉茂老人依然无法忘记这个只见过几面的外国大夫，而灰蓝色的眼睛、细高的身材以及微微的驼背，也成了白

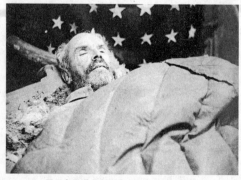
不愿离开手术台的白求恩永远地离开了

求恩留在他心中永恒的形象。

我们采访到了杰弗·里豪，他是白求恩大夫的侄孙，他说他小的时候，祖母总会跟他和弟弟妹妹们提到白求恩医生，告诉他们关于白求恩的事。但是，在加拿大没有人真正谈论他、提及他，他被遗忘了。

杰弗说："我为他的生平和成就，还有他为中国人民所做的贡献能够被人们所熟知，到现在仍然被传颂而骄傲。我想延续白求恩医生的精神，我很高兴有幸做这件事情，我还想让中国人民和加拿大人民记住这位伟大的人，事实上，我想让全世界人民都能记住他。"

是的，全世界人民都会记得，这个蓝眼睛高个子的加拿大医生，也会记得那些在战争中为伤员们辛苦奔波的医护人员。虽然他们大多数都没有留下姓名，他们的故事也很少被人提及，但是，我们都知道，他们都是我们心中的天使。

抗战胜利的勋章，永远有他们的血和汗。

阳光，天使

在抗战期间，像白求恩一样的医疗队员还有很多。当死亡逼近的一刹那，他们在想些什么呢？

"心里什么事情都没有了，非常非常平静，知道子弹一来就一下子打死了，死以前的平静还是很幸福的。"时任山东纵队后方医院二所所长的刘御说。

1941 年，日军调集五万兵力扫荡沂蒙山区，刘御所在的部队被困在了一道山洼里。敌人把整个山区都包围了，只剩下一道叫做五通沟的口子，然而，却在五通沟上一边架一挺机枪。被包围的人想从五通沟里突围出去，敌人就用机枪一个劲地射，当时冲在突围队伍里的刘御记得五通沟的水都被染成红色的了。

刘御和一个叫小寇的看护员一起使劲儿往前跑，跑着跑着小寇一下子趴下了，大喊："哎哟妈呀，不行了，不行了，我负伤了。"听到小寇负伤了，刘御很紧张："你快爬过来，爬过来我看看。"刘御用大石坎挡住子弹，让小寇爬过来，刘御一看，心里一下子放松了。"只是棉袄被炸飞了，棉花都露在外头，好在并没有负伤。"看到小寇没有负伤，便放心地让小寇赶紧跑。

小寇的虚惊一场是幸运的，但在那次扫荡中，却有很多人身负重伤。突围出去

的刘御和其他医护人员一起带领伤员撤进大山里。他们在梯田间挖出一个个地窖，将伤员安置在里面，然后还照样给它垒起来。医生换药的时候，怕脚印被鬼子发现，就拿树枝一面走一面扫，这样才能够更好地保护地窖和伤员。

与刘御同组有一个医生叫王军，他的一个病人叫辛瑞。王军看见重伤的辛瑞太辛苦了，又见外面太阳很好，就把辛瑞抬了出来，想让她晒晒太阳。

就在这时，收到情报说消息树倒了。那时候山头上都会有棵消息树，有的儿童站岗，有的大人站岗，日军一出动，消息树就会倒。

日军来了，大家都赶紧喊辛瑞，让她快点儿进来。被太阳晒得舒舒服服的辛瑞以为大家在骗她，说："我在外头挺舒服，我想躺一会儿。"大家告诉她鬼子真的来了，让她不要吭声，结果她还疼得哼哼开了。这时，日军正好从她附近经过，听到哼哼声，顺着声音找来。

辛瑞牺牲了。

日军知道山洞里肯定有人，于是想使诈，他们大叫："穿蓝衣服的出来，我看见你了，不出来我就开枪了。"为了保护山洞里的其他人，护士长挺身而出。鬼子问她："里头还有人吗？"她说："没有人了，就我自己。"

这一刻，时间仿佛停止了。幸好，日军信以为真了。大家眼含泪水，望着被押走的护士长，那件蓝色的衣服，逐渐消失在视线里。

抗战八年，有太多这样的医护人员，他们不顾一切，只为了能让更多的人活下去。这些留下姓名和没有留下姓名的天使，永远不会被忘记。

战火红颜

★★★★★
编导手记

一直想说说关露。

网上关于关露的文章不少，不知道关露是谁的人更多。

人生充满偶然性。

假使关露没有来到上海，假使她来到上海没有加入组织，假使她加入了组织但没有发生抗日战争，那么很可能，关露将作为女诗人在中国文坛留名，就像当年跟她齐名的张爱玲和丁玲一样。

可惜人生没法假设。关露来到了上海，加入了组织，赶上了战争，于是她变成了一名战士，虽然她未必具有那样的素质。在本质上，她依然是一位浪漫的、温柔的诗人。

打入76号魔窟的那几年，她的人生充满凶险。危险不仅在于被敌人识破真相，还在于她有可能被自己人干掉。毕竟，秘密工作都是单线联系，即使在党内，知道她真实身份的人也寥寥无几。生命处在危险之中，被不明真相的世人当作汉奸羞辱，这是她最真实的处境。可是，她别无选择。

抗战胜利后，她的身份依然不能暴露，当国民政府将她视为汉奸，组织便安排她去了解放区。但即便在解放区，她还得戴着大口罩。

假如，在往后的日子里她的贡献能被公开承认，她的牺牲能够得到人们的尊重，（这一切都是她应得的），她能够有一个完整的家庭，当一个普普通通的妻子、母亲。那么……

那么或许作为一个后辈，我就不会如此放不下而一心一意想要描述她。

人生到底有没有选择？一切是否都是注定的宿命？

所谓"红颜薄命"，用在关露身上，都显得轻佻。

放不下。

因为尊敬，因为怜惜，因为憋着一口气。

距离关露离世，时间过去了28年，28年不算太久，又足以淹没真相。

比如为什么在获得平反的1982年，她选择离开这个世界？

我们无权揣测，甚至不忍探究。

公正来得太迟，心已经不能康复。

伤病的折磨让人渴望解脱。

或许真正杀死她的是对爱情无尽的追念。

那段爱早已失去，可是成了她在艰难岁月里唯一温暖自己的念想。

当一切苦难结束，对爱情的幻觉轰然坍塌。

假如，当年他为了爱情坚持与她结合，那么她的后半生是否不至于如此凄凉？

可是没有假设。他对组织的忠诚程度注定他势必做出那样的选择。

注定他留给她的只是那一张相片。

还有相片背后那句爱的誓言：你关心我一时，我关心你一世。

这张相片，还有那个塑料娃娃伴随着关露走完人生最后的岁月。

塑料娃娃永远不用长大。

永远不需要知道这些词汇：温暖，关爱，忠诚，牺牲，冷漠，误解，屈辱，绝望……

假设只能是假设。

真相已随时间无情淹没。

或许，我们唯一能做的，就是不要遗忘。

记住这个名字。

记住所有为信念做出的牺牲。

记住她写的歌：春天里来百花香，遇见了一位好姑娘……

李琼

李琼很小的时候父亲就过世了，留下了 7 个儿女和还不完的债。在李琼的童年记忆里，印象最深的就是母亲的眼泪。她说："一到年底就发愁了，那个时候没有手电筒，乡下人讨债都是提了一个灯笼，债主们就提了灯笼到各家来讨债的。他们辱骂我妈妈厉害得很，不是一般的讨债，骂、拍台子，什么都来。我妈妈只有哭着求他们。"

1937 年抗战爆发，乡下变得不再安全。

李琼回忆道："日本人首先要搞的是花姑娘，所以我妈妈急得不得了。我正是十七八岁的时候，怎么办？"情急之下，母亲带女儿投奔了在上海当大老板的弟弟。舅舅把她留了下来，让她服侍他的女儿：看病、读书、陪玩。舅舅家的生活很舒适，可是李琼不喜欢这样的生活，她拼命想出去。一天，她在报纸上看到了上海慈善难民收容所要招收义务教员的消息，偷偷地报了名。

1939 年李琼离开舅舅家，到难民收容所教书，也就是教难民所的小孩识字。像李琼一样的教员们吃的饭跟难民们一样，都是在民生食堂里头煮好了，用卡车送过来的。李琼说："饭里头可以说石子、泥块什么东西都有。当时也没有工资，所以叫'义务教员'。"

在难民收容所教书的李琼觉得明天有了希望。"成天地唱歌，唱什么呢？唱抗日歌曲，我就显得特别高兴。"李琼说。收容所里有不少地下工作者，1940 年 4 月，有位同事找到李琼，不久后介绍她加入了组织。李琼清晰地记得，那天，他们挑了个星期天不上课的时候，借用一个小学的课堂，走完了入党的程序。当时只有李琼跟

那位同事两个人，他讲一句，李琼跟一句，这就算入党宣誓了。入党以后，联系李琼和派给她工作的也始终是这一个人。

频繁跟上级接头，把李琼锻炼得很机灵。接头时，如果时间长了就到公园里去，短了就在马路上讲几句。李琼接到的第一个任务是去一家日本人开的纱厂开展工作。李琼回忆说："刚刚去的时候，我们只能老老实实当工人，因为事情怎么做都不懂，都还要有人来带我们。日本人的管理非常严苛，下班出厂都要搜身，女同志甚至月经带都要查，他们怕是假的月经带，实际上是带了纱布出来的。"

在这样严苛的管理监视下，工作很难开展，而且，当时李琼还因为看不惯女工们对日本人的惧怕和顺从，觉着自己的工作更没法开展。她说："女工都是擦了口红，擦了粉，有的还穿得漂漂亮亮的，打扮得妖里妖气的，我觉得她们很落后。"李琼将这个情况报告给了组织，组织上就开始给李琼做思想工作。组织上的同事说，这些女工也是被迫的，她们必须保证自己很漂亮，不能显出脸很憔悴，年纪很大和脸上有皱纹，否则，就要被开除了。在那样一个动荡的年月，能有这份工作，对女工们来说，是难能可贵的。年轻的李琼慢慢摸索着找女工谈心，很快就发展了两位女同志加入组织。

1942年太平洋战争爆发后，棉花无法进口，纱厂关门了。只有初中文化的李琼四处找新的工作，但是却非常艰难。1943年，经组织同意，李琼暂时回到了舅舅家里，晚上去寄宿学校读书。每天晚上就成了她宣传工作的时间，只要碰到女同学，她就开始跟她们宣传妇女解放，宣传抗日。

单纯的姑娘热情地宣讲着抗日救国，丝毫没有留意周遭的情况，没过多久，她接到一封信。对信的内容她至今记忆犹新："信是寄到我舅舅的商店里面的，信里放着一个子弹壳，信上说，你要老实一点，再不老实，当心给你吃'花生米'。"看到这封信，小李琼感到很害怕。

寄宿学校暂时不能去了，姑娘陷入了苦闷。她需要振作精神，重新出发。

有一天，上级忽然来找她，他们要到解放区去了，问李琼要不要一起去。一听到可以去解放区，李琼求之不得。"我多么想去啊！在这里偷偷摸摸地生活，我也过不下去了。"于是，李琼跟战友们乔装出发，经过一路颠簸，终于在1944年7月，从上海来到了苏北解放区。

组织上很信任李琼，经过短暂培训后，她被分派到了情报部做机要员，这个工作当然是保密的。"保密到什么程度呢？像我在十二中队，如果星期天要到别的队去找其他同志，一定要两个人，不可以一个人，而且不可以随便在哪个地方过夜。不管多晚，一定要回来，这是两个规定。第三，我们跟新华社、城工部都是隔壁邻居，但我们这些同志之间也绝对不许互相讲工作的事。"李琼说。

李琼负责整理从上海和南京传递过来的情报。得到一批材料，处理的时候，要先把它翻译过来，如果是很小的字，就要用放大镜来看，然后把它抄下来。这其中自然也有关露提供的情报，李琼知道她的名字，可是没见过面。

在紧张的工作当中，李琼遇到了生命中一段美好的姻缘，对方是朝夕相处的同事，他是李琼的领导，叫扬帆。扬帆很喜欢跟李琼聊天，工作之余，他总是关心李琼，他经常说："小李啊！你又在想妈妈了吧？又想家了吧？"扬帆总是以这样的方式，希望能跟李琼多说说话。"我那个时候非常天真，对这个领导比较信任了以后，我就什么话都讲了。"单纯的姑娘显然不够敏感，直到有一天，她尊敬的人说出了一番话。扬帆说："小李，我喜欢你，你感觉到了吗？"面对突如其来的表白，李琼并没有太多的兴奋和喜悦。扬帆是大学生，而自己只是个初中还没毕业的学生。她直接表达了自己的想法："你是大学生，我的文化水平跟你天差地别，配不上。"听到这句话，原本稍显失落的扬帆笑了，原来姑娘并不是不喜欢自己，而是有这样的顾

晚年的李琼和扬帆，执子之手，与子偕老。

虑。他笑着说："这有什么关系，共产党是提倡知识分子和工农分子相结合的，我跟你结合的话，我们不是还要受到表扬吗？"

扬帆像讲笑话似的说出了这些话，一段姻缘就在这样轻松的对话里得到确定和祝福，从此他们再也没分开过。

关露

> 春天里来百花香，
>
> 朗里格朗里格朗里格朗，
>
> 和暖的太阳在天空照，
>
> 照到了我的破衣裳。
>
> 朗里格朗朗里格朗。
>
> 遇见了一位好姑娘，
>
> 亲爱的好姑娘，
>
> 天真的好姑娘，
>
> 不用悲不用伤，
>
> 人生好比上战场，
>
> 身体健气力壮，
>
> 努力来干一场。
>
> ——《春天里》

赵丹演唱的这首歌叫《春天里》，来自电影《十字街头》，为这首歌作词的就是女作家关露，但这样轻快浪漫的旋律在关露往后的人生中几乎再未出现。

1928 年，关露考入中央大学（南京大学）文学系，后转到哲学系。1930 年发表处女作《她的故乡》。当时，关露、潘柳黛、张爱玲、苏青并称为"民国四大才女"。

抗战爆发前后，关露发表诗歌、散文与小说，咏叹女性命运，抒发家国情怀，此时她已成为上海滩与张爱玲和丁玲齐名的女作家。

在收集素材的过程中，我们去了女作家关露生前最后的居所。1982 年 12 月 5 日她选择离开这儿，去了另一个世界。如果可能，她本可以以一个诗人的清白在这世上留名，可是国难当头，她必须成为一名战士，从此她的命运被彻底改写。

> 我的心已经震荡
>
> 我的血已经沸腾
>
> 旧时代说我们是无用的妇女
>
> 新时代认我们是民族的子民
>
> 起来，同胞们
>
> 我们要挽救危亡的国土
>
> 打退民族的敌人
>
> ——自关露的某一首诗

其实，早在 1932 年，关露已成为中共党员。1939 年，组织交给她一项艰巨任务：在潘汉年直接领导下，打入汪伪特工总部极司菲尔路 76 号魔窟。

年轻时的关露，风华绝代。

76 号魔窟因位于沪西的极司菲尔路 76 号（今万航渡路 435 号）而得名，是抗日战争时期日本在上海扶植起的一个汉奸特工机构，打着汪伪集团"中央执行委员会特务工作总指挥部"旗号，犯下了种种罪行，打击残害的目标主要是各界、各党派的抗日爱国志士。

关露就是在这样一个魔窟中，做着危险的情报工作。打入内部后的三年，关露为组织提供了不少有价值的情报。

1942 年，她根据组织安排进入日本人办的《女声》杂志当编辑，试图通过这一渠道与支持中国抗战的日本共产党联络上，但是最终未果。关露于这一时期在《女声》月刊发表长篇小说《黎明》，并受命代表汪精卫政权出席在日本举办

★★★★★ 《女声》

1941 年 12 月太平洋战争爆发，日军进驻上海租界，在严酷的政治环境下，进步作家和文化人纷纷封笔，出版界呈现一派萧条，《女声》杂志在这种背景下创刊。该杂志由日本驻华海军报道部和日本大使馆资助出版，长期以来都被视为"汉奸"杂志。关于此杂志的性质，学界一直众说纷纭。

的大东亚文学代表大会，从此彻底背上汉奸之名。忍受着世人误解，冒着生命危险和顶着巨大精神压力，这个温婉柔弱的女子做着她并不擅长的事情，但因为信念，她义无反顾。

就在此时，关露陷入了她期待已久的爱情中。对方是一起工作过的战友，两个中年人的爱深沉而浓烈。对方在给她的第一封信中，夹着他的一张相片，相片后面是爱的誓言："你关心我一时，我关心你一世。"

1945年8月抗战胜利后，关露被国民政府列入汉奸名单，组织上安排她转移到解放区，中途接待她的正是李琼夫妇。

当时扬帆给李琼介绍说："这个人是关露，是我们中国第一把交椅的女诗人。"李琼记得关露不管什么时候都戴着一个只露出两只眼睛的大口罩。李琼好奇地问她："老是戴着这个口罩难受吗?"对此，关露的解释是，自己因为鼻子比较塌，所以做了手术把鼻子垫高了，但是手术没做好，鼻子变成了红鼻子，很难看。用关露自己的话说是："我现在没有办法了，骑虎难下，已经造成这个样子，我只好把口罩戴起来。"

关露的说法恐怕只是随口解释，多年的特工生涯，让人变得谨慎小心，李琼发现关露走到哪儿都习惯看看前看看后，好像总有特务在跟着一样。但李琼并不知道，此时关露正焦急地等待着一个人，他们说好，要在解放区相见并完婚。然而，她等到的却是一封分手信。

因为自己的特殊身份、特殊的工作性质，他的爱人迫不得已，结束了他们这段爱情。

多年之后，仍旧孑然一身的关露看到芭蕾舞剧《红色娘子军》中洪常青与吴琼花无法成全的爱，让她在别人的故事里替自己流下了眼泪。

李琼与关露再没见过面，多年后，她遇见了关露的妹妹，她的话令人心酸。关露的妹妹告诉李琼："她后来很坎坷，到了别的地方去，人家总把她当成汉奸，总会把她当作给日本人做过事情的汉奸。"抗战胜利后，关露的生活依然没有平静，因为多次被误解和审查，再加上爱情的失意，她曾几度精神分裂。1980年，关露因患脑血栓全身瘫痪，失去工作能力。

晚年的关露，平和安详。

1982年3月，组织上为关露平反，76岁的女作家终于抖落了一身的尘埃。十个月后，关露平静离去，身边陪伴她的是那个永远不用长大的塑料娃娃，还有那张爱人的照片。照片背后，在她当年的题字下，是新添的两行诗句：

一场幽梦同谁近，千古情人我独痴。

希望在另一个世界里没有战争，没有牺牲，没有冷漠和屈辱，就像天底下所有女人渴望的那样——她可以做人妻，为人母，写些简单的诗句，快活地歌唱春天。

云沉日落雁声哀，疑有惊风暴雨来。换得江山春色好，丹心不怯断头台。

——关露

战火中的母亲们

苦命的女人，在战时的中国到处都是。李琼和关露面临的更多的是精神上的紧张和摧残。而远在东北的抗联战士，却忍受着气候严酷，敌众我寡的局面，寒冷、饥饿和危险也会随时逼近，在那里女人没法把自己当作女人。

周淑玲对当时抗联的处境，有着切身体会："铃一响，日本人包围了，我们往哪儿跑，就这么大的小树林，我们一百多人就在那儿蹲一宿。都不能动，所以方便的时候，男同志也好，女同志也好，都就地解决，那没办法。"

不管多么艰难，活下去就是胜利——无论母亲还是孩子。当年，周淑玲老人的战友刘玉敏生了孩子，孩子是喝另一位战友徐云卿的尿才活过来的。这件事，刘玉敏一直感激不尽，所以，她经常向别人提起自己孩子的恩人徐云卿。而徐云卿却一直羞于提起，他说他觉得砢碜（不好意思）。刘玉敏说："砢碜什么，这是光荣，你要不救他，他不就死了吗？"周淑玲老人说话语速很快，提起当年在抗联的那些事，她如数家珍。

小姑娘李在德参加了抗联，因为叛徒出卖，她的母亲被日本人逮走。敌人逼问李在德的母亲她女儿在什么地方，干什么去了。"我妈妈说：'我不知道，她走了，我怎么知道'。那样，她在监狱里头受了各种刑法，糟了不少罪，什么灌辣椒水、扎手指头……"受尽酷刑的母亲始终没有说出女儿的下落，最后被日本人活埋在茫茫雪原。

付出生命代价的不只是抗联战士的母亲，在沂蒙山，刘御听战友说起了这样一位女性：在反扫荡斗争中，她在行军路上生下了自己的孩子，结果掉了队。鬼子正好从旁边经过，听到孩子的哭声，发现了她，把她俘虏了。这位八路军将领的妻子，以绝食向敌人抗争，母亲没有奶水，孩子面临着死亡。

鬼子审讯她，说："你是干什么的，干什么工作？"她就回答："我是抗日的。"敌人又说："你丈夫干什么的"？她回答："也是抗日的，打日本鬼子的，打你们的。"硬骨头的母亲这样的回答招致了无数次的鞭打，脑袋上被打出了血，头发都粘成一片了。母亲最终被枪毙了。

她就义那天，怀里的婴儿已经没有哭声。后来，孩子被摔在旷野里，死了。母亲和孩子的鲜血染红了沂蒙山。

组织上派人抢救出她的遗体，可是孩子的尸体已经无法找到。战友们把母亲遗体转移到一位大娘家，大娘将她悄悄葬在自家祖坟里。

义无反顾的女性还有很多。在李特特眼里，妈妈蔡畅不像别人家的妈妈那么有耐心。

李特特记得妈妈带着她出去的时候总跟她说："你看后面有没有尾巴。"年幼的李特特感觉莫名其妙，就摸摸自己的屁股说，没有尾巴呀！妈妈又说："哎！傻丫头，我叫你看有没有尾巴，是看后面有没有人跟着我们走。"

李特特太小，很多事情都不懂，当然更不知道，妈妈在从事地下工作。她总喜欢向妈妈提问题，问得多了，她便经常受到妈妈的批评，妈妈责备她："你老这么样子问什么！"年幼的李特特很伤心，就开始哭，一哭又招致妈妈的责备。"我一哭，妈妈又呲我了，嫌我问得太多了，外婆说，你有事问我吧！你妈妈事情多。"李特特就问外婆："为什么她要对我这样不好？"外婆说："不是，她忙得很。""她忙什么呀？"外婆也有点不耐烦了，就说："你瞧你又问为什么。为什么忙、忙什么，大人的事你不要问。"

从那以后，李特特就这样忍耐着，什么都不问。

李特特一直觉得妈妈不喜欢自己，这甚至成了她的一个心结。长大后她才体会到秘密工作带给妈妈精神和健康上的折磨，这一切让她无法随时扮演一个温柔的母亲。

蔡转是李一纯的女儿，在她的童年回忆里，她对妈妈第一次有记忆，是妈妈从敌人监狱被解救出来的那天。蔡转回忆说："我只记得她出狱的时候，在外婆家看到她，她穿着个短袖旗袍，我就觉得她很美丽。"因为生怕好不容易回来的妈妈突然又不见了，所以蔡转经常晚上不敢睡觉，常常爬起来看看妈妈还在不在，看到妈妈还在睡觉，她又担心她是不是不呼吸了。

在那样动荡的年代，母亲和女儿都没有安全感，因为整片国土都不安全。

李一纯

永远的微笑

亲历者

苏　毅——时为延安抗大文工团音乐队小组长

李基中——时为第十四军八十三师二七二团三营八连连长

张定华——时为西南联合大学学生

徐守源——时为云南大学学生

★★★★★ 编导手记

很多东西没有在故事里说得太清楚，比如延安那段，实际上女主角苏毅是组织派她帮助兼监视小牛，因为小牛是大学生，思想自由，算是落后分子。这个背景是延安整风，在节目里没有时间也没有可能细讲。小伙子因爱情失意而死，死得并不光荣，但是至情至性。

每个人都有爱的权利，不管对方爱不爱自己。

比如琼轩那段，因为战争，李基中与恋人斩断情丝。琼轩后来嫁给了别人，但她跳河自尽应该是"文革"期间的事情。因为她的父亲是地主，她的丈夫可能也不是贫民，在那个时代她的境遇那是可想而知的。最终只有投河。那是老人坚持要讲述的故事，那是他的初恋，铭心刻骨。初恋大多没有圆满结局，那些记忆被禁锢在时间深处。每一次挖掘出来，无论是幸福还是疼痛，都鲜活如初。

感情可以有很多次，初恋注定只有一次，所以你忘不了。

还有曹二哥夫妇，一生从事党的情报工作。他们在 60 年代突然失踪，后来才知道被江青投进了秦城监狱。他们被关了 22 年，放出来的时候，曹二嫂已经不会说话。两位老人没有儿女，最终都死在医院。

我把这个故事放在最后，因为太沉重。人的一生有几个 22 年？他们的爱情连同那些不能说的秘密被世人遗忘，被时间掩埋。

我不知道有没有永远的微笑？所以我一度把这个故事的名字改成了"他们微笑的样子"。

不管在怎么样的时代里，爱情的名字只有一个。

爱情里有美好，有思念，有忠贞不渝，也有罪恶，伤害和欺骗。

这其实跟时代无关，它关乎人性。

在这个"非诚勿扰"的年代里，爱情的名字并没变过。

只是，少了些不顾一切的坚韧，少了些万水千山的牵挂，少了些生死未卜的期许。

少了些生死与共的传奇，少了些回肠荡气的悲欢。

更平淡，更实际，更急躁，更脆弱。

这可能是另一种悲剧。

我们没资格指责什么。

只是羡慕他们活在那样的时代，生死契阔，携手便是一生的誓约。

小牛

1940 年前后，苏毅正在延安抗大的文工团当音乐队小组长。戏剧队里有个大学生叫小牛，东北人，瞎了一只眼睛，但是非常聪明，小牛是他的外号。

小牛很喜欢音乐队里这个爽朗大方的姑娘。他跟姑娘说："咱们俩做朋友，就不是一般的朋友。你在政治上帮助我，我在文化上帮助你。"小牛希望以这样的方式，能跟姑娘多说些话。

大学生小牛思想自由，个性率真，与大家有些格格不入，组织上让姑娘多帮助他。单纯的姑娘一心要完成任务，她没留意小伙子爱慕的眼神。

行军休息的时候，小伙子经常会买个红枣或者买个桃，专门给她吃。虽然碍于

周围人的目光，姑娘觉得很难堪，但她心里知道，小伙子总是惦记着她。

爱情让孤独的青年重新有了精气神，简直像换了一个人似的，那么高兴，那么积极，烟也戒了，工作效率也高了。

时间长了，青年男女的频繁接触引起了风言风语，姑娘在日记里写下了自己的检讨："群众对我有这个意见，我今后得注意点。"从那以后，每次看到小伙子从远处走过来，她就赶快躲开了，尽量减少跟他的接触。

小伙子无意中看到姑娘的日记，觉得美好的希望破灭了，情绪又变得很糟。不知情的姑娘上前询问，小伙子有些愤怒地说："我满腔热情换来一盆冷水，种豆种到石头上去了。我看了你的日记，你说对我注意，注意啥？我也不是特务，有啥好注意的？"

小伙子有些无奈，有些愤愤。但是，这并没有阻止小伙子对姑娘的痴情。

1941年，敌人对晋察冀边区实行秋季扫荡，文工团准备向冀中撤离，路上姑娘生了病，痴情的小伙子无微不至地照顾姑娘。

仗打起来的时候，马都没有了，小伙子就扶着姑娘跑，跑到半路上，姑娘的鞋子掉了，他非要回去找。小伙子是瞎了一只眼睛的，姑娘为他考虑就说不要找了，自己还有双新鞋。那时，姑娘已经深切地感受到小伙子是诚心诚意地对她好。

姑娘藏在老乡家养病，小伙子随队伍上了前线。在战场上因为思念或者是因为绝望的煎熬，他忽然失神了。后边的人看他一直发愣，才发现，他的膝盖骨被打伤了，满地是血。小伙子被人扶着到了老乡家里。

老乡家缺医少药，小伙子没少受罪。每一次换药就用盐水来洗伤口，小伙子疼得哇哇叫，腿也肿了，还生了蛆。

姑娘的病好转以后，就去看望小牛。十来天没见，小伙子人瘦了一大半，非常憔悴。但，一看到姑娘，他立马来了精神。

姑娘跟他说："过去的事儿就一笔勾销，你不要再想那个事儿了，咱们今后还是好朋友。"小伙子满心欢喜，给姑娘些钱，让她去买了两个油饼，一人一个。

马上就集合了，姑娘嘱咐小伙子好好养伤，并约定等小伙子伤养好了，再来接他。

谁都没想到，吃完那个油饼，竟然是他们的最后一次见面了。因为伤口感染，小伙子牺牲于1941年。

许多年过去，最后一次见面时，他温和而又凄凉的微笑，越来越意味深长，那是姑娘心底的一个伤口，随时光慢慢淡去，可是并不会消失。

姑娘没有他的照片，但她不会忘记他的名字。

他叫岳阳，岳飞的岳，阳光的阳。

琼轩

失去琼轩很多年了，可是在那些漫长的梦里，李基中老人总是被带回年少时光，那时他才十一二岁，他唯一的朋友是那个叫虞琼轩的小姑娘。小姑娘比他小，是父亲老友的女儿。

"两个小孩子在一起，经常在山上采野果子吃。"李基中说，"记得那片山坡上开了很多花儿，野百合特别多，童话般美好安详。"

青梅竹马的爱恋，从那个时候起，已在少年心底萌发。

再见琼轩已经是几年之后，他们都是中学生了。过去熟悉的那个女孩子，现在变成一个亭亭玉立的少女了，俨然长沙姑娘的打扮：刘海发，眼睛大大的，脸颊红红的。李基中当时心里又惊又喜。

他禁不住想要跟她亲近，上学路上摇晃的公车，少女温热的发梢，少年惴惴的心。李基中说："见到她以后，就离不开了，觉得她就是世界上最美的了。"虽然如此，但一起坐公车的时候，他尽量保持不靠近琼轩，表示自己是个正直的人，没有什么歪门邪道的想法，想以此受到姑娘的尊敬。他当时甚至想，过轮渡的时候，如果轮渡翻了的话，他肯定能够把她救起来。

炽热的喜爱和英雄救美的豪情并没有让他有足够的勇气向姑娘表白。一方面，那时候家里已经给他定了亲；另一方面，他觉得自己长得不好，琼轩不可能喜欢自己。

他只能默默地喜欢琼轩，因为自从见到琼轩，一切仿佛都不存在了。

少年始终守口如瓶。

参军的消息传来，他终于鼓足勇气，不再躲闪，他要把自己几年来对她的思念一股脑地说出来。因为，这一别，可能是永别了。

不凑巧的是，当时琼轩中学毕业会考，不会客，所以他们最终也没能见上一面。

深夜，在死寂的战场上，青年写下每一次与姑娘相聚的心情，他把日记寄给了姐姐。在给姐姐的信中，他说："我这一辈子，没有恋爱过。她看到我的日记的话，一定要掉眼泪的。"

姐姐故意把弟弟的信和日记放在桌上给琼轩看到。

> 村外一所破落的小庙，掩息着一个英武的少年，敌人熊熊的毒烟，没有降杀他前进的勇气。没有人声、鸟声，一切都进入了睡梦，他不禁想起前尘前梦。
>
> ——摘自　李基中日记

不久他收到了姑娘的来信，一共是四首古诗，李基中老人到现在都能够清楚地背诵出来。其中的一首是这样的：

> 天涯相隔两迢迢，
> 欲寄愁心塞雁遥。
> 忽见鸳鸯情得得，
> 教侬心乱更魂销。

兜兜转转，原来日夜思念的人也正思念着自己，巨大的幸福感将青年击中。

浪漫的爱在战火涂炭中注定无法栖身，不久后，小伙子决定秘密投奔八路军。前路茫茫，生死未卜，他要忍痛斩断情丝。

为了抗日，为了找寻出路，为了救中国，他要抛弃一切，包括自己最心爱的姑娘。

他最后给姑娘写了一封信，然后把信、照片以及姑娘之前寄给他的全部信件，用挂号信回寄给了姑娘。他说："我像一匹没有缰的野马一样，我到底走到哪里现在说不清。"

后来他零星得到琼轩的下落，听说她嫁了人，过得并不幸福，最后投河自尽。

许多年了，在每一个长梦里，琼轩总是十一二岁的模样，天真烂漫没有悲伤，她身后是灿烂的花海，她微笑的样子一如当年。

基中兄：

世道艰难，人情冷暖。年来思前想后，唯有独自清净，了此一生而已。

君之思惠，当铭之肺腑，待酬报于来世可也。

——摘自琼轩的最后一封信

未央歌

话剧情缘，生死之爱

1938年，云南大学学生徐守源常跟同学们去看话剧。那时候昆明的文化生活非常单调，难得有话剧上演，所以一有话剧，徐守源和同学们就赶快买票去看。

那一次，他们看的是《祖国》。《祖国》是一出外国剧，被西南联合大学话剧团改编成宣扬抗日的戏。

卢沟桥事变以后，日本全面侵华，为中华民族教育精华免遭毁灭，华北及沿海许多大城市的高校纷纷内迁。抗战八年间，迁入云南的高校很多，其中由北大、清华和南开大学组成的西南联大最出名。

> **西南大学学术涌动**
>
> 朱自清、沈从文、林徽因、闻一多、陈寅恪、冯友兰等曾任西南联大的教师；杨振宁、何其芳、邓稼先、汪曾祺都曾是西南联大的校友。艰难困苦，玉汝于成。那是一个大师辈出的时代，一个学术经典集体涌动的时代，艰苦卓绝的抗战生活，将中国人古老的"藏识"释放出来，激活了中华民族集体无意识当中蕴涵的古老智慧。当下的我们，如果再想追问为什么现在没有大师，不妨去了解一下西南联合大学师生在那些岁月的心路历程。

张定华就是当时西南联合大学的学生，她在《祖国》中扮演女仆。虽然女仆一共就几句台词，可是台下的小伙子徐守源却看得目不转睛。

徐守源说："后来她又演了一些话剧，差不多我都看了，但是我始终不认识她，只知道她叫张定华。"

徐守源的朋友高小文正好在联

1938年，西南联大校址。

昆明轰炸后

大话剧团，他说要带自己的女朋友给大家认识一下，结果他就带来了张定华。这次的见面，让徐守源怅然若失。他只能默默关注着心上人。徐守源到现在都清楚地记得，当时他们一起出去玩儿的时候，定华都是穿半高跟鞋、旗袍，还擦着口红，俨然大小姐的模样。

但他并不知道，姑娘对他印象不错。

张定华回忆说："我觉得这人怎么那么见多识广，对于抗日战争，对于山川地理，反正什么都知道，特别会讲。"

从 1938 年 9 月起，日本的飞机多次轰炸昆明，西南联大成为重点目标，附近的街区都遭到了轰炸。张定华与女伴姚建华租住在学校附近，当时徐守源几乎每天都惦记着姑娘的安危。

有一次，飞机轰炸，一颗炸弹从房子的正中掉下来，整个房子变成了一个大坑。不过，幸好那天姑娘去了同学家，躲过一场灾祸。房子没了，张定华和室友只好搬家，小伙子忍不住心中的关切，赶去新居探望她们。

那天，定华不在家，同屋的姑娘认出了徐守源，忍不住问他："你觉得定华怎么样？"他说："我觉得很好啊！不过她是高小文的女朋友！"同屋的姑娘告诉他，定华对高小文一点意思都没有。

顾虑消除了，徐守源开始大胆追求。发现了徐守源的追求，定华并没有拒绝，只是对自己的身世，定华很少谈起。对此，徐守源并没有留意。徐守源带定华去见了自己的父亲，充满着大家闺秀气质的定华，自然让守源的父亲非常满意。

从那以后，他们就定期见面，每个星期五下午，守源都去约定华出来看电影、吃晚饭。

一切似乎都朝着好的方向发展，转眼到了 1941 年，突变来得毫无征兆。

一个星期五，他们约好了看电影，但守源到定华的宿舍时，传达室大妈跟他说，张小姐不见了。

昆明并非世外桃源，各方势力明争暗斗，什么情况都有可能发生。小伙子心急如焚，他在昆明城里到处寻找。

没有了姑娘的昆明城硕大而空旷，徐守源觉着像做了一场梦，他心急如焚。

不久他收到了姑娘的一封信：

> 我现在离开昆明了，但是我对昆明的这个地方，在这个地方的人，是
> 很有感情的。但是我现在去哪里我不能告诉你，以后再见吧！

看完信小伙子安心了许多，这至少证明姑娘还活着，他决定等待。

1941年秋天，徐守源遇见了姑娘的一个同学，得知定华现在人在香港。小伙子当天晚上就写了封信给定华，说自己一个星期之内赶到香港。

1941年10月，小伙子飞赴香港见到了心上人，重逢的瞬间波澜不惊，他甚至没有问起她为何不告而别。

徐守源说："我也没有问她，大家见了面了就好了，也没有追问她为什么突然失踪。"

姑娘说她如今在一家进步刊物工作，住在表哥表嫂家里。见了表哥表嫂，姑娘让小伙子叫他们曹二哥、曹二嫂。

曹二哥对这个妹妹很关心，他对小伙子进行了一个国际知识的测验，并问他对当时国际形势的看法。通过了这个考验，二哥同意了他和定华的交往。

★★★★★
★ 徐守源

在《我的抗战》全国巡映过程中，细心的观众提出疑问："为什么徐守源有条件'飞赴'香港？"，这里做个补充介绍：实际上，徐守源出身大户人家，他的父亲与国民党高官关系密切。当时守源的父亲听到消息，说自己的儿媳妇有可能是共产党。但他并不相信，还让定华常到自己家来。

重逢的喜悦还来不及回味，枪炮声已经传来。

1941年12月8日凌晨，日本空军袭击了九龙的启德机场，英军开始向香港岛撤退。此时徐守源和几个朋友租住在跑马地，他每天冒着生命危险去中环看望张定华。为了更好地照顾张定华，守源让定华搬到自己那边去。张定华说这事儿自己决定不了，必须征求曹二哥的意见，她说："如果曹二哥同意，那我就收拾好东西，明天就跟你们走。"曹二哥说："你要是愿意跟他在一起，你就搬到他那边去。"

姑娘不再犹豫，跟着小伙子走了。

没想到，几天后的凌晨，日本军队在香港铜锣湾登陆，铜锣湾距离跑马地不到十公里。跑马地也变得不再安全。

小伙子领着姑娘跟几个朋友一起趁夜色再次往中环迁移。

跑马地走到中环，大概有七八里路，沿途尽是死尸。徐守源让定华闭着眼睛，然后拉着姑娘的手，穿过炮火横飞、死尸遍地的街头，慢慢往中环走。在那个瞬间，整个世界仿佛只剩下了他们两个人。

经过一夜奔波，两个相爱的人带着他们的朋友投奔了曹二哥。也就是在这之后，定华觉得自己应该嫁给守源。她说："起先的时候，我没想到结婚的问题，可是在这个战争中间，他后来又那么跑去接我，在路上掩护我，这种患难之情，让我觉得应该嫁给这个人。"

曹二哥和曹二嫂热情地接待了他们，并为他们腾出二楼的一间房子，让他们全部在那里住下。

妻子的秘密

1941 年 12 月 25 日，英军宣布投降，香港沦陷。

两个年轻人决定不惜一切代价离开香港。一路上历经千辛万苦，1942 年，他们终于回到昆明。9 月，两个人举行了婚礼。恩爱之余，丈夫察觉到妻子似乎有些心事，但他没有追问。

1945 年 8 月 15 日，他们见证了抗战的胜利。

张定华、徐守源结婚照

2010 年，张定华、徐守源夫妇在北京家里。

"投降那天晚上，我跟定华在看电影，突然间电影就停了，打出字幕来。"

"电影出来一个白的字幕上头写'日本投降'，那么大的字幕放着。整个电影院一下就炸了，大家欢呼！"

抗战胜利后，徐守源在上海街头与曹二哥夫妇意外重逢。这时，定华已经怀上了第二个孩子，不久要来上海分娩。守源跟曹二哥夫妇约定，两口子一起去看望他们。

1949年，新中国成立后，徐守源和张定华先后调到北京工作，时间水一般流过。有一天妻子突然给丈夫讲了一件事，一个埋藏在心底很多年的秘密。

事情要追溯到1938年底，张定华在联合话剧团参演爱国戏剧，认识了小伙子徐守源。1939年3月的一天，话剧社的一位同事忽然约她在操场散步。他说组织上考虑吸收定华加入共产党。听到这个消息，定华激动得哭起来了。

定华回忆说，入党仪式就在学校附近的小山坡上举行，前面放了一本《资本论》，那个同事带她背诵了入党誓词。

这一切，沉浸在爱河中的小伙子浑然不觉。徐守源绝对想不到，自己喜欢的这个姑娘，竟然是个共产党员，而且在做情报工作。在他眼中，定华完全是个柔弱的大小姐模样，根本不可能做这么特别的工作。

1941年"皖南事变"爆发，一时间风声鹤唳，张定华上了特务黑名单，组织通知她迅速撤离去香港。这个消息不能告诉任何人，而且，必须马上行动。得知消息的第三天一早，定华就离开了昆明。

1941年3月，张定华来到香港，被安排在曹亮的编辑部工作，她管曹亮叫二哥。她后来才知道，曹二哥住处的楼上就有一个电台，他们所做的是情报工作。

得知守源要赶到香港的消息，曹亮告诉定华："你就说我是你的表哥，梁淑德是你的表嫂。"

两个月后日军攻打香港，在战火与死亡面前，爱情经受住了考验。

1941年12月，香港沦陷，经上级同意，张定华决定与徐守源返回昆明，等待新的任务。

组织上同意了守源和定华的结合。

张定华与曹二哥依依惜别，记忆中二哥似乎总是微笑着。张定华说："我那时候

倒真想哭，真是觉得离不开组织。这么多同志，他们像照顾自己的孩子一样考虑我的安全和前途。"

带着组织给的700元钱，两个年轻人回到昆明并生活在一起。可是因为负责联络的同志牺牲，张定华与组织失去了联系。

徐守源觉察出了妻子的心事，但他绝对没有想到，她是跟党失去了联系。

直到1985年11月，张定华恢复党籍并办理了离休手续。

抗战胜利后，徐守源在上海与曹二哥重逢。曹二哥和曹二嫂奉上级指示，从香港调到上海，在潘汉年手下工作。

1941年在香港《女光》杂志社。（张定华右一，曹亮夫妇下、左一）

1954年的北京街头，徐守源和张定华遇见了从香港回来汇报工作的曹二哥，而他们再次见面，已经是20多年以后了。

他们后来得知，为了革命，怕影响工作，曹二嫂动了绝育手术，终生不能生育。

1992年，曹亮去世，88岁。曹二嫂梁淑德后来成为植物人，在北京医院住了很久，后来也去世了。

他们没有儿女，没有任何亲人，一生就献身于党的情报工作，也没有人知道。

这是信了没有人性"的共产党的"报应"。

战　俘

亲历者

耿　谆——时为日本花冈町中山寮中国战俘劳工队队长，原国民革
　　　　命军第十五军六十四师一九一团上尉连长
李铁锤——时为日本花冈町中山寮中国战俘劳工，原普通农民
孟连琪——时为日本花冈町中山寮中国战俘劳工，原普通农民
朱　韬——时为东北阜新煤矿战俘劳工，原抗大教员

★★★★★ 编导手记

　　如果把战争看作是一个政治利益角逐的母体，那这个母体孕育的痛苦里，最难以掩饰的沉重就是战俘，对于交战的双方都是如此。

　　正如儿时的印象，只有"杀身成仁"才是英雄的作为，才是忠诚的表现。而被俘，则充满了灰暗可疑，甚至这行为本身就已经是耻辱的象征了。

　　我遇到了这样一群战俘：他们英勇抗战，从弹尽粮绝到最后一刻他们选择保留对生命的尊重。

　　战场上，军人的命运无非三种：凯旋、战死和被俘。能成为凯旋者固然是最高的荣誉，战死沙场也是战争赋予军人的特殊礼遇。而只有被俘，几乎是被钉死在耻辱柱上的，即便在受到种种折磨、痛苦艰难存活之后，亦难以摆脱怯懦和妥协。

　　我遇到的是一群如耿谆一样的战俘，他们的幸运与不幸在被俘那一刻就已经注定。

做这个选题前，我读了四川成都樊建川先生写的《抗俘》一书，在收集了若干抗战被俘人员的照片、文物之后，他用"抗俘"一词形容这些战场上的幸存者。"抗俘身受三重痛苦：敌方的残暴杀戮和残酷折磨，我方的深重鄙视和入骨误解，己方的无休自责和无穷懊悔。三重苦难，一重沉于一重，如影相随，让抗俘生不如死，死沉深海。"这是樊建川对于战俘的解读。我在参观了樊先生的"不屈战俘馆"后亦不胜唏嘘，关于战俘，已经隐入了历史和时间的黑洞。

"不屈战俘馆"的最后部分有耿谆的两幅手书，其中一幅题为"知耻永生"。在耿谆老人已经年过耄耋、历史已经过去近70年，他仍然摆脱不了心中的"耻辱"。如樊建川先生所说，"己方的无休自责和无穷懊悔"如影相随，这是战俘最大的悲剧。

对于生命，我们该持如何态度？

有这样一个场景：1945年9月2日，日本投降仪式在美军战列舰"密苏里"号上举行。上午9时，占领军最高司令道格拉斯·麦克阿瑟将军出现在甲板上，面对数百名新闻记者和摄影师，麦克阿瑟突然做出了一个让人吃惊的举动。有记者这样回忆那一历史时刻："陆军五星上将麦克阿瑟代表盟军在投降书上签字时，突然招呼陆军少将乔纳森·温赖特和英国陆军中校亚瑟·帕西瓦尔，请他们过来站在自己的身后。"1942年，温赖特在菲律宾、帕西瓦尔在新加坡向日军投降，两人都是刚从中国满洲的战俘营里获释，然后乘飞机匆匆赶来的。

"将军共用了5支笔签署英、日两种文本的投降书。第一支笔写完'道格'即回身送给了温斯特，第二支笔续写了'拉斯'之后送给珀西瓦尔，其他的笔完成所有手续后分赠给美国政府档案馆、西点军校和其夫人……"

另外一个场景：从1952年开始，日本大馆市爱好和平的民众将"花冈暴动"的6月30日定为"和平纪念日"，坚持每年为死难的中国劳工举行"慰灵仪式"和多种形式的纪念活动。

还有一个场景："花岗暴动"的难友们归国的景象蔚为壮观，500多人的队伍肃穆井然，沿着蜿蜒的山路，曲曲弯弯，队伍前面飘扬着旗帜和白幡儿，队伍中不少人捧着骨灰盒，像一曲无声的哀乐凄婉悠扬。一个月后，他们终于回到了祖国，结束了他们生命中一段不平凡的苦难历程。只是回国后，他们绝大部分人终生贫病交加。

悲剧已经过去，没有遗忘才是最好的纪念！

2010 年 6 月，我们来到了成都建川博物馆战俘纪念馆。

这是一张张不屈的面孔，他们的英勇却不为人知；这又是一张张沉重的面孔，而沉重也伴随了他们一生。他们都有过去，却已经隐入了历史和时间的黑洞。他们是抗日战场上的中国战俘。我们今天要讲述的，就是关于这些已经被历史淹没许久的战俘，他们的战斗、英勇和苦难。

在抗战的过程中，由于力量悬殊太大，有不少中国军人沦为战俘。日本为了增加本国的劳动力，抓了很多中国战俘去做苦工。他们很多人临危不惧，英勇就义；还有很多人遭到非人折磨，甚至沦为劳工。当踏上这片陌生的土地时，他们没有选择在被俘之后杀身成仁，但他们却有足够多的活下去的勇气。

在异国，活着是每个战俘唯一的信念

1944 年 7 月的一天，被日军占领的青岛港再一次响起了日本海军的军乐声，又一艘满载掠夺物资的日本军舰即将离港。甲板上，耿谆第一次听到了这耀武扬威的声音。他原本是国民革命军第十五军六十四师一九一团的上尉连长，在洛阳保卫战中受伤，被日军俘虏，随后四处辗转。他也不清楚这一次又会被押送到哪里。

耿谆此次的同伴是 300 个从各地集中来的中国战俘。耿谆老人回忆说："和我一起去的那些战俘，分成三批，第一批 300 人，第二批可能是 600 多一点，第三批大概是九十几个人，合在一起是一千多人。"在这一千多人里面，既有 50 多岁的老头，又有十二三岁的儿童，他们是河北抗日根据地儿童团的小战士。

除了偶尔的叹息声，人群中一片寂静。就在船要起航时，难友中间突然一片骚乱。耿谆和难友们听到消息，他们将要被强制押送到日本做苦工。谁都不愿客死他乡，他们想反抗，但手无寸铁，眼前只有杀气腾腾的刺刀和茫无边际的大海。

当过连长的耿谆，几乎是难友中军衔最高的，他成了队长，也成了大伙的主心骨。可现在，他自己心里也没底。海浪在翻滚，难友们的心也在翻滚，他们沉郁地注视着转瞬即将离开的祖国，跪倒一片。

据耿谆老人回忆，实际上，当时跟他一起的那一千多名战俘，真正到达日本国土的只有 986 人，其他人都在途中死去，尸体被投到了海里。

《华人劳务者就劳事情调查报告书》

1946 年 6 月，日本外务省根据 35 家日本企业的 135 个事业所（工地）提交的"事业场报告"和外务省自己的"现地调查报告书"，写了《华人劳务者就劳事情调查报告书》。

《华人劳务者就劳事情调查报告书》记载了这样一段文字：

战时被劫往日本去的中国战俘劳工究竟有多少？有中国学者认为大约有 226000 千人，也有人认为远远超过这个数字。

当军舰抵达日本下关码头时，所有的战俘只有一个信念：一定要活着。

当他们踏上陌生的土地时，唯一的愿望就是活下来。不仅仅是他们，活着是每一个战俘的信念，他们没有选择在被俘之后杀身成仁，但他们却有足够多的活下去的勇气。看看这些面孔，他们的脸上绝没有求生的低媚，只有活着的坚强。

耿谆和他的难友们，也要活着。

花冈惨案幸存的战俘

耿谆和这一千多战俘一起，被押到日本秋田县花冈的铜矿。铜矿里的污水必须排出去，需要挖排污暗水道。这是耿谆他们来到日本以后做的第一个活儿，难以想象的苦难刚刚开始。对于当时的情形，耿谆记忆犹新："这条沟要挖两米深，一般挖到一米深的时候，就看见水了。所以，在挖那剩下一米的时候，成天在水里站着，下大雨也不停工。"李铁锤是跟耿谆一批的战俘，他说："冬天也站在水里干活，水很深，把腿都冻坏了。我的腿现在残疾了，就是那时候落下的病根儿。"

花冈是一座一百多米高的山冈，山上长满了松杉。中山寮在距花冈一公里左右的远离人烟的山里，是日本企业鹿岛组为驱使外国劳工设置的收容集中营。耿谆和难友们是从中国押往日本的第 22 批中国战俘。

日本人强制中国战俘每天做工，开始是 12 个小时，后来慢慢增加到 13、14 小时，到最后变成 16 个小时。花冈铜矿的监工大多是从中国战场负伤回国的日本士兵，他们已经失去了理智，对中国战俘用尽残酷的折磨手段。

耿谆老人说："他们对我们连打带骂。有时候还取笑中国人，把中国人打昏了，又用凉水泼醒。他们吸着烟，就用烟头烫我们。"孟连琪也是耿谆的难友，他说，因为他们听不懂日语，经常是听不懂日本士兵让他们干什么，就这样，也会招致一顿毒打。

从事重体力劳动，又要时刻忍受日本人的折磨，这已经让战俘们的日子生不如死。日本人把做罐头剩下的苹果皮和苹果核挤成渣，做成橡子面馒头，这几乎成了他们唯一的食物。李铁锤说："橡子面馒头吃到肚子里根本顶不住事，吃了很快就消化完了。"然

光脚的中国战俘

鹿岛组给中国劳工吃的主食——橡子面馒头

饿得骨瘦如柴的中国战俘

严冬，被扒掉衣服站在户外的中国战俘。

而，即便是硬如石头的橡子面馒头，每天也只供应两三个，许多人甚至开始吃草，病饿而死的战俘每天都在增加。

艰苦的生活几乎使他们活不下去，饥饿使他们变得骨瘦如柴。因为只剩下骨头了，所以被日本人打也不觉得疼了。但这种因为骨瘦如柴而碰巧得到的一点点小"幸福"却也很快就失去了。日本人换了一种摧残他们的方式：用烧红的铁块往战俘身上烙。

1944年的冬天，花冈出奇的冷，难友们没有棉衣，有时支撑不住就跌倒在冰天雪地里了。李铁锤说："冷得顶不住了，就弄了点洋灰袋子纸裹在身上御寒。监工一听到洋灰袋子纸响，就把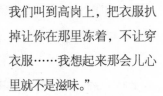我们叫到高岗上，把衣服扒掉让你在那里冻着，不让穿衣服……我想起来那会儿心里就不是滋味。"

耿谆是大队长，每次看望生病的难友，他们就拉住耿谆的双手不放，呜咽着说："队长啊！我要是多吃一口饭，还能站起来……"有的刚说完，就离开了人世。

耿谆他们这一批战俘到日本两个月之后，就开始有人病倒、死亡。刚开始每天死一两个人，尸体还是分开火化的。到后来，每天死五六个人，这时候，尸体就不是分开火化了，而是拉到尸体所，凑够十个八个，运到山上集体火化。耿谆说："火化的时候，架上劈柴，泼上煤油，把尸体搁在上面火化。"火化以后只能捡到骨灰，但是因为是集体火化，10个活生生的人变成了10份几乎一模一样的骨灰，也分不清是张三的还是李四的了，只是捡10份骨灰。

每天早晨，耿谆都要肃立山坡，向死难同胞低首默哀；每天晚上，在骨灰盒放置室面对死难同胞焚香一炷，寄托哀思。难友们常常发现，他在燃香之时，热泪盈眶。

1945年的春天没有来到花冈，这里只有严冬和酷暑，中山寮仍旧是人间地狱。

一次收工后，难友肖志田捡到一个小饭团，他一口吞下，却被监工看到。监工要求耿谆惩罚肖志田，耿谆不动，监工愤怒地一步冲到耿谆面前，抬手就是两记耳光，耿谆仍然保持着军人立正的姿势，身板笔直。监工又开始毒打肖志田，几天后，肖志田死在了春光明媚的五月。

耿谆老人说："我们受虐待，死了那么多人，他们这样侮辱中国人，中国人活不下去了，实在忍无可忍了，可以说是人人自危，不得不站起来。"

像耿谆和他的难友们一样，从被俘的那一刻起，每个暂时的幸存者都要时时面对死亡的威胁。我们在成都建川博物馆战俘纪念馆看到的那一张张老照片背后，是一个个苦难的灵魂。

成都建川博物馆不屈战俘馆

"只求速死"的花冈暴动

无边无际的苦难折磨着这些漂泊的灵魂，死亡是早晚的事情，而死亡甚至成了一种至少能摆脱苦难的幸福。忍让换不回生存的权利，耿谆和难友们不是孬种，他们决意一拼，只求速死。

耿谆说："原来定的是6月27日夜晚11点钟开始暴动，就是第一步把日本人杀掉。我们造饭饱餐，叫大家吃一顿饱饭。自从到日本以后就没吃过饱饭。就是我们要吃一顿饱饭，而后轻装出发。"

耿谆的队伍在离集中营不远的海汊集结，等候日本人的包围，他们打算日本人来包围的时候，和日本人拼死一战，然后投海自杀。他说："我们是跑不出去的，跑不出去我们也要跟他们恶拼一场，这咱中国人才能出出这口气。"孟连琪老人说：

"我们长期待在那里，就算不暴动，也得被打死、被饿死，怎么样都是死，这一点我们谁都懂。"

耿谆是军人，难友们也大都是军人，他们以军人的智慧，把暴动计划制订得缜密而周详。然而当一切准备妥当后，暴动时间却被推迟了，因为难友中有人想到了"小孩太君"和"老头太君"。小孩太君才19岁，是日本人，他同情中国人。有一段时间借着管粮秣，他偷了点面或米给炊事班，让炊事班做给病号房的病人吃。一点面救不活病人，所以只能煮成稀汤，大家一人喝一碗。虽然只能喝稀汤，但在那样艰难的情况下。老头太君带战俘上工的时候会让他们休息。中国战俘们也非常感谢小孩太君和老头太君，不忍心把他们杀掉。

原定在6月27日暴动的日子，正赶上小孩太君值班，为了保护这个19岁的孩子，耿谆和难友们把暴动日期推迟到了6月30日。

当一个秘密暴动计划被700多个人知道后，哪怕多停一分钟，都有可能全军覆没。但中国的难友们硬是顶着天大的危险，等待了三天。

1945年6月30日晚，700多个身处异国的难友以决死的气概在花冈举行暴动。耿谆老人回忆说："我跟李克金20个人，让他把守好外围，每两个人看住一个日本人房子的窗户，如果日本人跑出来，就地处死。"另外，耿谆还挑选了20个突击手，10个人拿锄头，10个人拿圆锹，拿锄头的如果没把日本人一下子打死，拿圆锹的就再上去补。

孟连琪老人回忆说："日本监工住的屋子是两道门，我把两道门打开，进去以后看监工睡着没有，如果监工睡着了，我就给难友打手势。"

为避免日本人往外通信，耿谆安排山东人刘希才第一个进屋看住电话。结果情急的刘希才刚进屋以后就拔掉了电话，还拿铁棍把电话砸到地上，这下就把日本人惊醒了。李铁锤说："一进门，我也没觉得使多大劲，监工的头在炕沿上，我一下子把他的头砍下来了。"监工被惊醒后都折起来了，都带着伤逃出去了。耿谆说："李克金呢，我给他了任务，他去上厕所解手去了，这边动手了，那边他还没有叫人布置开，他可能是布置着走的。有的是稳住窗户了，有的窗户没有稳住，日本人都逃出去了。"

漫山遍野回响着尖厉刺耳的警报声，难友们不得不临时改变计划。耿谆命令以小队为单位，迅速集合，每人带一件工具当武器，队伍匆匆向中山寮后面的狮子森山进发。在这种万分紧急的情况下，耿谆仍不忘下令，沿途不许骚扰老百姓。

耿谆老人说："出发的时候相当惨，那些病号房的人，凄苦乱叫的，有的人就喊，队长啊，我还能走，但也只能在地上爬。有的病号就死在路上了。当时的情景……"耿谆老人哽咽了，六十多年前的悲惨景象再次浮现。

这次暴动震惊了日本当局。当时，在日本各地分散着135个劳工所，有近40000名做苦役的中国人，另外还有朝鲜劳工和美国的被俘人员，如果引起连锁反应，将直接威胁着日本当局。

为了防止暴动的烈火蔓延，日本当局连夜调动了秋田县、青森县等地21000余名军警和宪兵，对逃出去的600多名中国劳工围追堵截。不久，日本军警和宪兵就把整个狮子森山包围了，但是他们还不敢贸然接近劳工队伍，因为他们知道每一个劳工手里都拿着锄头、圆锹等工具，准备拼死抵抗。耿谆老人说："我们听见哪儿有草窠子响，就用石头往那里砸。"不敢接近劳工队伍的日本人开始开枪。李铁锤老人左眼下方的疤痕，就是当时日本人用枪打的，他抚摸着疤痕说："就差那么半公分，如果再朝这边偏一点，就要了我的命了。"

天蒙蒙亮时，晨雾笼罩着阴森森的狮子森山，难友们身体羸弱，又经过一夜奔波，早已疲惫不堪。这时，耿谆想让队伍到山顶以后再集结，但是山顶上已经有日本军警在喊话了。队伍无法走到山顶，就只好跟日本人搏斗了。这时，暴动发生前的几百号人，有的被杀害，有的被抓走，现在只剩下五六十个人了。

大势已去，耿谆对身边的李克金、李光荣说："你们各自为战吧，我要以身报国了！"他解下李克金的绑腿，迅速将带子的一头系在树上，另一头套在脖子上，用脚猛力一蹬，昏死过去。耿谆醒过来时，已经在押往花冈警察署的卡车上。日本人对整座狮子森山搜索了7天，到最后

花冈惨案后遇难的中国战俘的尸骨。

只有一个劳工没有找着，其他的全部被抓。

日本军警把抓到的中国人用绳子捆绑起来，带到镇上的共乐广场，扒去他们身上的衣服，让他们半裸着身体，把胳膊捆在背后让他们跪在地上。整整3天，不给饭吃也不给水喝，还要忍受日本军警的殴打，广场上到处都是死人。耿谆老人说："在花冈不到10个月，暴动时我们就死去了300人，暴动之后，被日本人血腥镇压，又死去了135人，合在一起是400多人。"

这就是震撼整个日本的花冈惨案，也叫中山寮暴动。

阜新煤矿暴动

自1939年到1942年6月，日本就从华北地区劫掠900多万人，到东北等地从事开矿、挖煤等重体力劳动，致使其中大批人被饿死、累死或杀死。

面对生不如死的苦难，大家的想法都一样：与其坐以待毙，不如拼一场，死里求生。

1942年在东北阜新新邱煤矿的战俘营里，朱韬和战友们也决定奋起反抗。朱韬原是共产党抗大二分校三团二大队的政治主任教员，两个月前的1942年6月2日，朱韬在日军扫荡时被俘，1942年8月27日被押解到阜新新邱煤矿。

> **★★★★★**
> **阜新煤矿**
>
> "九一八"事变后，阜新煤矿完全为日本占有。据不完全统计，1934年到1945年的12年间，日本掠夺阜新煤炭3000万吨。自"九一八"到日本投降，日本人在阜新共杀害矿工及无辜百姓达7万人，杀人酷刑多达百余种。

日军对待劳工一向残忍，谁都不愿不明不白地死在这儿。朱韬老人说："人间地狱十八层，十八层下面是矿工。日本人搞人肉开采，我们不愿意在这里当奴隶。于是，大家经过讨论决定暴动，当时的班长刘贵，最后一拍桌子说，我的性格就是下了决心绝不回头。"

新邱煤矿的战俘营四周是3300伏的高压电网，四角有岗楼和把守大门的警备队，因此和监狱没有什么区别。在经过了一番计划之后，暴动时间定在9月2日。朱韬老人说："这时，开始动员暴动，暴动发起以后大家要团结一致，同心同德，遵守纪律，服从指挥，即使剩下一个人也要斗争到底。"

1942年9月2日，夜静得出奇，新邱煤矿战俘营里却有些沸腾了。暴动的时刻到了，大家拿起棍棒砖头，开始向敌人冲击。

在一片忙乱中，突击队顺利砸开了仓库，大家把平时干活用的铁锹、钢钎都拿了出来，把大门两侧劳务室和警备队的办公室砸了个稀烂。但看守的警备队似乎早有戒备。敌人的枪声响了。

朱韬和他的难友们不知道究竟哪个环节出了问题。在敌人的枪炮中，主干队按照原计划往大门方向冲，却受到电网的阻拦。朱韬回忆说："有人找来门板，在门板上铺上棉被，往上跑。"由于高压电网，试图从电网上跳出去的人，几乎全部被电死。随后，煤矿的宪兵队、警备队、矿井队陆续赶到，战俘们被迫往后退。天快亮的时候，还活着的人，终于被赶到一块空地上，暴动失败了。暴动的代价是巨大的，除了暴动时突击出去的两百多人，其他人都被捕了。日本人知道班长和副班长的名字，把他们弄到了宪兵队，后来又把他们转到锦州，最后把他们杀害了。

被捕后，除朱韬等56人被押解到高德煤矿继续做苦役之外，其他的全部被杀。后来，朱韬和一部分工友被中共地下党组织救出，但两百多名工友却尸骨无存。面对日军的残酷虐待，越来越多的战俘营奋起反抗，即便是无声的抗议。

日军随军记者曾经拍下一个刚刚被俘的中国战士：照片上的他努力地试图挺直胸膛，沾满泥污和血迹的赤脚，也还在用力地向前蹬，这是战士保持尊严的本能；

日军随军记者拍下的不屈的中国战俘

成本华——被俘后，依然微笑

成本华被俘时 20 岁，她在微笑，因为她根本不在乎背后耀武扬威的屠刀，这笑容镇定而自信，又充满了难以名状的悲戚；还有那一群孩子，他们也是战士，面对虚伪的慈善和杀人的屠刀时，同样的冷峻而又坚决。生死关头，他们又有何畏惧？

战俘们第一个举动就是把旗杆上的太阳旗撕得粉碎

花冈暴动失败后，耿谆被抓到了日本宪兵司令部。1945 年 9 月的一天，在日本秋田县花冈町警察署，耿谆正在接受着日本宪兵的审问。

审讯室中有 5 个穿便衣的日本人。见耿谆进入了审讯室，便将门关闭了。他们命令耿谆跪下，耿谆拒不下跪，而是盘腿而坐。他们中没有翻译，都用夹生的中国话胡乱地审问耿谆，边审边用木棍朝耿谆的肩背和头上打。

"你在中国军队是什么军衔？"

"上尉连长。"

"你为什么暴动？"

"因为吃不饱，300 多人被饿死。"

"中国政府授给你什么任务？"

"我的军衔很低，根本够不上接受政府什么任务。"

"是不是中国政府授给你颠覆日本的任务？"

"不是，我完全是为拯救我们同胞的生命。"

"暴动都与什么地方的劳工有联系？"

"哪里也没联系！"

"你知道都是谁下手打死了日本人？"

"不知道，那时很乱。"

"按照法律杀死人是要抵命的。"

"我们在中山寮被虐待致死的就有300多人，由何人抵命？"

——部分审讯记录

日本人从耿谆这里问不出什么，就狠命地打他，直到最后将人打昏过去，才将他架回小囚室。

此后，又接连这样审问了三四次，每次都问不出什么，每次都将耿谆打昏过去。耿谆头疼的后遗症，就是这个时候造成的。直到今天，他的头部还会经常隐隐作痛，脖筋扭动时还会"啪啪啪"作响。

1945年9月11日，秋田县地方法院第三次开庭，正式判决耿谆等人。这天的法庭中，坐了很多旁听的人，还坐有秋田县律师会的两名为被告辩护的律师。

耿谆和暴动的英雄们站在法庭中，一个个不卑不亢，昂首挺胸，面对着法官和持枪的日本人，显出一身的凛然正气。

一名法官将耿谆等人的罪状列举之后，检查官长谷川开始宣判：

耿谆，暴动首魁，由死刑改判无期徒刑。

李克仓，谋议参与暴动，因证据不足，无罪释放。

孙道敦，谋议参与暴动，判十年徒刑。

张金亭，同上，判十年徒刑。

赵书森，同上，判五年徒刑。

刘锡财，同上，判三年徒刑。

刘虞卿，同上，判二年徒刑。

刘玉林，同上，判二年徒刑。

宫耀光，杀人，判八年徒刑。

李光荣，杀人，判五年徒刑。

张赞武，杀人，判三年徒刑。

褚万斌，杀人，判八年徒刑。

李秀深，杀人，判六年徒刑。

判决结束后，辩护律师起身为耿谆等人辩护："凶恶的犯罪背后有着悲惨的生活，耿谆不是出于私怨而率众暴动，杀人逃亡，他身为大队长，负有统率全体的责任。孙道敦等人也是如此，所以请求法庭予以一律减刑。"

辩护之后，检查官长谷川当庭宣布：执行原判。休庭后，耿谆等人被狱警押回了秋田监狱。这次宣判，名为无期，实为死刑。此时，距离日本无条件投降，已经过去了 26 天。

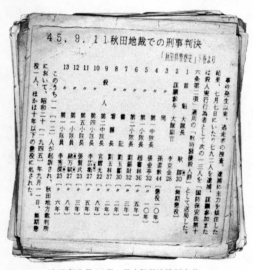

1945 年 9 月 11 日，日本秋田法院判决书。

就在宣判的第二天，一个二十四五岁，穿便衣的日本青年推开耿谆牢房的门，他掏出纸笔，写下"日本败战"四个字，然后匆匆闭门而去。日本青年给耿谆写下的"日本败战"四个字，耐人寻味。不久，就有中国留学生来见耿谆，对他说："你们在这不会太久，我们是战胜国，我们的代表团已经来到东京了。"

日本战败的消息，终于从同胞口中得到了证实，耿谆心里高兴，不为死里逃生，只为多难的祖国终于迎来了胜利。此时在中山寮，当战俘们终于得知胜利的消息后，第一个举动就是奔到每天集合的场院上，把旗杆上的太阳旗撕得粉碎，有的人干脆放纵地号啕大哭起来。

两天过后，沉浸在喜悦中的花冈难友，带着好吃的来看耿谆，告诉他花冈町被美国人接管了，当初那些看守压迫他们的日本人，变成了为他们服务的人，给他们运粮食等等。

一个月后，他们终于回到了祖国，结束了他们生命中一段不平凡的苦难历程。难友们归国的景象蔚然壮观，500 多人的队伍肃穆井然，沿着蜿蜒的山路曲曲弯弯，队伍前面飘扬着旗帜和白幡，队伍中不少人捧着骨灰盒，像一曲无声的哀乐，凄婉优雅。

回国后，他们绝大部分人终生贫病交加。

"花冈暴动是个惨案。"说完这句话，一直平静讲述的耿谆老人留下了悲痛的眼泪。

战后远东横滨国际军事法庭认定："花冈惨案"是日本违反国际公约迫害战俘和劳工的典型案例，河野正敏等7名日方首犯受到正义的审判——

鹿岛组花冈出张所所长河野正敏无期徒刑；中山寮代理寮长伊势知得、辅导员福田金五郎、清水正夫三人绞首刑；花冈警察署署长三浦太一郎、警察后藤建藏判20年徒刑，其余人释放。据说，宣判以后由罪犯亲属发起的要求释放的签名运动得到了当地政府的支持，于是犯人们被释放逍遥了。

这一切与当时的政治背景有关。

早在1945年11月根据美国政府委派的赔偿顾问特使鲍莱的"临时报告"，远东咨询委员会于1946年3月制定了"临时赔偿方案"，对日本的战争罪行倾向于进行较为彻底的清算。但是，1947年1月，美国政府重新派斯瑞克赴日本进行调查，成为对日本战争罪行态度转变的开端。"鲍莱报告"和"临时赔偿方案"的基本精神是要消除日本经济中的作战力量，而"斯瑞克报告"则认为日本的作战能力已经消除，应侧重在日本经济力量的恢复。这一动向引起世界舆论的关注，有媒体指出，这是美国对日政策的一大转变，是"零拆和平政策"，并指责美国企图化整为零地实现对日媾和。最后的结果让人扼腕叹息：美国因自身战略利益需要，放弃对裕仁战争责任的追究，默许数名甲级战犯在战后重新登上政治舞台，纵容军国主义幽灵的死灰复燃，使得战争赔偿问题遭到"腰斩"，中国劳工的权益失去了保障。

从1952年开始，日本大馆市爱好和平的民众，将花冈暴动的6月30日定为和平纪念日，坚持每年为死难的中国劳工，举行慰灵仪式和多种形式的纪念活动。1953~1964年，共有9批2316盒在日殉难烈士、劳工骨灰送还祖国，并被安放在新落成的天津市烈士陵园的"在日殉难烈士·劳工纪念馆"内。时间又过了四十年，1987年，已是白发苍苍的耿谆老人和花冈暴动的幸存者及遗属重访日本，祭奠那些永远长眠在异国他乡的难友。

在很多人心中，战俘的形象一直是灰色调的。在战争的史册上，没有人为他们

写上一笔。其实，何止是被俘，即便是有一些不同于一心求死的迂回策略，也要被卫道士穷追猛打——君不见，唐将南霁云不能说破自己诈降的打算，只好托之以"将以有为也"。所以有时候毅然赴死或许还算容易的，选择活下来，才是最艰难的抉择。在我们的子民遭受侵害时，或许我们要学会宽容一些，不要用杀身成仁的圣人标准来要求所有的血肉之躯。学会欢迎战俘，是我们要补的课。

悲剧过去，没有遗忘就是最好的纪念。保存在成都建川博物馆战俘纪念馆里的那些照片记录下了，他们最后或唯一的影像。那是一张张沉重的面孔，又是一张张不屈的面孔，他们的勇敢不会被遗忘。

1995 年 6 月 28 日，耿谆和 11 名花冈受难者及遗属组成原告团，向日本东京地方法院提出诉讼，要求日本鹿岛公司谢罪、赔偿和建立劳工纪念馆。花冈诉讼成为战后中国受害者对日诉讼索赔的第一起案例，受到全国人民的广泛关注和大力支持。

2000 年 11 月 29 日，花冈诉讼经历一审败诉后以和解告终，本案被告日本鹿岛公司发表声明，再次否认虐待中国劳工的罪行，声称应法院要求"捐出"设立的"花冈和平友好基金"不含赔偿、补偿的性质。耿谆不能接受"和解条款"，他发表《严正声明》表示：和解对耿谆无效，拒绝领取"捐出金"，并严词谴责和抗议鹿岛公司拒不认罪。

将军之死

亲历者

曹廷明——时为第五十九军三十八师战士

李兰亭——时为第五十九军三十八师机枪手

李基中——时为八路军一二九师三八五旅七六九团一营三连副连长

张访朋——时为新编二十九师八十五团一营一连连长

★★★★★ 编导手记

我一直固执地认为，身为将军，则必当战死。"将军"一词是带有悲剧色彩的，比起胜利凯旋的荣光，青山忠骨的寂寞更贴近"将军"的内涵。

古人有诗："宁为百夫长，胜作一书生"，这说的是少年志向；"黄沙百战穿金甲，不破楼兰终不还"则是将军临战前的壮怀激烈。看到"将军之死"，我最先想到的就是这两句唐诗。

将军当然离不开战场，但将军也有自己的亲情、爱情和友情。他有爱也有恨，有愤怒也有伤感，有家国天下也有儿女情长。

但无论何种，死是将军的宿命。

张自忠在蒋介石"和平未到根本绝望时期决不放弃和平"的政策下，代理北平市长，与日军斡旋，却被人误为汉奸，从此便一心寻死来一雪前耻。若是一员猛将，但求无愧于心，又何必求死？但张自忠不一样，张自忠身上有延续千年的中国典型

儒将的风采。张自忠喜读《三国演义》、《说唐》和《说岳精忠传》，古典名著对传统道德做了活生生的注释，关云长、岳武穆和秦叔宝的忠义侠行和浩然之气也令他心驰神往，由衷敬慕。

而这些几乎成了他最终战死的根源。忠君爱国的传统注定了他不会仅仅求内心之安定而苟且于世。前有遭受的不白之冤，后有蒋介石的宽容明理，张自忠必然会选择一死以洗刷社会赋予他身上的污迹。这污迹，必然是需用鲜血来清洗的，也必然会选择一死以报蒋介石的恩惠，在一个传统的儒将身上，这恩惠也必然要以死相报。这样无奈的选择在张自忠看来"良心很平安"，对于他来说，只有死才是最好的解脱。

左权是共产党将领中学历最高的，黄埔军校毕业又在前苏联学习军事。他对于战争的理解有多本著作留下，在战争年月里这尤为可贵。在抗日的最紧急关头，他写给妻子的 11 封家书（原本是 12 封，但其中一封遗失了）寄托了他在战争之外的全部感情——对妻子、对女儿无限的爱。左权是有诗人的气质的，11 封家书里，词词句句无不满含关爱。但家国事大，儿女事小，天下兴亡，匹夫有责。在二者有冲突时，他毫不犹豫地选择了前者。这是大义，但绝不是无情。他的死，集中了所有舍小为大的将军们身上那种铁汉柔情。

将军亦有儿女情，他们是有血有肉的真汉子。

中将吕公良在许昌保卫战将要开始的一刻也给妻子写了一封信：你这次到许昌短短的两天，走后真使我心中有说不出的难受……战事稳定下去，敌人打走后，再接你到前方来，痛快地住几天……恐怕此信到手时，我已在与敌人拼命了……当军人不打仗还有何用。

这封信言辞简单得有些不尽人情，只在道及妻子时流露出一点点柔情，但仅是一闪而过，甚至所有的感情都在这一刻戛然而止，他的眼前已经只有炮火硝烟了。

我努力在寻找这些将军临死一刻的内心世界，也力求能够在片子中完整地表现出来，这个愿望如此难以实现。但有一点我始终坚持，我决不为他们悲伤，甚至是所有战死的将军。因为身为一个将军，没有什么比战死在抵御外辱的战场上更幸福的了。

死是将军的宿命！

将军之死，死得其所！

就这样背上"汉奸"之名

台儿庄战役结束后，张自忠下令将在台儿庄、刘家湖和茶叶山受伤的一百五六十个战士编为特务营第四连。特务营就是张自忠的警卫营，专门负责张自忠的安全。于是曹廷明和战友就跟上张自忠，司令走到哪里，他们就跟到哪里。只要在战场上，总司令张自忠总是冲在最前面的，能跟这样的将军打鬼子实在是件痛快事。

张自忠

1939 年 5 月，日军为解除中国军队对武汉和平汉线交通的威胁，调集十万兵力，兵分两路气势汹汹地向鄂北的随县、枣阳地区杀来。5 月 1 日拂晓，日军第十三、十六师团向襄河以东——张自忠右翼兵团一八〇师和三十七师发起猛烈进攻。6 天后，獭子山、杨家岗、枣阳等阵地相继失守，战局变得极为不利。

5 月 8 日拂晓，天还没亮，曹廷明和战友们已经集合了。张司令训话说："同胞们、弟兄们，你们今天晓得我们到哪去不晓得?"战士们回答："报告总司令，我们不晓得。"司令又说："今天总司令亲自带着你们上火线，打小日本去，说你们怕死不怕死?"大家齐声说："不怕死!"司令说："好同胞，好弟兄，不怕死的就是好弟兄!"就这样，在枣阳失守的当天深夜，张自忠对三十八师下了死令：全军强渡襄河对鬼子展开追击，与此同时，他也亲率警卫营连夜渡河。

当时，总司令站在山岩上，戴着望远镜往前边看，一看日本人过江了，特务营这几个连就从麦地里往前爬。眼看日本人就要爬上岸了，张自忠司令"啪啪啪"三声枪响，冲啊! 战士们呼喊着冲出去。这时候，日本人有的吓得往江里跳，有的上了气筏子逃走了，有的举起手当了俘虏。这次战斗，俘虏了一百多个鬼子。

初战告捷，随后第五战区左右兵团全线反攻，一举收复枣阳、桐柏等地区。仗打胜了，可张自忠的心情却并不轻松。战斗期间，美国记者史沫特莱采访了张自忠，但像绝大多数记者一样，史沫特莱对张司令的印象并不好，认为他至少曾经做过汉

美国著名女记者、作家和社会活动家，曾在《纽约呼声报》任职。1928年底，史沫特莱来到中国，在中国一待就是12年。抗战初、中期，她目睹日本对中国侵略，向世界发出了正义的声音。

奸，现在不过是将功补过罢了。当史沫特莱问到战场上为什么会有那么多"伪军"时，张自忠沉默了，没人知道张自忠那一刻的心情如何，但有一点可以确认：此时与张自忠的名字有关的不是胜利者，而是"卖国贼"，因为就在两年前，他还是一个饱受诸多争议的北平代理市长。

1937年7月28日，北平城里已是一片慌乱，位于铁狮子胡同的二十九军军部里，军长宋哲元正在召集部属秘密开会。就在这个会议后的第二天，二十九军撤出北平，北平沦陷。与此同时，另一个让人震惊的消息传了出来：二十九军三十八师师长张自忠代理冀察政务委员会委员长，兼北平市长。

李兰亭说："张自忠那时候没信息，不晓得他在哪里，这些当兵的都说，他当汉奸了，投降了，当兵的问当官的，当官的也不晓得。"于是，不明真相的北平人民纷纷传闻：出了汉奸了，仗不打了；各大报纸则更是直接地说：张逆自忠乃华北头号汉奸。曹廷明说："我们行军走路，别的部队走到我们对面，他就喊你，你们三十八师的师长是汉奸。"

曾经的长城抗战英雄一夜之间成了"卖国贼"。1937年8月7日，在代理北平市长整整十天后，张自忠躲进了东交民巷的德国医院，同时通过《北平晨报》发表声明：辞去所有代理职务，一个月后他逃离北平。李兰亭说："张自忠离开北平后就跑到南京向蒋介石请罪，蒋介石就叫他待在南京，没有给他工作。"

张自忠在南京度日如年，他的参谋长张克侠在日记中记下了看望张自忠时的情形：

> 今往见荩忱师长，其貌憔悴，心绪不佳，诚为可叹。

回到部队上，张克侠就把这一情况跟连长说了，连长回去又跟士兵们讲，这样，三十八师将士都知道师长是受了委屈。

原来，就在7月28日的秘密会议上，宋哲元命令张自忠留守北平与日军周旋。张自忠十分清楚留下来的后果，可身为军人，张自忠的选择是服从命令。

李宗仁在回忆录中，说到张自忠，有下面这样一段表述：

> 当张氏抵达之时，简直不敢抬头。平剧中，常见犯人上堂见官，总是低着头说："犯人有罪，不敢抬头。"对方则说："恕你无罪，抬起头来。"我以为这不过是扮戏而已，殊不知抗战时期北方军人中尚有此遗风。
>
> 我说："荩忱兄，我知道你是受委屈了。但是想中央是明白的，你自己也明白的。我们更是谅解你。现在舆论界责备你，我希望你原谅他们。群众没有理智的，他们不知底蕴才骂你，你应该原谅他动机是纯洁的……"
> 张在一旁默坐，只说"个人冒险来京，带罪案，等候中央治罪。"
>
> 我说："我希望你不要灰心，将来将功折罪。我预备向委员长进言，让你回去，继续带你的部队！"
>
> 张说："如蒙李长官缓颊，中央能恕我罪过，让我戴罪图功，我当以我的生命报答国家！"
>
> 自忠陈述时，他那种燕赵慷慨悲歌之士的忠荩之忱，溢于言表。张去后，我便访何部长一谈此事。何应钦似有意成全。我乃进一步去见委员长，为自忠剖白。我说，张自忠是一员忠诚的战将，绝不是想当汉奸的人。现在他的部队尚全师在豫，中央应该让他回去带他的部队。听说有人想瓜分他的部队，如中央留张不放，他的部队又不接受瓜分，结果受激成变，真去当汉奸，那就糟了。我的意思，倒不如放他回去，戴罪图功。
>
> 委员长沉思片刻，遂说："好罢，让他回去！"说毕，立刻拿起笔来，批了一个条子，要张自忠即刻回至其本军中，并编入第一战区战斗序列。

1937年12月7日，河南道口李源屯第五十九军军部里一片喜庆，五十九军原本是三十八师扩充的部队，这一天，战士们终于等回了老师长。

李兰亭对那天的情景记忆非常深刻，师长回来了，他在大家面前说：人家都说我当汉奸了，我没当汉奸，今后来看，我一定要对得起中华民族。与大家寒暄见面后，张自忠撂下一句话：今天回来就是去死的，好狗不死家门，看大家如何死法。从那时起，张自忠说得最多的就是一个"死"字。

从1938年11月到1939年4月初，短短4个月里，张自忠指挥所部接连进行了

4次中小规模的战役，歼敌不下4000人。其中二月的京山之役战绩尤佳。国民政府主席林森签发命令，授予张自忠宝鼎勋章一枚。1939年5月2日，国民政府又颁布命令，为张自忠加授上将军衔。

"要有十个张自忠，你们中国寸土不会丢。"

1940年5月，日军为了控制长江流域、切断通往重庆的运输线，发动了枣宜会战。自5月1日起，十五万日军沿襄河东岸，迅速向北推进。当时中国军队的第三

十三集团军只有张自忠两个团驻守襄河西岸。张自忠作为集团军总司令，本来可以不必亲自率领部队出击作战，但他不顾部下的再三劝阻，坚持由副总司令留守。这一天，张自忠亲笔昭告各部队：国家到了如此地步，除我等为其死，毫无其他办法，只要我等能本此决心，我们国家及我五千年历史之民族，决不至亡于区区三岛倭奴之手。

随后他不顾部下的再三劝阻，坚持由副总令留守西岸，他自己则亲率两千多人向对岸杀去。1940年，曹廷明留在了三十三集团军的被服厂监工，他没有跟在张自忠身边，当他再听到消息时，已是将军的死讯。

当时有一个苏联顾问从前线跑下来，曹廷明曾在杨岔路时给他站过岗，所以熟识，就问他："你怎么下来了？"我怎么下来了？总司令都不在了，你们中国，只有一个张自忠，要有十个张自忠，你们中国寸土不会丢。"苏联顾问这样回答。

★★★ 张自忠之死

对于一代名将的牺牲，还有一种说法：张自忠腰部被机枪子弹击中，卧倒在地浴血奋战。后来他身上又中五弹，为了不让日军俘获，他举枪自戕。一代名将，就这样壮烈牺牲。

现在，已经无从知道张自忠战死的确切详情了，仅从各方的资料中拼凑出将军最后一战时的情景。1940年5月16日，张自忠率领1500余人被近6000名日寇围困在南瓜店以北，战斗异常惨烈。到16日下午，张自忠已经多处中弹，身

边只剩下高级参谋张敬和副官马孝堂等8人。弥留之际张自忠平静地说：我这样死得好，求仁得仁，对国家、对民族、对长官良心很平安，你们快走！

第四分队的藤冈一等兵，端着刺刀向敌方最高指挥官模样的大身材军官冲去，当冲到距其不到三米远时，藤冈一等兵从他射来的眼光中，感到有一种说不出来的威严，竟不由自主愣在了原地。这时，背后响起了枪声。第三中队长堂野君射出一颗子弹，命中了这个军官的头部，他脸上微微出现了难受的表情。与此同时，藤冈一等兵像是被枪声警醒，也狠起心来，倾全身之力，举起刺刀，向高大的身躯深深扎去。在这一刺之下，这个高大的身躯再也支持不住，像山体倒塌似地轰然倒地。

——《日本陆军兵变史》

张自忠牺牲后，日军指挥官给他弄了一个大棺材，并用药水把他清洗干净、装好后埋葬。上面用一块大板子写道：中国的大指挥官张自忠。三十八军战士们找到尸首，刨出来打开棺材一看，就是总司令。

这一天，宜昌下起了小雨，南瓜店一带枪声骤停，格外寂静。三十三集团军将士含泪察看了将军的伤势，发现全身共伤八处。除右肩、右腿的炮弹伤和腹部的刺刀伤外，左臂、左肋骨、右胸、右腹、右额各中一弹，颅脑塌陷变形，面目已经难以辨认。

1940年5月21日，天空又下起了小雨，将军的遗体从宜城运到宜昌，一位官员

张自忠墓

张自忠荣哀状

记下了十万群众送殡的场面：万火荧荧，衔哀野祭，山头路角，终夜闻悲叹声，其时警报呜呜，敌机已凌空，而送者无一退祭，无一人去也。

送别将军的一幕也深深烙刻了曹廷明的心里，永远都抹不去："多少人都哭，都哭都戴孝，当官的当兵的，我们都给他戴孝。"

冯玉祥亲自为自己的老部下题写"张上将自忠弟千古荩忱不死"的题词。延安也举行了隆重的追悼大会，毛泽东题写了"尽忠报国"的挽词。

美国记者史沫特莱得知张将军战死的消息后彻夜难眠，当晚便写下一篇题为《一个有良心的将军》的文章，纪念张将军。

张自忠殉国时年仅49岁，他的夫人闻耗，悲痛绝食7日而死。最后，夫妻二人被合葬于重庆梅花山麓。

"他可以躲的，为什么不躲啊"

1940年5月的一天，山西省长治市武乡八路军总部医院里非常热闹，这一天，八路军参谋长，左权将军的女儿诞生了。女儿降生的这一刻，左权并不在妻子身边，据左权将军的女儿左太北回忆，最先知道母亲已经生了的是彭德怀的夫人，也是母亲的同学浦安修。因为当时他们所在的那个地方叫做太北区，于是彭德怀就给她取名叫左太北。

虽然没能亲眼看到女儿的降生，但回到八路军总部的左权还是非常开心。在左太北的记忆中，父亲总是忙得要命，只有晚上回去能看看母亲、看看她。那个时候，父亲看见小女儿就高兴得要命，再忙也赶紧到河边去洗尿垫子。

1940年左权已经35岁了，一年前，在八路军总司令朱德和夫人康克清的介绍下，他和北平的大学生刘志兰结婚了。

刘志兰是个大学生，不怎么会做家务，对于结婚这件事她没有什么太多的思想准备，尤其是很快怀孕生孩子，她的心里很难接受。她对左权说："我是来干革命的，我来是抗日的，你看我，现在我成了给你带孩子的了，我就落后了。那时候，她才二十一二岁。"

怀孕后，刘志兰住在北方局妇委，每天傍晚左权都会骑马从总部驻地去看她，一直持续两个多月。女儿诞生后，左权对妻子更加体贴，周围的战友们都知道左参谋长爱老婆。

左权将军　　　　　　　　　　　　左权将军一家

1940年，八路军正在策划对日军实施百团大战，左权进行了近一个月的筹划和准备，在战役即将打响时，左权考虑到刘志兰和女儿随总部指挥机关行动有诸多不便，便让母女俩随一部分同志撤回延安，当时刘志兰也不愿意总当家庭妇女，在太行山又解决不了她的工作问题，她也说：我要赶紧回延安，回延安我还可以上学。

妻子临走前，全家拍下了唯一的一张全家福。与妻子分隔两地的日子里，正是百团大战的关键时刻，左权非常繁忙，经常说着说着话就能睡着，但左权将军还是经常抓紧时间给爱妻写信。

志兰：

　　带着太北小鬼长途跋涉，真是辛苦你了！今天安然到达了老家——延安，我对你及太北在征途中的一切悬念，当然也就冰释了。

　　……

1940年11月12日，在前线战事最激烈的时候，八路军副总参谋长左权将军提笔给妻子写了分别后的第一封家书。那时候，左权将军唯一的安慰就是回到自己的屋里头，看着北北母女的照片，哪怕只看一会儿，就觉得是特别大的安慰了。

百团大战持续4个多月，攻克据点2900余个，歼灭日伪军45000余人，这可算得上是重大胜利了，一直在前线的左权终于松了一口气，可以有更多的时间来给妻女写信了。

"后来我父亲信上说，延安的天气想来很冷了，记得太北小家伙很怕冷，在砖壁的那几天，下雨起风，天气较冷的时候，小家伙不是手脚冰凉就是鼻子不通，奶也

不能吃了，现在怎么样?"这是左太北对父亲的一些温暖印象。

在战事不紧张的时候，左权愿意在院子里种些花，因为他一看到花就会想到兰花，想到妻子刘志兰，他给妻子写信说：可惜的就是缺兰，而兰花是我所最喜欢的，我所爱的兰恰离我千里之外，总感美中不足。每次打开窗帘看到各种花时，就想着我的兰，我最爱的兰。

志兰：

半年来没接到你的信，时刻担心着你及北北的一切，二月间，我们全处在反扫荡中，敌人的残酷仍然如故。

……

1942年，日军对八路军华北地区的扫荡越来越频繁，5月，日军集结三万多人对太行根据地展开攻击，太行山上一片硝烟。当时人们没有估计到日军要打八路军总部和一二九师师部。"他（日军）进来是怎么进来的呢? 他先头部队都化装成八路军，化装成八路军还帮老乡挑水、还扫院子，所以过来的时候，老百姓也没太在意；再一个就是，他晚上大部队走的时候，马的脚都包着。"左太北说。

1942年5月22日，面对重兵压境的日伪军，左权再次写信给妻子：

志兰：

我虽然如此爱太北，但是时局有变，你可大胆按情况处理太北的问题，不必顾及我。

……

随后，八路军总部各部门于5月23日奉命转移。左权亲自率一二九师及警卫连部署突围计划，然而在突围中，由于后勤部门对形势估计不足，使几千人马阻滞在山西河北交界的十字岭。十字岭有几十里路宽，无论你守哪一边，敌人若加强速度，那部队就有全军覆灭的危险。

此刻，日军已经发现了目标，从四面合围，情势危急。左权立即命令作战科长及警卫连长护送副司令彭德怀转移至安全地带，自己则留在前线指挥。时任八路军一二九师三八五旅七六九团一营三连副连长的李基中对那时的记忆再熟悉不过了。他说总部突围了，战士们心情好紧张，就怕敌人飞机来，从两侧一同轰炸山头。

5月25日中午，集结着八路军总部、北方局、党校、新华社的几千人马仍未脱离包围圈。敌人从山梁上过来了，虽然战士们都希望敌人的飞机不要来，但飞机还是来了。有十来架飞机，发现了目标就进行俯冲扫射。

左权登上一块高地，一遍又一遍地高喊道：不要隐蔽，冲出山口就是胜利！突然，一发炮弹落在左权身边，他急忙高喊着让大家卧倒，紧接着又是一声巨响，左权将军已经仆倒在地。

当时，由于李基中他们那一边也还有少量的掩护部队，而且敌人也还没有进行合围，口子没有堵住，所以他们还是突围出去了。八路军总部在付出了极小的代价后，突围成功，但左权中弹后却没能挺过去，1942年5月25日下午5时阵亡。

父亲牺牲了，左太北说："彭伯伯跟我说过一句大实话，他说：对炮弹的声音，你爸爸是非常了解的，他一直在前线打仗，炮弹要是落在他跟前，那个声音他都知道，他可以躲的，他为什么不躲啊？他还就是为了指挥大家安全过去。"

志兰：

就江明同志回延之便再带给你十几个字。

乔迁同志那批过路的人，在几天前已安全通过敌之封锁线了，很快可以到达延安，想不久你可看到我的信。

希特勒"春季攻势"作战已爆发，这将影响日寇行动及我国国内局势，国内局势将如何变迁不久或可明朗化了。

我担心着你及北北，你入学后望能好好的恢复身体，有暇时多去看看太北，小孩子极须人照顾的。

此间一切如常，惟生活则较前艰难多了，部队如不生产则简直不能维持。我也种了四五十棵洋姜，还有二十棵西红柿，长得还不坏。今年没有种花，也很少打球。每日除照常工作外，休息时玩玩扑克与斗牛。志林很爱玩牌，晚饭后经常找我去打扑克，他的身体很好，工作也不坏。

想来太北长得更高了，懂得很多事了，她在保育院情形如何？你是否能经常去看她？来信时希多报道太北的一切。在闲游与独坐中，有时总仿

佛有你及北北与我在一块玩着、谈着，特别是北北非常调皮，一时在地下、一时爬着妈妈怀里，又由妈妈怀里转到爸爸怀里来闹个不休，真是快乐。可惜三个人分在三起，假如在一块的话，真痛快极了。

重复说我虽如此爱太北，但是时局有变，你可大胆按情处理太北的问题，不必顾及我。一切以不再多给你受累，不再多妨碍你的学习及妨碍必要时之行动为原则。

志兰！亲爱的：别时容易见时难，分离二十一个月了，何日相聚？念、念、念、念！愿在党的整顿之风下各自努力，力求进步吧！以进步来安慰自己，以进步来酬报别后衷情。

不多谈了，祝你好！

叔仁
五月二十日晚

这封 5 月 22 日寄给妻子的信，竟成了将军的绝笔。

1942 年 7 月 7 日下午，八路军总部在驻地麻田镇召开了纪念抗战五周年、追悼左权将军及诸死难烈士大会，在数不清的挽联和花圈中，彭德怀给左权的挽联最引人注目：

并肩奋斗，携手抗日，鞍马十年方倚畀，谋国忠尽，事党血忱，壮烈一朝期平生。

拒绝便衣的吕公良将军这样死去

1944 年，日军在太平洋战场的形势恶化，为了取得东南亚地区的物资，必须打通中国的交通。1944 年初，日军发动豫湘桂会战，相继攻陷郑州、新郑、尉氏、汜水。4 月下旬，日军三十七师团、六十二师团、骑兵四旅团、坦克三师团将近八万人分东西南三路，包围许昌。许昌守军新编二十九师师长吕公良和三千多个弟兄已经没有退路。

时任新编二十九师八十五团一营一连连长的张访朋记得，二十九军在 24 日下午

召开了誓师大会，整个会场慷慨激昂。首先师
长讲话：我们师奉命固守许昌，我们誓死与许
昌城共存亡。听了师长的话，张访朋有些热血
沸腾，虽然许昌城已经被日军包围，但他心里
一点儿都不怕，只盼着战斗早点儿开始。

刘耀军是新编二十九师补充团团长，29
日，刘耀军这个团同日本人在许昌外围首先开
战。子弹打光了，就用手榴弹同敌人拼，手榴

★ ★ ★ ★ ★
吕公良

　　1903 年出生于开化华埠，毕业于黄
埔军校，历任排长、连长、参谋长、中
将师长。1936 年北上抗日，参加台儿庄
等一系列举世闻名的战役，立下赫赫战
功。1944 年在保卫河南许昌时，他与全
体官兵誓死守卫，终因寡不敌众，不幸
壮烈殉国，终年 42 岁。

弹也用光了，就用刺刀、大刀同敌人接着拼。刘耀军留了一个手榴
弹，看到敌人蜂
拥而上，他拉响手榴弹，与敌人同归于尽，张访朋回忆。

4 月 29 日，日军从中午起连续发起四次冲锋，均被击退，南关一带阵前日军遗
尸遍地。最后，日军调来大炮，对着思故台猛轰，守军全部阵亡。到 29 日下午，城
南防线被突破。日军攻过来，张访朋和战友们就在天台上架上重机枪。此时，新编二十
九师八十七团机枪连连长看到成群的日本鬼子冲了上来，就开始扫射。"这个连长也很能
打的，他脱下衣服，就拿着机枪扫射，打死不少（日军），但是这样，他本身的目标就
暴露了，在天台上边脱下衣服，就被（日军的）小炮钢炮打中了他，壮烈牺牲了。"又
一位不屈的军官倒下了，这些画面使得战争在张访朋内心留下难以磨灭的印象。

面对不利的局面，吕公良当即抽调预备队增援南关与日军展开巷战。在逐街逐
房的争夺中，预备队官兵与日军反复进行白刃战，营长何景明、胡光耀先后牺牲。
30 日，全师三千多名将士，仅剩三分之一。而此时，在城北驻守的张访朋却始终没
有遭遇到日军。战斗进行到 9 点钟，增援部队被敌人截断，所以军委会统帅部打来
电话：准许撤退。接到迅速撤退的命令后，师长说：日本人大兵包围，突围也必有
一场恶战，为了避免军旗落在敌人的手里，就要把军旗先焚掉。5 月 1 日凌晨，吕公
良含泪将军旗焚烧，随后率部突围。当时吕公良身着整齐的黄呢将军服，在部队中
十分显眼，部下苦劝他更换便衣，设法逃出，但吕公良说：

　　我身为堂堂中国军人，沙场捐躯虽死犹荣，岂能丧失民族气节，为人

　耻笑？中国军人就是这样：我要穿大衣、骑大马，死就死。

5月1日，吕公良率部突围，且战且走。就在队伍抵达城郊的于庄、苏沟村之间时，突然遭到日军伏兵阻击，日本人用机关枪、大炮阻挡部队撤退。张访朋清晰地记得，他们新编二十九师八十五团团长杨尚武在最前头带队，敌人用机关枪扫射，打到他腹部，肠子都打出来了，当场牺牲。

吕公良师长当时想硬冲，冲出一条路。日军发现国军突围部队的主力来了，机关枪、迫击炮都打开了。此时吕公良身骑高马奔前顾后指挥，目标显眼，日军数门大炮集中向他射击……

5月1日中午，吕公良被附近一位村民发现时已奄奄一息。

张访朋回忆道："师长的大腿、小腹负伤流血，但是可能没有伤到肝、心这些重要的脏腑，还会讲话，到八九点钟农民逐步来了，就叫了几个人，把他抬回来。"由于伤势过重，缺医少药，第二天，被日军视为中国军队"抗战派中坚干部"的新编二十九师师长吕公良停止了呼吸。副师长黄永淮在突围中不幸被俘，他乘日军不备时抢了一支枪，击毙一个鬼子后自杀殉国。

这一仗，国军伤亡惨重：师长吕公良、副师长黄永淮、团长李培芹、杨尚武、刘耀军五位将军殉国，近三千将士阵亡。战后统计成功突围者不足五百人。八年抗战中，为保卫一个中等城市，死了这么多将军，绝无仅有。

许昌战役之后，张访朋被编入七十八军一三九团，随部队继续打鬼子。在以后的战斗中，他又看到许许多多的战友战死沙场，可张访朋为他们感到高兴：对于一个军人来说，战死沙场就是最好的归宿。抗战胜利后，张访朋退伍了，此后，他一直在整理新编二十九师许昌保卫战的资料。

采访到这里，张访朋长舒了一口气，说："我头发都白了，不知不觉的90岁了，人生已老，但是我心难老，我常常想起，我一生最有意义的就是八年抗战。"

1982年，母亲刘志兰把左权将军的11封家书送给了女儿左太北，因为这些信，父亲的形象在她心中渐渐清晰起来。"这时候我才真是觉得，我失去了一个最亲最亲的亲人，我才觉得我是有过父亲的。"她说。

曹廷明为纪念老师长张自忠，给自己的大儿子取名"曹志忠"。从1980年开始，每年清明或张自忠祭日，他都会去张自忠的墓前看看，说上几句话。只有在将军的墓前，他心里才踏实。

长城谣

亲历者
李玉清——时为辽宁省绥中县市民
李东光——时为黑龙江省通河县市民
单立志——时为辽宁省丹东市市民
李雯彧——时为辽宁省大连市秋月公学堂学生
马声儒——时为辽宁省本溪县赛马区双岭村小学学生
阮崇武——时为北平二附小学生
管玉珊——时为北平燕京大学学生
刘良惠——时为北平大同中学学生
何兆武——时为北平五三中学学生
倪维斗——时为上海市民
李道豫——时为上海启秀小学附小学生
杨成绪——时为上海同济附中学生
潘　琪——时为上海民生中小学学生

编导手记

　　一位西方哲人说过："世间一切尽在脸上，每一张脸，每一种表情，对应着一个难以捉摸的内心世界，也展示了一个庞大国家里复杂多面的民族性格。"

　　在麻木、痛苦、愚昧、斑驳的影像里，一张张亡国面孔透露出的表情里，让我的

创作很压抑，很沉重。我一直努力思考：八年抗战，中国人值得肯定的精神和思想到底是什么？

北平沦陷，庄严的天安门上挂起了"建设东亚新秩序"的标语；日本军人挥舞着大刀，骄傲地骑在紫禁城石狮上，留下了胜利的表情。数以万计的北平人重复着东北沦陷后的生活：升日本国旗，唱日本国歌，学日本语言，向日本天皇行遥拜礼，在机关枪队紧紧地监视下，为日军胜利攻占每一个中国城市去游行，去呐喊……

斑驳的影像让不容置疑的真相扑面而来，一张张亡国面孔透露出的麻木与愚昧让人压抑得透不过气。

太平洋战争未爆发之时，笼罩在战争阴影中的上海租界是这样一番景象：车水马龙，歌舞升平。我不得不将"屈辱"与"漠然"这两种目光剪辑在一起，希望无声的斑驳影像能爆发出力量。

人们为苟安与漠然的心态付出了沉重的代价：屈辱度日的压抑，流离颠沛的不堪。我努力地在寻找，寻找一种信念，寻找八年抗战中国人值得肯定的精神和思想。我试图用一个人物来承载主题，以展现苟安懒散心态生活的人们。在国破家亡之际，表现出缓慢痛苦而又艰难的觉醒过程。因为受素材所限，这一想法一直未能实现。

八年抗战，值得中国人肯定的精神和思想到底是什么？直到现在，这一问题一直困惑着我。

"一群伟大的戏角正在那里表演一场比哈姆雷特更悲的悲剧，古代的悲剧，是不可知的背运所注定的，而现代的悲剧，是主人翁性格的反映，是自造的。而目前的这个悲剧却是两者兼而有之。"这是中国的军事家蒋百里，在1937年写下的一段文字。这一年，北平、上海、南京相继被日军占领，从"九一八"事变开始，在日本人一次又一次的欢呼中，中国人在四处挂满了太阳旗的家乡，度过了一个又一个的春夏秋冬。

东北童年记忆：刺刀、狼狗、太阳旗

1931年9月19日，生活在东北的市民被笼罩在难以名状的压抑和恐慌之中。这一天，大批日军进驻东北。当时，还是个小孩子的李玉清并不明白这意味着什么。在她儿时的记忆中好像没有太多的快乐，大人们似乎都是在恐慌中艰难度日。每次出去上学，家人都要特别叮咛：说话要谨慎、少说闲话、少在外边逗留。

在和李玉清同龄的孩子们的记忆中，自从家乡来了日本人，他们的生活就变得不再平静。

"那种心头的隐恨，既不能表达又不能倾诉，那种恼怒和怨恨有的时候，真想把天翻过来！啥叫铁蹄下？啥叫亡国？你们不能理解。说句不好听的话，解放后好长时间，和日本已经恢复关系，但我在思想上通不过，作为一个民族可以原谅，但作为我们这种经历了亡国之恨的人，这个阴影啊很难消除，真的很难消除！"提起"九一八"之后当亡国奴的那段日子，当时生活在东北的李玉清至今都无法释怀。

参加过东北抗联的单立志对日本人杀害中国人有更直观的感受，他说："日本人杀中国人非常残忍，随便就拿刺刀捅死了。"

黑龙江省通河县的李东光老人说："冬天，一批人在松花江捕鱼，那个时候鱼多，鱼从江里头往外蹿，两个日本鬼子领着一只狗，也在那个地方，他们（日本人）也让狗出去跟群众抢鱼。"

刺刀、狼狗和太阳旗，这是李玉清对于童年生活最深刻的记忆。后来，大人们在关起门后悄悄地告诉她：他们已经成为了亡国奴。李玉清说："当时总能听见老人们念叨大帅（张作霖），说少帅（张学良）心狠，把东北的父老乡亲都撂下了。"

其实"九一八"事变当晚，沈阳城原本有80000多东北军，驻扎在北大营的官兵就有6000多名。但是，在这一夜，他们接到的命令是：不抵抗！这条命令致使整个东北在四个月零十八天里，丢失殆尽，3000万东北人成了亡国奴。东北军统帅张学良，从此背上了"不抵抗将军"的骂名。

李玉清所在学校的副校长是个日本人，小学的时候由中国老师教日语课，到了中学就改为日语老师教日语

遇难的"亡国奴"

课。学生到了六年级以后，就不允许在学校说中国话，一律都得说日语。

按规定，老师们还要穿"协和服"，学生们要穿操服、戴勤劳奉世的帽子。协和服是伪满公职人员统一的制服，是伪满时期重要活动及庆典必须穿的服装。帽子上面有学校的校名和番号。学生们早上到学校以后，要在操场集合，然后升日本国旗、念日本诏书，最后再向日本国旗敬礼。就连唱歌的时候，也要唱日本国的国歌。

"升日本国旗，我们是最反感的，要半边身子向左转，遥对东京给日本天皇祝福。所以那时候我们就不祝福，悄悄说'嘎本儿'，就是东北话'死了'的意思。一种愤怒在孩子们心里积攒，但是出去谁都不敢说。"李玉清说。

自从日本人来了以后，课本里还突然多了中日亲善的内容。在当时的教育中，课本上从不谈"中国"，只说满洲国。而且，老师也从不给学生们讲"祖国"两个字，所以像李玉清这么大的孩子不知道什么叫祖国。"我记得很清楚的是我祖父爱说今年是民国多少年，我妈就赶紧要纠正，出去不敢说民国，要说是'康德多少年'。"李玉清说。

★★★★★
"满洲国"的百姓

亡国奴的滋味儿，那个年代的东北人是最清楚的，日本人搞物资"统制"，中国老百姓连大米都不敢吃，吃的就是掺了橡子面和谷糠的混合面。父母跟我讲过不少的亡国奴的生活记忆。记得大伙儿对于那些从邻国过来的"二鬼子"特别反感，同样是亡国奴，却经常带着炫耀的神色对中国人说：我们的"Nikei"——大米的吃，"Ni，Nipeng"，你"惊奇米"（米糠）的吃……种种"掌故"，化为音节，印刻在心中，带着殖民地人民的辛酸。

——摘自演员王刚自传《我本顽痴》

"康德"是"大满洲帝国"的年号。1934年3月1日，日本人扶植清朝末代皇帝溥仪将满洲国改为"大满洲帝国"，但是从此以后，这个做着复辟皇帝梦的傀儡连出门的权利都没有。生活在"帝国"的人们也被强迫向日本天皇行遥拜礼，如有违抗就会被抓去砍头。"抓了中国人，冬天在江上凿个大冰窟窿，到了冰窟窿边上，用刀把头一砍，头就掉到冰窟窿里了。"如今提起这些事情，曾经的东北抗联战士单立志仍心有余悸。

从1931年的那个秋天开始，所有的东北人民度日如年。

1937年元旦，李玉清和她的家人接到通知，他们的生活起居从这一天起将以东京时间为准。

古老的城墙圈起了上百万的亡国奴

> 大道之行也，天下为公，选贤与能，讲信修睦，故人不独亲其亲，不
> 独子其子。
>
> ——《礼记·礼运篇》

中国古代《礼记·礼运篇》讲述了中国人理想中的大同社会——没有战乱，没有纷争，社会和睦安定。"九一八"事变后，感觉到战争威胁的北平人更加渴望和平。

阮崇武当时是北平二附小的一名学生，他和同学们每周一晨会的内容除了唱校歌、校长训话以外，还要全体合唱《大同》，唱完了以后，才列队回教室开始上课。

不久，北平城里朗朗的读书声被东北传来的枪声打断了。"九一八"事变后，张学良的东北军尽数撤进关内，蒋介石屡屡出现在剿共前线，长城外已完全成为日本人的天下。1935年，日本通过《秦土协定》、《何梅协定》相继控制了察哈尔以及天津、北平两市。

《秦土协定》又称《察哈尔协定》，它是察哈尔省代理主席秦德纯与关东军特务

当时的天安门

机关长土肥原贤二之间签订的。1935年6月5日，日本关东军驻内蒙古阿巴嘎旗特务机关山本亲信等4人，由多伦潜入察哈尔境内偷绘地图，行至张北县北门时，因不服国民党第二十九军一三二师赵登禹部守卫官兵检查，而被送至师部军法处拘留，8小时后放行（张北事件）。《秦土协定》的签定，使中国丧失了在察哈尔省的大部分主权，也丧失了察省疆土的70%~80%。这一协定与《何梅协定》一起为日本吞并中国华北大开了方便之门。

1935年5月，已通过两年前签订的《塘沽停战协定》将其侵略势力渗透到华北的日本帝国主义，又向中国政府提出对华北统治权的无理要求。国民党当局在日本的淫威面前又一次屈服。5月29日，华北军分会代理委员长何应钦与日方代表开始秘密谈判。6月9日，日本华北驻屯军司令官梅津美治郎向何应钦提出备忘录日文为"觉书"，限三日答复。何应钦经与日方秘密会商后，于7月6日正式复函梅津美治郎，表示对"所提各事项均承诺之"，接受日方要求。何梅往来的备忘录和复函被称为《何梅协定》。

眼看华北即将成为第二个东北，燕京大学的学生管玉珊再也坐不住了，他要和同学们一起加入游行的队伍，却被老师拦住了。当时学校规定不许罢课、不许放假。作为班长，他领导了那次罢课，而老师阻止他和同学们游行的原因是认为这种不宣而战的战争不会长久。

1937年7月7日，卢沟桥事变爆发了。

老舍在小说《四世同堂》有这样的描写：

"七七"抗战那一年，祁老太爷已经七十五岁，他必须给长孙媳妇，说明白了其中的道理，日本鬼子又闹事哪，哼闹去吧，庚子年，八国联军打进了北京城，连皇上都跑了，也没把我的脑袋瓣了去呀，八国都不行，单是几个日

日伪时期的"共和面"

在日伪时期，市民最常食用的还是要数"共和面"了。这点老舍先生在《四世同堂》中的描写给我们留下了深刻的印象。所谓的共和面，就是三四十种猫不闻狗不舔的废物混合成的东西。据老人们回忆，这种混合面的成分在日伪统治时期也并不固定。年景好的时候，里面多数是陈糠烂谷和一些谷壳麦秆之类的东西。如果年景不好，东西都属奢求，更多的掺进了碎石子、沙粒、虫子甚至煤渣。曾在鹤年堂学徒的傅留城老人回忆："老百姓开始忍受不了共和面，就提着口袋到处找卖粮的地方，不过粮店就是不卖，因为日本人已经下了封粮的死命令。没办法，后来老百姓连用来喂猪的白薯干、豆饼之类的东西都抢着买。再到后来干脆连共和面也不易得到了，一旦买到，不得不强忍着咽下了。"

本小鬼，还能有什么蹦儿，咱们这是宝地，多大的乱子也过不去三个月。

1937 年 7 月 28 日，黄昏后，炮火的声音越来越剧烈。那天晚上，北平城的百姓都没有睡好觉。接近天亮的时候，枪炮声逐渐稀落了。第二天起来一看，街上的巡警没有了，岗亭里的警察也不见了。刘良惠记得那天保甲长通知每家派一个人，来欢迎日军入城。"每个人都发了写着'东亚新秩序'、'中日友好'等字眼的小红旗，还让中国人打着旗欢迎日军进城。日本人进城都是骑兵，骑着大洋马，戴着钢盔，带着战刀，有股骄傲的劲儿，更多的是威慑力，老百姓也不敢不去。"刘良惠老人回忆说。

北平沦陷后，城门紧闭，教室里已没有了《礼记·礼运》的读书声，取而代之的是学生们刚刚学会的日本国歌。和东北一样，北京也修改了时间差，以东京时间为准。古老的城墙圈起了上百万的亡国奴，只是曾经守卫卢沟桥的士兵背着大刀的形象依旧化成了一种绝不屈服的精神象征。

1937 年 8 月的一天，北平的人们奔走相告一个从广播里偷听到的好消息：卢沟桥事变后，日

> **保甲**
>
> 古代统治者通过户籍编制来统治人民的制度。若干家编作一甲，若干甲编作一保。保设保长，甲设甲长。这样有利于统治者对人民实行层层管制。
>
> 这里提到的保甲制度是民国保甲制度，蒋介石在"剿共"期间试行，1934 年由"剿匪"区推向全国，10 户为甲，10 甲为保，甲保连坐。

本大举进攻上海，军事委员会蒋委员长下了总攻击令，中日之间的战争全面爆发。国难当头，曾经兵戈相见、不同派系的部队尽弃前嫌。狭长的淞沪战场上，几乎没有可以防守的天然屏障，70 多万中国军人全凭血肉之躯誓不言退。

当时，日本人每打下一座城市，就会在崇文门的广场上放一个大气球，气球尾带上写着某某地方陷落了，还会要求老百姓去庆祝。

老舍先生在《四世同堂》里有这样的描写：

> 北平特有的秋晴里走着一队队的男女学生——以他们的小小的，天真的心，去收容历史上未曾有过的耻辱！他们没法子抵抗。他们在不久之前都听过敌人的炮声与炸弹声，都看见过敌人的坦克车队在大街上示威，他们知道他们的父兄师长都不打算抵抗。他们只能低着头为敌人去游行。他们的手中的小旗上写着"大日本万岁！"

一个月后，广播电台上的大气球又骄傲地升起来，北平人不敢仰视，因为上面写着：庆祝南京陷落。

不堪忍受亡国屈辱的何兆武和家人踏上了逃亡的路程。那天天气很凉，他和家人一早就到了火车站，平时总是乱哄哄的火车站，那天却非常奇怪。火车站里虽然人也很多，却一点声音都没有，好像没有人一样。"那是一种死寂的可怕，好像一根针掉到地上你都听得见，那个时候就感觉到一种亡国的痛苦。"何兆武说。

同样生活在北平的阮崇武没有离开，他和沦陷区的人们要面对的除了寒冷还有饥饿。随着战线的拉长，战争物资变得日益紧缺，日军开始掠夺沦陷区人们仅能糊口的粮食。开始的时候，北平的百姓还有馒头、大米吃，后来就吃棒子面了，再后来连棒子面也没有了，就成混合面了。混合面就是树皮、杂粮等乱七八糟的东西磨在一起，这些本来是牲口吃的东西，竟然成了老百姓抵抗饥饿的唯一食物。

"不知道沦陷是什么意思"

与北京相比，上海的状况要相对好一些。虽然上海也失守了，但英、美、法等国此时并没有对日宣战，因此日军只是驻扎在租界区外，而租界区内虽然笼罩在战争的阴影之下，却仍然车水马龙、歌舞升平。

生活在上海租界区的倪维斗这年只有5岁，偶尔能吃上一顿饱饭是他所能留下的最深刻的记忆。他说："我们吃香肠，妈妈说一个人不能吃一根，只能吃半根；咸鸭蛋一般来说最多半个，不能四兄弟一人一个，都希望吃黄，黄好吃。"

这种相对的稳定使得数十万难民涌入租界。仓促逃命的难民，大多无处栖身，只能睡在马路上。冬日的上海下起了小雨，气温降到了零下摄氏几度。一周后，因为寒冷和饥饿倒毙在法租界马路上的尸体已经多达100多具。

作家张爱玲在散文《我看苏青》中这样写道：

> 这是乱世，晚烟里上海的边线微微起伏，虽没有山，也像是层峦叠嶂，我想许多人的命运连我在内的，有一种郁郁苍苍的身世感。

1941 年 12 月 8 日，太平洋战争爆发，日本对英、美宣战，随即占领英、美、法等国在上海的租界，把住在法租界的英国人、美国人和法国人都赶到了集中营，以前不能进入租界区的日本人全部到了租界。

潘琪记得那时候老师经常提醒她们，早上上学时走到有日本人的地方要低头。她说："那时候我们都不明白为什么要这样做，也不知道沦陷是什么意思，但是总的来说，就感觉到日本人欺负我们。"有一件事倪维斗记得很清楚，他说："我妈妈有一次，从马路上过桥的时候，大概走的路不对，被日本兵打了好几个耳刮子，回来就哭。"

连租界区这个最后的避难所也没有了，倪维斗的母亲带着他们兄妹四人和许多难民一起，踏上逃亡的路程。

也是在这一年，阮崇武和家人也逃离了北平。

颠沛流离的逃亡，不弃的希望

1939 年，国民党军政部长何应钦报告说：日军已经占据中国 12 省 521 县。数百年来，还没有一场战争像抗日战争这样波及整个中国，1600 万中国人被迫开始了逃亡生活。但是，逃出沦陷区的人们，最先要面对的就是如何能活着通过日军的封锁线。

在封锁线的封锁口驻扎的日本兵通常有 100 人，全部带着刺刀，挎着机枪，机枪口对着游击区。那一次，逃离北平的阮崇武和家人一直走了 200 多里地，路上没有停歇，困得一边走一边打瞌睡，碰到个石头或坑就会摔一跤。同样要经过敌人封锁线的还有倪维斗和他的家人。过封锁线的时候，专门有人领着大家走，大人告诉小孩不准讲话，只能加快脚步，闷声不响地跟着走。

倪维斗和家人很紧张地走了一会儿，侥幸逃过封锁线，但是，他们面对的却是无休止的轰炸。

淞沪会战后，国民政府军队在正面战场节节败退，战火很快就燃烧到了内地。已经与家人失散的管玉珊只身拥挤在逃难的人群中。逃难的人看起来样子很惨，好多穿得挺整齐的女人提着皮箱子哭，打开皮箱就剩一双鞋，于是一边走一边哭。他亲眼看到有一个青年抱着孩子说："怎么办呀？"话音未落，就被炸死了。

面对日军频繁的轰炸，人们不得不再次踏上逃亡的路程。当倪维斗和家人来到车站时，站台上早已被逃难的百姓围挤得水泄不通。车已经完全满了，门根本进不去了，倪维斗和一个表妹是被人从车窗塞进去的。站在火车里，没地方坐，也没地方躺，因为已经完全被人挤住了。

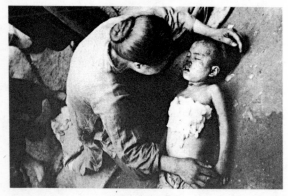

逃难中悲苦的母子

逃难中倪维斗只有5岁的妹妹生了重病无法医治，病死在逃亡的途中。"真是席子卷一卷就拿走了，我哥哥借了一把铲子，爸爸抱了孩子，沿着铁路走出一两百米，挖个坑就把她埋里头了，就这样埋下去了。但走出去也不敢走远了，走远以后怕万一火车开了呢？"倪维斗提起妹妹还是难掩悲伤。他说他以前从没有见到爸爸哭过，但那一次，爸爸在车顶上哭了。

八年抗战，中国被日军侵占沦陷区面积，有600余万平方公里，26个省，1500余县市内的中国人，在日军统治下屈辱的生活着，不愿再做亡国奴的刘良惠，成为了黄埔军校的一名学生，管玉珊去了桂林，在桂林美军总部担任秘书职务。

大刀向鬼子们的头上砍去，全国武装的弟兄们，抗战的一天来到了，无以计数的热血青年，在《大刀进行曲》的歌声中他们的行囊中，装载着血泪耻辱，也装载着一个民族不弃的希望。

65年前，李雯彧是辽宁省大连市秋月公学堂学生。1945年8月15日，老师把她们几个班干部叫到校长办公室，她们看到日本老师们跪在一张日本天皇的照片面前哭。"我都愣了，我说哭什么啊！那时候还不知道日本投降了！心想老师今天怎么了，也不打我，也不骂我，把我们叫到校长办公室去，都在那儿哭。看到老师们哭，我们也不敢不哭啊，都用手沾着吐沫往眼睛上抹，假装哭，要不老师发现该说你了，你怎么不哭啊！"哭完了，中国老师说日本投降了，解放了，光复了。李雯彧说："那一天真的就这么过来的，我当时记得特清楚，我到现在还记得，那一天是1945年8月15日。"

　　终于扔掉了亡国奴的帽子，学生们把以前军事课上练刺刀、冲刺用的木头枪往地上一扔，再一脚踹断，大家都太高兴了，终于再也不用练了。姑娘们都高兴得喊叫，雀跃，一蹦三尺高，"光复了，胜利了，我们中国人再不用受日本人的气了。"

　　日本投降以后，有不少的日本人不愿意回国，他们就到旅顺口悬崖顶上跳海自杀；还有的人先把孩子推下去，然后自己再跳下去。

　　伴随着不断响起的自杀枪声，国际饭店顶楼升起上海最高的一面国旗——没有鸣礼炮，没有欢呼，却有数千人仰头致敬。

　　失地收复，让管玉珊有机会回到阔别六七年的家乡，卖糖食和水果的小贩里三层外三层地呼喊拥挤，管玉珊的眼霎时被泪水迷住了。这是幸福的泪水。

老年的管玉珊

　　远在东北的李玉清嫁给了军人冯殿庆，对于和平生活，李玉清有了更加真切的盼望。有些留下的日本军人的眷属到老百姓家里乞讨，对于这些妇女和孩子，中国老百姓还是给予了资助。

　　自1937年7月7日至战争结束，整整8年，人民伤亡约2000万，其他因逃避战火，流离颠沛，冻饿疾病死伤者不计其数。

李玉清结婚照

　　老舍先生在《四世同堂》中，曾经这样描述：北平城亡了，这侵略战争，只是劫数，是全部人间的兽性未退，而不是任何一个人的罪过，他教我更看远了一步，由复国报仇看到整个的消灭战争，这就是说，我们的抗敌不仅是报仇，以眼还眼，以牙还牙，而是打击穷兵黩武，好建设将来的和平。

飞虎飞虎

编导手记

对我而言，这并不是一个陌生的选题。

第一次知道"飞虎队"缘起于初中时，花费数天才完成的一架 P-40 战斗机拼装模型。模型上的大鲨鱼头像煞是威武，说明书告诉我这是二战的"飞虎队"，也就是美国援华志愿航空队的特殊涂装。记得当时有一点很不明白：明明画的是鲨鱼嘴，为什么叫"飞虎队"？

也许是因为儿时的记忆作祟，做这一节时不知不觉间投入了很大的情感。工作完成后，当年的那个困惑终于得以解答。随之而来的，是另一个挥之不去的疑问：

如果现在有人找到我，用五倍于我现在工资的价格，雇我去一个从未听说过的国家打仗，注意了，是去打仗！我是否会同意？

面对这个问题，我首先想到的是：万一我死了，怎么办？钱哪有命重要？

类似的问题，60 年前，那批 20 出头，平日里热衷开着小车载着女友兜风的美国小伙儿们也遇到了。我固执地认为，关于"钱哪有命重要"这个疑问，当年的他们肯定曾思考过。但他们在思考之后做出的决定，显然与我完全不同。

为什么呢？

面对我们的采访，老人们坦诚地叙述着自己当年来华的缘由。有的是因为缺钱想赌一把；有的是因为想冒险；还有的是想实现自己童年的理想……总而言之，在他们心里，各自都有着比自己生命还重要的东西，以至于他们敢于去冒险和挑战。讲到这里，我突然想起了哥伦布和麦哲伦——在我们看来，他们难道不也是标准的亡命徒吗？而正是这些亡命徒们却发现了新大陆，开辟了人类的新纪元。在有些人眼里，"飞虎队"可能也只是一支由冒险家和亡命徒组成的雇佣军而已。但请不要忘了，这些自愿千里迢迢赶来参加一场战争的美国人，从未掩饰过自己的追求。为了那些不尽相同的追求，他们在我们最虚弱的时候，奋战在我们的天空，其中的不少人，更是将热血洒在了中国。可否有人想过，这种"亡命徒"似的行为和精神，也许正是我们这个讲究安逸的民族所缺乏的呢？

为了追求而勇敢坚持，为了追求而勇敢牺牲。

2008 年的秋天，我们来到美国拜访了一位沉默的老人。老人的家人很热情，人人都想在摄像机前说上几句。而老人自己却不太爱说话，采访之余，还时不时地抽空打个小盹。但是更多的时候，他只是温和地朝每一个向他打招呼的人微笑，但只要一提起昆明，笑容立刻便在他的脸上消失，透过他的眼神，我们仿佛又回到了 60 多年前。

会飞的"老虎"

1937 年，日本的飞机袭击了南京。据统计，"七七"事变爆发时中国空军共有飞机 316 架，而其中真正能够起飞作战的只有 166 架。就是依靠这 100 多架老式飞

机，仅在 1938 年进行的 5 次武汉空战中，中国空军共击落来犯日机 62 架。但是，随着原有作战飞机的不断损耗，特别是一批优秀飞行员的牺牲，中国的天空逐渐不再属于中国。日军利用占绝对优势的空中力量，对中国西南大后方各地实行大规模的连续轰炸。据不完全统计，1938 年 9 月至 1941 年 12 月，仅昆明一地就遭受日军大规模轰炸 18 次，死伤军民 3000 多人，被毁房屋 14000 余座。

黄澄是当时飞虎队的翻译官，他模糊地记得日军第一次轰炸是在 1938 年或 1939 年的一天。那天飞机从台湾飞来，炸在了昆明市昆师路上昆华师范学校一带。日本飞机如入无人之境，那里被炸死的人的尸体后来被整整齐齐地堆在一起摆放着。而路边电线杆上、墙上挂的都是心、肺、断肢、一块一块的肉。黄澄说起轰炸后的惨状，依然心有余悸，他说："惨不忍睹，那真叫做惨不忍睹啊！"

有一个细节，黄澄记得很清楚："当时昆明大东门有一个牛肉馆，它被炸了，被炸了怎么办？搬家？不！在原地方附近又弄一弄，又开张了。然后又被炸了。它第三次又开张时就改名叫做'不怕炸牛肉馆'。"然而"不怕炸牛肉馆"却没有摆脱它再次被炸的命运。黄澄记得这个"不怕炸牛肉馆"翻来覆去一共被炸过四五次。

在杨岑峰的记忆里，日本的轰炸机简直就是肆无忌惮，飞得很低，连机翼上的日本国徽都看得很清楚。那时候中国没有先进武器，没有高射炮，最多是架着机关枪打。

面对日军的疯狂轰炸以及我军的无力抵抗，昆明防空司令把现在的圆通山变做高射炮基地。日本飞机来了，他下令开炮，可是炮弹打上去，5000 公尺左右就炸了，一炸就炸成一片。但是日本飞机在上面，炸不着。所以，远远看去天空中是三条线：第一条线是日本飞机从上面扔下的炸弹，把地下炸成一片灰尘；第二条线就是所谓我们防空司令的炮火线在半空上炸的一圈一圈的火；第三条线是日军飞机大摇大摆如入无人之境。

那时候的中国根本谈不上维护领空权，只能是被敌人压着打，空军力量的薄弱，让普通的民众只能选择东躲西藏，在暗无天日的防空洞等待着重见天日的一天。

1939 年的中国，全面抗战进入相持阶段，东南沿海各省已被日军全部占领，国民政府迁都重庆。随着战事的发展，中国空军迫切需要加强空军力量。1940 年 11

月，蒋介石委派美籍空军顾问陈纳德和空军作战部长毛邦初前往当时还没同日本开战的美国，谋求得到一批作战飞机并招募一批美籍飞行人员。

　　1941 年 4 月 15 日，罗斯福总统签署了一项密令：向中国提供 100 架 P-40B 新式战斗机，并且允许美国陆海军退役军人及预备役军人组成美国志愿队前往中国。按照中美双方的协议，中方以中央飞机制造公司的名义在美国各地招募空、地勤人员，每个志愿人员都必须签约作为中国空军志愿人员为中国空军服务。洛文斯基是当时飞虎队的机械师，高中毕业后，他就加入了美国军队。他告诉我们，有一天，有人来找他，问他是否愿意去中国，去帮助那里的人民。而且，对方说，如果愿意，他将马上被录取。洛文斯基说："对我来说，这真是一次伟大的冒险。"冒险和挑战在这个美国年轻人心中的地位甚至超过了生命。与洛文斯基不同，同样作为飞虎队机械师的拜斯顿则是为了几乎三倍的工资。他说："我当时作为一名飞机机械师一个月赚 70 美元，但他们给我的工资是 300 美元一个月，这比我习惯的多得多了，所以我决定试一试。"就这样，一批原本彼此毫无关联的美国青年，出于各种各样的理由，汇集到了一起。

　　查尔斯·邦德也是这些美国青年中的一位。

　　1915 年，查尔斯·邦德生于美国德州一个并不富裕的家庭。他的父亲当时经营着一家从事装潢设计的小公司，他特别希望儿子能为他工作，所以不想让儿子完成中学学业。但查尔斯并不想过这样的生活，他一直在等待机会改变命运。直到有一天军队来招兵，不过军靴和军刀得自己出钱买，于是查尔斯就向邻居借钱，买了军靴、军刀，参加了军队。1935 年，查尔斯·邦德加入德克萨斯国民卫队，开始接受飞行训练。年轻的他非常渴望能够成为一名战斗机飞行员，然而现实却跟他开了一个不大不小的玩笑。

　　历时 9 个月的高级特殊飞行训练完

查尔斯·邦德

成后，查尔斯·邦德却发现自己被指派驾驶轰炸机。他失望万分，追问教官为什么。教官说："因为缺乏轰炸机驾驶员，一半的毕业学员要被指派驾驶轰炸机，而你的名字正好在字母顺序的前一半，也就是被指派驾驶轰炸机的那一半。"

然而，查尔斯驾驶战斗机的梦想并没有彻底破灭。1941年，罗斯福总统向中国提供战斗机，并允许美国军人志愿前往中国。这一消息对于一直想驾驶战斗机的查尔斯·邦德来说，简直是天上掉下来的好事，他完全自愿地参加了志愿军。

7月10日，第一批由100名飞行员和190名地勤人员组成的美军志愿人员由旧金山起程前往中国。由于当时美日尚未开战，因此他们的护照上写着：音乐家、学生、银行家和农民等五花八门的身份。他们的经历几乎涵盖了美军当时所有与飞行有关的编制，而其中只有很少一部分人曾经驾驶过战斗机。

1941年8月1日，美国志愿航空队在缅甸同古正式成立。到达缅甸后的第二天早上，志愿航空队员们就告别了休闲的日子，上级告诉他们与之战斗的敌人是多么的强大，这不是在好莱坞拍电影，战争会很残酷。事实上，刚到缅甸培训的时候，大家都非常开心。但是第二天早上，知道了是要去打仗，很多人就要求要退出，回国。而剩下的这些人，则组成了这支人数最少，在最大的地域作战，并且战绩最大的，著名的飞虎队。这支杂牌军首先需要面对的难题是热带闷热的天气，以及训练中连续不断的事故，所幸他们拥有一位出色的指挥官——克莱尔·李·陈纳德。

1941年12月7日，日本偷袭珍珠港，美国正式对日宣战。12月18日，陈纳德率领他的杂牌军秘密进驻昆明巫家坝机场。而1935年他在《防御性追击的作用》一书中所提出的那套被人忽视的"战斗机双机编组作战"理论，终于有了可以付诸实践的机会。

在陈纳德的战术体系中，每两架战斗机组成一个战术小组，每架长机原则上只对自己的僚机负责，这就简化了空中混战时的临场指挥。作战时，各战术小组同时从不同方向发起进攻，利用速度冲乱敌机队形，然后各个击破。罗斯福总统给中国提供的P-40B新式战斗机飞得比较慢，但是却很结实。而日本的零式战斗机，虽然飞得很快，但结构却十分脆弱，被称为空中打火机。

克莱尔·李·陈纳德

美国空军中将。1937年，陈纳德来到中国出任中国空军顾问，当时中国空军的实力非常薄弱，陈纳德在昆明设了办事处。3个月的顾问合同期满后，陈纳德拒绝了回国的命令。他在给美国领事馆的答复中这样写道：

当最后一个日本人离开中国时，我才会高高兴兴地离开中国。

1941年12月18日上午时分，就在市民们忐忑不安地仰望天空的时候，从日军占领下的越南河内起飞的10架96式三菱中型轰炸机正在向昆明市区飞来。日军并没有为这十架轰炸机安排战斗机护航，因为在他们看来，轰炸中国城市是不需要战斗机参加的。

上午10时25分，防空观察哨发现了逼近中的日军轰炸机，空袭警报随之响彻全城。11时，日军轰炸机编队飞临昆明上空，一场浩劫似乎已经不可避免。就在这时，几架样式奇特的战斗机突然从云层中钻出，直扑毫无防备的日军轰炸机，日军机群一片混乱，6架日机先后中弹起火，一阵激烈的枪炮声在空中响起。

时任飞虎队警卫营排长的杨岑峰对突然出现击落日本轰炸机的几架奇特的飞机印象深刻："他那个飞机上好像都是黑漆漆的，上面跟现在汽车上一样，画的大美人的腿，美人头之类的。"

而当时作为翻译官的黄澄则记得："上面画着两个大鲨鱼头，嘴很大，眼睛凶得很，昆明人一看，你们飞机是这个样子，简直是个大老虎。昆明是内陆城市，老百姓们没见过鲨鱼是什么样子，所以一看那么大的鲨鱼，就以为是大老虎，而且，这个大老虎还会飞。老百姓说，简直是'飞老虎'啊。"

从此以后，鲨鱼嘴成了飞虎队最著名的标志，在飞机上涂装吓人的图案，是为了达到恐吓敌人的效果，但是这种做法其实并不是飞虎队的首创，它来自于在北非作战的英国空军。

陈纳德的到来，日本人并不知道。"日本飞机大摇大摆地来到昆明，第一次被AVG（飞虎队）打得个落花流水，

"飞老虎"鲨鱼嘴战机

我们看着惬意极了。"黄澄和所有昆明人一样，觉得心里非常舒服。但是对这第一次的轰炸，查尔斯·邦德感到更多的则是紧张。他说："敌我双方一共有25架飞机，面对面互相冲去，在穿越敌机机群那一瞬间，我看到了很多的火光，从机翼两侧闪过。"

在当天的日记中，查尔斯·邦德记下了这样的情景：

> 我们从各个方向朝日本人开火，右边、左边、上边、下边，第一次俯冲之后，一架敌机开始冒烟，拖在编队的后面。第二次俯冲之后，另外两架飞机也着了火，天空中到处是敌机的碎片，散得到处都是。

回忆起轰炸的情景，当时身在昆明的画家周令钊是这样说的："感觉像是看电视一样，天上一下子掉下来一个，我们就仔细看看，看看那个翅膀上的都是日军军徽红太阳。"而同样跑去看的黄澄，则在被击落的日军飞机里看到了日本人的半只脚。

这一天，昆明的天空格外晴朗。

战斗结束了，昆明人对这支特别的飞行队感激之情非可言宣，"3岁孩子见到美国人在街上过，把大拇指一跷，老美顶好！他们都会讲老美顶好。"从那以后，人们总是称呼这支美国军队做"飞老虎"，喊得多了，美国人印象也很深了，他们说："他们叫我们飞老虎什么意思？"翻译就给他们翻译说："飞的，老虎嘛。"

"飞老虎"这个词儿传到了陈纳德将军那儿，他说"这么好的名字我们不要吗"！就这样，把自己的军队叫做了"飞虎队"。

据战后统计，10架日军轰炸机中有6架被当场击落，其余4架带伤逃走，有3架在返航途中坠毁，只有一架回到了基地。而陈纳德的杂牌军，只有一架战斗机由于燃油耗尽而迫降。

"歌声永远不会在奴役中响起"

20世纪30年代的美国军队中，有这样一句话十分流行：

> 对于自己的上司，有两件事是绝对不能做的：第一，永远不要指导上司该怎么做；第二，永远不要用行动证明上司的错误。

但是陈纳德在飞虎队却把这两件事全都做了。一方面，他不断向美国领导层呼吁，改变原有空战形式；另一方面则擅自做主，率先在飞虎队利用更加灵活机动的双机编组形式，与喜欢大编队作战的日军打起了空中游击战。

回忆起战斗的日子，查尔斯·邦德说："在战场上铭记在心的永远是你的顶头上司，你得信任他，你俩是息息相关的，他（陈纳德）说的话，我到现在还记忆犹新：何时何地都不要轻易尝试决战，因为别人的飞机可能会比你的先进，但是也别忘了，P-40B 战斗机是你强有力的武器，要充分利用，不要跟敌人缠斗，可以假装逃跑，忽上忽下，然后突然杀一个回马枪，我们能做到。"

1942 年初，飞虎队根据情报得知，日军在泰国清迈集中空中力量，计划对昆明再次进行大规模空袭。为了将敌人的计划扼杀在摇篮里，飞虎队决定先发制人。这一次，一支由 10 架飞虎队战斗机组成的攻击机群，于 3 月 24 日清晨越过边境对清迈日军飞行基地进行了一次突然袭击。

那次战斗，查尔斯·邦德记忆深刻："我带头从 4000 米的高空俯冲下来，那时我还年轻，看见下面机场上整整齐齐地排列着无数架敌机，于是立刻选定目标，开始袭击。首轮俯冲后，我看到了大量敌机，朝我们飞了过来，一时间，到处都是横飞的子弹——敌人的和我们的，其中一架敌机向我俯冲射击，我转了一个大弯，他发射的大部分子弹都从我身旁掠过，并未击中。当我与他正面交锋时，他就避开我。我可以看见那个可恶的家伙，他就坐在驾驶座上，不断地朝各个方向开火。我和那架敌机前后打了 4 个来回，直到我看不见他。一年之后，我有机会再去清迈机场参观时，他们告诉我，当时我把那个家伙的机翼打了下来。"老人详细描述着当时的情景，这个为了开战斗机的来到中国的美国小伙子，到现在依然为自己的战斗感到很骄傲。

据统计，此次战斗飞虎队共摧毁敌机 15 架，第一次重创日军在中国境外的空军基地。此时，这支几个月前临时拼凑而成的杂牌军已经脱胎换骨。

1942 年 5 月 4 日，又是一个晴天。云南省保山市数千名群众聚集在市中心纪念抗战全面爆发后的第五个青年节。下午时分，天边隐隐传来不祥的轰鸣声，也许是因为纪念活动太热烈了，也许是因为市外机场驻扎着飞虎队，群情激奋的人们并没有注意到正在迅速逼近的危险。

那一次，城市防空预警系统发生了失误，对于正在迅速逼近的危险没有任何警报，等待数千名群众的是四五十架敌机的突然来袭。在没有任何防备的情况下，两拨敌机群突然出现在保山上空。

对于这次经历，查尔斯·邦德在回忆录《一个飞虎队队员的日记》中这样写道：

> 鲍勃·里托和我正在擦我们的手枪，这时鲍勃·尼尔突然大声喊我们，叫我们紧急登机，当我发动了引擎后，看到高空中一个很大的日军轰炸机编队正在向机场飞来，尼尔拔出他的手枪，对天鸣枪报警，我坐在驾驶舱里，犹豫了片刻，见鬼，我能行！

军事题材画家罗伊·格林奈尔在画作中描述了当时的情景："查尔斯起飞的时候忘记了他的飞机还没有打开导流板、没有戴头盔、降落伞也还没有系上……他什么

罗伊·格林奈尔所画查尔斯·邦德

都没有准备。你能看到日本轰炸机准备从右上角飞越这个城市，而邦德，他正在四处观望——那里有两个日军飞行编队。当你看到这幅画时，能想象到飞机起飞后会是什么场面。"

那天下午，查尔斯·邦德是唯一一名来得及起飞的飞虎队队员，而他要面对的是超过50架日军轰炸机与战斗机。

"你能想象到那是怎样的情景，"查尔斯·邦德说，"我尽可能地追击他们，同时四处观察，希望没有其他敌机袭击到我，但我的希望落空了，我朝着我所能看见的敌机拼命开火，但后面还有很多敌机呢，这对我来说太难了。"

查尔斯·邦德在回忆录《一个飞虎队队员的日记》中这样描述这场战斗：

> 我咬住敌机队形右侧，最后面的那架轰炸机，连续三轮俯冲射击后，我看到敌机燃起大火，开始向下坠落，我追逐着大约五十架日本轰炸机穿

越中国边境进入缅甸北部，当我打完所有弹药准备返航时，突然听到几声剧烈的爆炸，回头一看，三架日军零式战斗机正跟在我身后疯狂开火。

我并没有听到枪声，我只知道子弹在我周围不断擦过，敌人击中了我的机尾，换做任何人，都知道事情不妙了，座舱里燃起了大火，我当时想：这下死定了。

然而，查尔斯·邦德并没有死。

在这一天的日记里，查尔斯·邦德是这样描述那一刻的：

火苗已经点燃了我全身，我闭上眼睛，使劲摇开座舱盖，匆忙系上降落伞，猛烈的气流一下子把我拖出了机舱。当我降落到地面以后，发现自己身上还在着火，刚好着陆点旁边有个小河流过，我毫不犹豫地跳入河中将火扑灭，然后我感到头部隐隐作痛。我把手指插入头发，发现头上还在流血，谢天谢地，日本人的一颗子弹只擦伤了我的头皮。

虽然查尔斯没事，但是他当时的境地确实非常危险。查尔斯的儿子查尔斯·邦德三世经常对女儿说，如果从后面击中查尔斯引起着火的那发子弹再往下来这么一点点的话，那今天就不会有他们了。"50架轰炸机，只有我一个人迎战，我肯定是他们攻击的焦点，"查尔斯说，"但我记得我以前跟人讲过，如果我回到26岁，我还是会那么做。"

1942年5月4日这一天，保山市一片火海，青年节纪念活动现场被日军炸得血肉模糊。整个城市一片废墟，到处都在冒烟，被炸死的中国士兵和老百姓尸横遍野，那种惨死的场景，查尔斯永远都不会忘记。

也是在这一天，保山市军民不会忘记，有一架画着飞老虎的战斗机独自起飞，向50余架日军飞机开火攻击，这名勇敢的飞行员就是查尔斯·邦德。

查尔斯·邦德说："为能有机会参加拯救昆明的空战而感到非常高兴。他们需要帮助，这就是我们出生入死为之战斗的主要原因，我感到非常光荣。"

1942年6月，在距离保山空战仅仅一个月之后，查尔斯·邦德在桂林上空再次被

日军击落。这一次，他没有能够再回到中国的天空。这一年的7月4日，飞虎队正式归编美国陆军第十四航空队，原有编制人员就地解散回国。

在此之前的7个月时间里，陈纳德的这支杂牌军共参加空战31次，总计击落日军飞机299架，在空战中，飞虎队共牺牲飞行员23名，损失飞机73架，其中被日军直接击落的仅有12架。

"他们都是勇敢的小伙子，一旦找到目标，他们便下定决心，他们要帮助那里的人民——即使他们并不认识他们。他们在杰出领导陈纳德手下飞行与战斗，我曾对话过的每一个飞虎队员，所有人都非常敬佩陈纳德将军，我想对每个人来说，他是一位真正的好战友、好领导。"军事题材画家罗伊·格林奈尔这样评价这个仅存在7个月却战功卓著的群体。

1945年8月1日，终身不善于同政治打交道的陈纳德离开了中国。这一天，成千上万的重庆市民自发涌上街头，据说送行的人群将陈纳德乘坐的汽车抬了起来，一直抬到重庆中心广场。此时，距离日本宣布无条件投降还剩14天。

陈纳德将军在抗战快要实现全面胜利、日军即将举起白旗的时候被迫回国，其实是政治斗争的产物。总体上，美国人大多都具有诚实、敬业的品质，作为中国战区参谋长的史迪威与陈纳德两人也不例外。不过，史迪威的性格缺点更加明显：他往往显得过于傲慢，尖酸刻薄，对军事计划部署与中方的不同理解，屡屡与"花生米"及中国官员发生冲突。

一个很典型的例子就是，1942年5月，在中国远征军入缅问题上，蒋介石和史迪威之间的矛盾因史迪威改革国民党军队的建议而激化。史迪威曾接连两次提出书面建议，揭露国民党入缅部队里有许多长官贪污腐败，大发国难财。史迪威指出，他们克扣军饷，走私成风。实际上，国民党军队进入缅境后，腊戊即刻成了黑市，布匹、化妆品、食物、烟酒，整车整车地运回物资奇缺的昆明，倒手就牟取暴利10至20倍。遗憾的是，对史迪威这一正直的建议，蒋夫人宋美龄的回答是："史迪威将军所倡议的激烈措施不能采用"，"头不能割下来，否则就不会有什么东西留下来了"。于是，史迪威不但是白提建议，蒋介石对他的畏惧与厌恶也由此产生。1942年12月，蒋介石再次致函罗斯福，表示他对陈纳德的支持。很明显，蒋介石未必是全心全意地信任陈纳德，而是要用他与史迪威相抗争。史迪威失势后，作为报复，史迪威的密友，美国军部高层的马歇尔于抗战胜利前夜召回了陈将军。

对于陈纳德来说，那天中国人民的热情给予他生命中一次最难忘的巅峰体验——善良的民众擎着锦旗，抬着横匾，敲锣打鼓涌向欢送地点。在会场，高楼上，屋顶上中美国旗迎风招展，大街小巷商店民居到处张贴着飞虎图画，以及丘吉尔那个著名的胜利"V"字。接陈将军去广场的蒋介石的专车，被人山人海的百姓呼唤着"陈纳德，陈纳德"的名字一路推进了广场。汗流浃背的人们纷纷涌向高台，送上名贵的晶莹的玉石、精致的漆器、祖传的古玩……

"陈纳德——"热切的呼唤声浪此起彼伏。面对这样的场景，深受西方文史传统滋养的陈纳德感到自己似乎身处两千年前的罗马城，自己似乎变成了一个从凯旋门得胜归来的古罗马将军，沐浴在花瓣雨中……即便是原本极富演说天才的他此时也是久伫高台，咽喉哽噎，说不出一句话。最后，他伸开双臂，像要拥抱敬爱他的中国人民。一张嘴，却泪如泉涌，他也不去揩拭，任由感激的泪水放纵奔流在他饱经风霜的脸上。后来，黄仁霖将军对他说："自从马可·波罗以来，还没有一个外国人这么博得过中国人的人心。"

查尔斯·邦德也离开了中国，回到了原先的部队，不久后出任美国驻苏联武官，退休前他所担任的最后一个职务是美国空军第十二航空队司令。在飞虎队的7个月时间里，他一共击落8架日机，是首批飞虎队飞行员中击落敌机最多的王牌飞行员之一。

查尔斯的女儿丽贝卡·邦德说："这是他一生的成就，他真的做得很好，非常的出色，这间屋子里到处摆放的都是他的战争纪念品，征服各个战场的纪念品，这些

都是用来纪念他的成就的，没有任何东西能将它们从父亲的手中夺走，我非常坚信这一点。"

吟诗少年在战火中离去，

他带着战士的荣耀死去，

父辈的剑依旧挂在他的身上，

他的竖琴和他躺在一起，

勇敢的诗人吟唱着祖国，

哪怕全世界都背弃了你，

至少我们的剑永远捍卫你，

吟游少年倒下了，

您忠诚的竖琴永远为你而歌唱，

你的灵魂多情而勇敢，

你为了圣洁和自由而歌唱，

歌声永远不会在奴役中响起。

——《Minstrel Boy》

《Minstrel Boy》

美国殖民地建立初期，很多爱尔兰移民为躲避饥荒来到美国。这些处在社会中下层的爱尔兰移民，很多都被英国殖民者视为流寇草民，受尽迫害。南北战争的时候，大量爱尔兰人把它看作是提升社会地位的机会，因而纷纷入伍为北方军效力。这首《Minstrel Boy 吟游男孩》就是当时流传最广的歌曲，这也是一首叛逆的歌曲。

Minstrel Boy 本来是 19 世纪爱尔兰诗人 Thomas More 的诗，他早年参加过爱尔兰独立运动，此诗是为纪念那些牺牲的独立志士而创作的。

悠远的歌声飘荡在中国的万里晴空之上，向那些为中国的天空不受侵略而战斗和牺牲的飞虎队队员们致以最崇高的敬意。

2009 年 8 月，94 岁的查尔斯·邦德因老年痴呆症在家中去世。我们依然记得，采访时，时不时打个小盹的查尔斯；提起昆明时，他脸上立刻消失的笑容；还有他最后说的那句话：

如果有来生，我还要去中国。

伪 军

亲历者

施亚夫——时为汪伪三十四师参谋长

马 骏——时为汪伪海军，后为新中国抚顺舰舰长

彭施鲁——时为抗联第二路第四军留守处主任

易庆明——时为暂编五十一师一五一团二营五连上尉连长

任旭东——时为太行军区第七军分区基干团九连连长

恽前程——时为南通清乡区行动大队副中队长

张旭初——时为江苏省沭阳县儿童团员

洪 炉——时为江苏泰兴县某村村民

王智民——时为山东蓬莱青年救国会会长、民兵指导员

卢连峰——时为抗联第三路军第十一军战士

左 勇——时为新四军三师第八旅作战参谋

陈海峰——时为"江抗"情报站副站长

★★★★★
编导手记

　　之前对伪军没有深刻的认识，只觉得他们可恨，是背叛了民族、背叛了国家的人，是一群软弱的懦夫。所以我的第一反应是：伪军，就是汉奸。

　　想了解伪军并不容易，至少目前没有人愿意站出来承认说：是的，我曾经是伪军。于是只有求助于仅有的一点资料和书籍。

台湾有人专门研究了抗战时期的伪军，是一篇博士论文，书名叫《伪军——强权竞逐下的卒子》。

此后，得知了一些鲜有人知的信息。

比如：1932年日军在东北建立"伪满洲国"时，并不想建立伪军，因为怕控制不了这支由中国人组成的队伍。所以那时许多被日本占领的中国国土上，兴起了一个叫"治安军"的队伍。其实就是日本扶植的当地武装。直到1938年后，日本为了削弱中国军队的实力，才大力收编中国军队。但是，毕竟"和平共荣"只是个幌子，日军和伪军之间实则存在着相互控制和相互提防的"潜规则"。

当看到照片上，还没有枪高的十几岁的孩子、未脱稚气剪了短发的少女，都穿着伪军的军装，持枪敬礼的时候，不由得想探究，伪军到底是什么样的军队？参加伪军的人，当时是何种想法？

于是得到了形形色色的答案。

这其中，有的农民祖祖辈辈在这片土地上辛勤耕种，好不容易积攒了田地、牲畜、房产，日本人来了，他舍不得土地田产，不愿远走他乡，便留下来投靠了日军。

有的是当地的地痞恶霸，和日军合作。

有的既不是蒋介石的嫡系部队，又被日本人打，索性就投降当了伪军。

还有汪精卫此等"曲线救国"的原国民党党魁。

总之理由多种，竟在抗战结束后，使得中国的伪军有百万之巨。

我们曾经有机会采访一个在"伪满洲国"当过伪军的老人。但几次邀请后，老人还是拒绝了，因为他的儿孙还在，他不想让自己的后人抬不起头来。也很少有人知道他当过伪军，虽然他一直坚称自己不是汉奸，加入的只是"满洲国的军队"，他没有出过当时"伪满"的"国境"打自己的同胞。但这些依然让他至今不敢承认自己曾经的身份，终身不安。

当年杀抗联英雄杨靖宇的三个叛徒，两个至今还活着。有记者曾分别找到他们，当他们看到当年合影后，同样立刻认出了其他两人，并用最难听的语言咒骂他人的不义罪行。可是当谈到他们以前的叛徒身份时，二人皆不承认。

否认，也许比承认更能说明他们的态度。

不论是承认，对于那些没有被清算的汉奸来说，肉体上的刑罚可以躲过。活着，才是对他们心理最漫长的惩罚。

香烟误：情报被"抽"掉了

1937 年，抗日战争全面爆发。同年 12 月，就在战事最紧张的时刻，国民党二号人物汪精卫突然出现在越南河内，并发表电报，希望以蒋介石为首的国民政府与日和谈，此举一出，全国哗然。1940 年，汪精卫在日本的支持下，在南京成立"汪伪国民政府"。汪伪国民政府一成立，其军队组建也开始紧锣密鼓地进行了。

汪精卫想要组建一支"和平反共建国"军，其鲜明的目标就是"和平、反共、建国"。时任汪伪三十四师参谋长的施亚夫在第一次见到汪精卫的时候，就大胆地向他提问："反共不能和平，这两者是不是有点矛盾？"汪精卫没想到有人会讲这种话，觉得挺新鲜，发现施亚夫这个人不错，有点胆量。施亚夫说："汪精卫这个人是很精的，谁要是在他跟前过分滑头了，被他发现就不行，得要有点胆量才行。"

汪精卫伪军后来改名为"和平建国军"，也许与此次二人的对话有关，当然，也许无关。但是可以肯定的是，这件事情让汪精卫牢牢记住了施亚夫这个人。

汪精卫对这个年轻的参谋长印象很好。

在之后的时间里，施亚夫凭借上司的赏识和自己的能力，在苏皖边区汪伪三十四师成功地站稳了脚跟。他回忆说："汪精卫的小舅子和我很好，他的儿子也和我很好。有一次，舅舅跟外甥有矛盾了，闹意见不回家，陈璧君（汪精卫的妻子）也没办法，于是要我出来调解，我就把这关系给调解好了……所以和他们越来越熟悉了。"

汪精卫很信任施亚夫，而且很欣赏他的胆识和才华。令汪精卫想不到的是，这个能帮助他解决家庭内部矛盾的小老弟，还有另一个身份——共产党！其实施亚夫在 1928 年就已经秘密加入了中国共产党，到了 1941 年，已经都是老党员了。

施亚夫　　　　汪精卫

1941 年，施亚夫利用手上的小股部队，谎称 8000 人，自封为伪七师师长。不久，一个自称汪伪政府少将的人登门拜访了。施亚夫回忆说："汪精卫的参赞武官来检查，我的部队根本就是空的，他要看花名册，盖在花名册上的图章，有些是临时在上海伪造的，用伪造的图章一盖，看着像真的。"

施亚夫成功地骗过汪伪政府和日本人的审查，于是才有了后来汪精卫的赏识。深入敌人内部传递情报是施亚夫的一项工作，为避免被发现，情报一般只用口头或暗号传递。有一次，鬼子要搞大扫荡，施亚夫得知后，让情报员用一支香烟代表一个班，整盒香烟代表鬼子的大部队，把情报送出去。结果，香烟送过去以后，却被不知情的人分着抽掉了。后来鬼子来大扫荡，这么大的事情居然没有发出情报，施亚夫就此得到一个极大的教训。

情报工作做得好，八路军才能少牺牲，一次过鬼子据点时，八路军小战士任旭东，见识了地下工作的厉害，因为那一天，任旭东的队伍以零伤亡过据点。他们事先就和地下人员都联系好了，有引路人员、侦察兵，还有碉堡里的伪军。否则，当部队过据点时，伪军一开枪，附近的日本鬼子就来了，部队就过不去。

随着施亚夫老人的回忆，我们不禁想知道，伪军到底是一支什么样的军队？它是由什么人组成的？有什么特别之处？

"好歹能挣点钱养家"

1932 年"伪满洲国"成立时，日本在《处理满蒙问题纲要》中规定：不允许新国家的陆军存在。但由于东北的抗日力量壮大，伪满不得不建立"兴安军"。之后日军的政策是以华北五省"自治"为目标，以维持治安为目的。这些不需要作战的伪军多以"保安队"、"伪警察"的面目出现。

1938 年武汉会战前，日本改变了原有政策，改为"促进对杂牌军的拉拢归顺工作，设法分化、削弱敌人的战斗力"，在各地方设立伪政权，组织"治安军"。1940 年汪伪政府成立，日本同样限制其军队人数，改称"绥靖军"。施亚夫回忆说："一部分人是没有组织、自发地抗战，国民党觉得收编他们不行，于是他们最后走了伪军这条路；另一部分就是工人，其中少数是被日军俘虏过来的。"

在华日军对各地政策不同，导致伪军的组成人员各有差异，在伪满日军颁布了强制征兵规定，满 19 岁的壮丁，需入伍服役 3 年，除投降的部分东北军，伪满军队中也有少数抗联叛徒。彭施鲁时为抗联二路军第四军留守处主任，90 多岁高龄的他回忆道："在困难的时候，情况不断变糟的时候，叛逃是很难避免的。杨靖宇的部队受损失，就

伪满少年技术兵正在训练

是因为有叛变的人，是一个师长，这个师长叫陈斌，他投降日本以后，带着日本人拼命地打我们。"

随着战事的发展，一些国民党正规军，在反共第一、抗战第二的原则下，投降日军。1941 年，国民党少将参议林建五曾公开表示：

敌后坚持确实不易，必不得以时，可以考虑投伪问题。

此外，一些与蒋介石不合的"杂牌军"为保存实力，也举起了降日的白旗。

恽前程老人说："伪军从国民党部队出来，名义上叫曲线救国。原来在国民党中，他们的任务是反对共产党，叛变之后还是反对共产党。因此，同日本人一起，三家集合起来共同对付我们。"

伪军虽然成分复杂，但数量是惊人的。据统计，中国是"二战"期间唯一一个伪军数量超过侵略国军队数量的国家。伪军充分体现了亲敌性，对待百姓和八路军更加残忍。

八路军战士王智民曾亲眼见过，和他共同战斗过的 11 位同志，被捕后如何被残忍杀害。王智民老人表情痛苦地描述着那一幕惨状："先把人身上的衣服都扒光了，手臂拉平，用手指头那么粗的大铁钉子，穿透掌心，钉在城墙上；两条腿呢，用铁丝给绑起来，钉在城墙上；两个锁骨，用铁丝穿透了拧成个扣，挂在城墙上；两条大腿的内侧和两腋下，绑上 4 支大蜡烛，点着，就那么烧，烧得人身上都往下流油，最后这人给活活烧死了。"

据 1946 年统计，仅鲁西北一地被日伪军杀害者就有 47335 人，被暗杀者 1518 人，由于日伪军导致的病残致死者，为 319162 人。

从 1941 年开始，日军和伪军针对共产党制定了"清剿"对策，主要在华中地区由伪军来执行。"清乡"行动让当时还是孩子的洪炉，经历了有生以来最可怕的中秋节。这一天，伪军来到洪炉所在的村子搞"清乡扫荡"，一种不正常的声音吸引了待在家里的洪炉，他往后门外一看，结果看到了终生难忘的一幕。"我往后门一看，半个村子都是火。"洪炉说。看到村子着火了，他马上喊人救火，这一喊不要紧，把伪军的枪声喊来了。

那一天正好是中秋，泰兴县一个小村庄的人们没有月圆，家破人亡是那个中秋留给人们的惨剧。

折磨中国人的伪军，老百姓又叫他们"二鬼子"，抗联战士卢连峰所在的部队，曾经狠狠打过"二鬼子"。那一次，抗联部队事先得到了准确的情报，知道伪军要来。卢连峰回忆说："我们就在那个山上埋伏着，我们在那儿蹲了两天。他们的骑兵一来，我们就开打。"抗联部队一下子冲上去，把伪军第四教导队 100 多人全部俘虏了。卢连峰说："其中四五个日本鬼子全部杀掉，其余的中国人，那些伪军，都被扒光衣服放回家去了。"

在新四军左勇的印象中，伪军的战斗力不行，他们胆子小，只会趴在地上打仗。左勇说："尽管我们的装备差，但是和他们一接触、一近战，就把他们消灭了。他们不敢接近我们，我们往上一冲，就把他们的队伍冲散了。他们爱逃跑，好几次打仗我们光追击他们，就把他们的队伍追垮了。"

伪军的战斗力低，除了不是正规军外，还在于日军对伪军处处提防，日军对伪军的枪支、弹药和重武器的保有量有严格的限制，而且每个班都配有日本人，监视伪军的举动。施亚夫回忆说："日本人把中国人关起来打死，所以伪军对他们也不是绝对相信的，不保险，要防范。"

一个夏日的夜晚，时为暂编五十一师上尉连长的战士易庆明曾经和一个汪伪士兵在战地上说过话。在易庆明的记忆中，这个汪伪士兵还是有点良心的，他回忆说："这个兵大喊，我是中国人，你别打中国人，别打中国人。我说，你为什么打我们呢？他说，我们也是被逼得没办法，不打你们不行，我们只能在打枪的时候，瞄得高一些，不像你们有本领，能瞄得准。我说，你们不知道调军去倒戈一击吗？为什么不去打日本人？"

作为一个中国人，为什么要加入侵略者的军队？八路军战士任旭东也曾问过被俘伪军同样的问题。他说："他们不讲民族气节，只讲自己的福利，能吃饭，伪军好歹能挣点钱养家，而八路军没什么军饷，连饭都吃不饱，连衣服都穿不上，生活很艰苦，所以他们宁肯去当伪军，也不愿意当八路军。"

曾经打入敌人内部的恽前程，当时是南通清乡区行动大队副中队长，他通过和伪军相处，找到了另一个原因。他说："就我们部队来说，当时一些人挂着伪军的牌子，心态很无所谓。这些人害怕离开家，不用离开家，发的钱还多一些，他们觉得很好，被收编了也无所谓。"

一个青年的海军梦

每个伪军加入伪军队伍的理由和想法都不太一样，伪军部队的组成人员也非常复杂。汪伪政府的部队多数由投降的前国民党军队、地方散兵、兵痞、帮会人员等组成，但是它也有正式的征兵法令。

就在施亚夫和汪精卫第一次见面的这一年，一个叫马骏的年轻人，听到一件让他感兴趣的事儿——汪伪海军正在招募海军。马骏心想，先去干海军吧，干好了就干，干不好再去重庆当中央军。

当海军并不是马骏心血来潮，小时候他就有过这个念头。他的舅舅曾在张学良的队伍中当过海军，每次回家时都穿着神气的海军服，这让童年的马骏羡慕不已，从此马骏便有了做一名海军的想法。

对于当时为什么会去考取汪精卫的部队，马骏坦言："那时候满脑子这个，用现在话讲吧，就是资产阶级思想，那时候就是

汪伪海军政府

想升官发财。"马骏小时候念过私塾，他认为"正心、修身、齐家、治国、平天下"才是大丈夫应当做的事情。大丈夫不能就这么一生平凡，窝窝囊囊地死了。所以当时他想的是，考取海军，干好了以后可以光宗耀祖，自己也可以青史留名。

一个伟大的梦想，却让一个年轻人成为伪军，在年轻的马骏心中，梦想的光环似乎让他忽略了实现梦想的方式，而对于为这个梦想所付出的代价，他也并不能预见。

加入汪伪海军有严格的考试，除了考海军常识以外，每个人还要做一篇文章。马骏在文章里表达了光宗耀祖、留名青史的愿望。

最终，马骏以第三名的成绩考取了汪伪海军，开始了正式的学习和训练。马骏回忆说："上午在课堂，下午在操场。上午的专业课有分科，水兵科、轮机科、炮科，等等。中午严格训练游泳，一个半小时，不管刮风下雨，还是浪大，都要赶下水去，这是正式科目，每天一次。"

马骏所属的军队属于汪伪政府的正规军，接受的是日本式的训练。马骏不知道当时的这些训练在以后会对他有何帮助。他回忆说："中国班长也用日本那套，士兵不行就打，日本人管那种打叫'东洋鬈'，拳头打到脸的两边，叫做'给你一鬈'。"

经过了严格的训练，马骏正式成为汪伪海军的一员，在荣城的据点驻防。那里有一个小卖铺，马骏和几个战友经常过去买些花生米、糖、酒等食物，不久就和小卖铺的老板熟了。马骏说："熟了以后我们就经常闲谈，他谈到根据地怎么怎么好，八路军是干什么的，怎么怎么好，如果我们去那里，愿意干就干，不愿意干也可以回家，把枪带过去还有奖励。"

在小卖铺老板的宣传下，马骏和战友们有了去当八路军的想法。

不过几个年轻人的保密工作做得并不好。被发现以后，一个小队长带着3个人来到了马骏站岗的岗楼，用枪指在他和战友的脑袋上。

投奔八路的计划失败了，被捕后的马骏等人被扔上船，驶向刘公岛监狱的方向。在船舱里，马骏和战友们都商量好了，谁也不能说自己想当八路军，统一口径说是因为吃不饱，所以不想干了，想回家。马骏说："到刘公岛过堂就问我们，大家都是这一个口径，虽然受刑了，但也挺着不说，说了就死了。"

马骏不知道，在他朝着光明奋勇前进而又不幸落难的时候，整个伪军内部也在发生着寂静而又不容忽视的变动，只等被激化的一刻的到来。

共产党在伪军内部的思想渗透，像马骏一样的年轻战士的思想动摇，再加上伪军本身成员复杂，整个伪军的思想支离破碎，严重影响了伪军的战斗力。面对这些问题，日军加紧了对伪军的思想控制。1940年，汪精卫在宣传中日亲善的演讲中说：

现在共忧患，将来才能够共安乐，我在新年的时候高呼：新国运动万岁！新东亚建设万岁！中国自由平等万岁！东亚解放万岁！

施亚夫说："实际上不可能共荣，因为根本没有平等，在战场上，日本人的营长指挥我们的团长，这就根本没办法平等。"

实际上，日军和伪军不仅不能达到平等，甚至对伪军相当残忍。身为新四军的易庆明在和日军的一次正面冲突中见识了日本人对待伪军有多残忍。老人回忆说，日本人作战不要伤兵，只要是负了伤、走不动的，他们就把汽油淋到伤兵身上，点燃了烧死。他曾亲眼看到一个伤兵向日本军官跪地求饶，大声喊："太君，太君，我还能够打支那兵，你就别烧我。"

日军对待伪军的残忍高压政策，让很多伪军士兵都无法忍受，而这恰恰给共产党创造了有利的机会。新四军战士陈海峰的主要工作是争取白皮红心的维持会长。"白皮红心"是一种比喻说法，白皮指的是表面上忠于国民党，红心指的是内在倾向于共产党。那时候，能够争取的人就争取过来做两面派，陈海峰说："我们教育他们，不管对待日本鬼子是白的还是黑的，但心应该是红的，大家都是中国人。争取过来以后，他们主要在日本鬼子那里，但是他们给我们送情报，敌人在哪里增加部队了，日本鬼子最近要扫荡，准备调多少部队来，扫荡哪些地方。我们就都知道了，就可以准备了。"

1944年11月5日，刘公岛上的汪伪海军，因不满日军欺压和差别待遇，在练兵营卫兵队少尉队长郑道济、上士班长连城等人的带领下起义。此时蹲在监狱里的马骏，趁机逃了出来，投奔八路军，他终于找到了共产党的队伍。马骏回忆说："起义完了，我们逃出来以后，连城告诉我们，如果这次不起义，不把我们弄出来，我们几个人就被枪毙了。我们这才知道，原来自己是要

★★★★★
☆ **刘公岛**

刘公岛位于山东威海东部5里的海面上，面积不足4平方公里。1940年，汪伪海军部在刘公岛设立威海卫要港司令部，负责指挥华北各地伪海军。

被枪毙的。我们几个人捡了条小命。"

马骏到了根据地以后就开始学习，教导员每天早晨讲共产主义。教导员告诉他，共产主义实际上有许多内容和"三民主义"是一样的，"三民主义"讲民族、民权、民生，共产主义也讲为人民服务，建设社会主义，进一步世界大同。马骏说："我们慢慢地学，学这些道理，最后就通了。"改编后的马骏成了真正的八路军，他随着部队辗转到东北，解放了一座座城市，马骏自己也由一名班长，成长为新中国抚顺舰的舰长。

一直潜伏在伪军内部的施亚夫除了做情报工作，还暗中发展壮大着自己的队伍，比马骏起义更早的时候，施亚夫接到新四军第一师副师长叶飞的命令，定于1944年1月11日起义，但就在原定起义日期的前一周，计划不慎暴露，起义需要提前。

1月5日晚上，施亚夫和一个汪伪师长还在赌钱。天快亮的时候，施亚夫的部队集中了，当时如果没有司令部命令，施亚夫就出不了城。于是，正在和汪伪师长赌钱的施亚夫借机说："算了，今天不干了，明天我再来报复你，把输的钱再赢回来。"离开后的施亚夫叫了汪伪师长的车子，谎称送自己回家，实际上是坐着师长的车子出城。出城时，车子被岗位员挡住，当时施亚夫就大骂："师长的车子你都认不出来!"最后，坐在伪军师长的车子里，施亚夫一路到了根据地。篝火旁歌声里，施亚夫已脱去伪装，迎接他的将是新的身份、新的明天。

左一为马骏（1955年）　　　　马骏（1958年授衔后）

抗战胜利了，伪军去哪儿了？

随着在太平洋战场上的失利，日军抽调部分在华军队，许多敌占区主要靠伪军维系。见大势已去，很多伪军从 1944 年起，开始纷纷撤逃或反水。许多伪军都是因为家里比较穷，没有饭吃，他们去当伪军是为了挣点钱护家，并不是忠心耿耿地当汉奸、坑害老百姓。任旭东老人说：“我们对伪军俘虏，只要是缴枪投降，就表示欢迎。他们大多数还是愿意参加八路军，有些不愿意的，我们就放他们回家，给他们开个路条。如果有人还想当伪军，我们也放他们回去继续当伪军。”

抗战胜利后，拥有绝对军事优势的国民党并未在后来的战争中获得胜利，国民党内有人认为，这与国民党军政部部长陈诚在日本投降后不主张收编伪军有关，陈诚也因此背负了骂名。其实八路军当时缺乏军费和物资，大部分伪军投降的首选是国民党，更有大量“明八路暗中央”的伪军，先假降八路，再大量叛变转投国民党。可见，并不是所有当过伪军的人都能像马骏一样，从此坚定地投入到共产党的怀抱。时为新四军的左勇说：“共产党收编的伪军后来全部叛变了，跟国民党跑了。对伪军来说，八路军算老几，人家国民党是国军，全部都是美式装备，我们穿得破破烂烂的，老百姓都看不起我们。”

汪精卫并未看到他建立的伪政府覆灭的那一天，由于 1935 年遇刺时，留在体内子弹引发的病情恶化，1944 年 11 月 10 日，汪精卫病逝于日本名古屋，后葬于南京郊外的梅花山。1945 年 8 月 15 日中午，日本天皇向全国广播了接受波茨坦公告，实行无条件投降的诏书。随着日本队国旗的缓缓落下，清算汉奸和伪军的时刻来到了，从 1945 年起至 1948 年，不论是国民政府，还是共产党都没有停止对汉奸和伪军的审判。在漫长的抗日战争中，有的人因为挺身而出而被赞扬，有的人因为随波逐流而被唾弃。

1945 年 9 月下旬，国民政府下令，在全国各地对汉奸进行大逮捕。此项工作主要是由军统特务机构执行。到 1945 年底，南京市奉命接受了军统局移送的汉奸 200 余人。1946 年 4 月 1 日，国民政府司法部正式任命赵琛为高等法院院长，陈光虞为代理首席检察官，高等法院即在南京朝天宫正式成立。据统计，1946 年 4 月至 1947 年 2 月，高等法院共审理汉奸案 530 余件，终结 381 件。其中判处死刑 14 人，无期徒刑 24 人，有期徒刑 265 人。

壮志凌云

亲历者

付汝梅——时为重庆中央高级助产职业学校学生

毕超峰——时为笕桥中央航空学校第六期毕业生

金逸群——时为中美混合空军联队 B–25 轰炸机飞行员

王延洲——时为中国空军三大队八中队战斗机飞行员

彭嘉衡——时为中美混合空军联队战斗机飞行员

何其忱——时为中美混合空军联队 B–25 轰炸机飞行员

张义声——时为中美空军混合团轰炸大队飞行员

龙启明——时为十四航空队运输机大队队员

★★★★★
编导手记

　　2010 年 8 月 22 日，《壮志凌云》的主人公彭嘉衡去世了。诉之历史，彭嘉衡被人们誉为英雄，但生命肯定不只是简简单单的百字履历，也不只是括号中简单的生与卒的年号，曾提笔数次，又放下，因为不知道该用什么样的文字来表达复杂的心情。

　　我问自己对中国了解多少，对中国的历史了解多少？早在 20 世纪初，当摄像机出现时，外国摄影师记录下了世纪之交的中国：麻木、愚昧、贫弱不堪是世界对于中国的定义。在那之后的日子，伊文思在 1937 年记录了中国抗战，安东尼奥记录了 20 世纪70 年代的中国，为什么中国这个具有五千年历史文化的古国，却总是要被外国摄影师记录着？

很多年过去了，当奥运会最终揭开它的面纱，落脚于这个古老的东方国度；当中国对世界经济增长的拉动幅度，首度超过美国；当世博会在中国上海举办；世人不禁惊叹，中国即将步入国际舞台的中心。今天的中国已经足够强大与自信，是什么让中国迅速崛起？作为文化领域的电视工作者，我们应承担的责任与道义到底是什么？

曾经看过这样一段文字："中国是一个最适合拍摄纪录片的国度，不仅仅是因为中国正经历着剧烈的变革，也不仅仅是因为还有那么多贫困、愚昧、不公和新奇，而是因为中国需要从真实中汲取力量。"

采访过程中，当听到彭嘉衡和金逸群讲述他们走出国门，遭遇的尴尬与嘲笑时，我的心被刺痛，那是一个民族曾经的痛楚，这种痛楚也曾深深地印在每一个中国飞行员的心里。背负着一个民族的血泪耻辱，他们冲上天空与敌人英勇拼杀——他们驾驶的是由美国和苏联援助的由民用机改装的战机。

那些黑白画面是无声的，你无法看到驾驶舱中那些和敌人奋勇搏杀的年轻面孔。力量对比悬殊的惨烈拼杀过后，无声的硝烟从画面划过——残酷的噩耗陆续传来，那个时候传说中国飞行员由航校毕业到战死，只有六个月。他们甚至来不及参加一场像样的战斗，就献出了年轻的生命。

战火洗礼后，彭嘉衡和新中国一起开始了新生活，他见证了改革开放，等来了奥运，也迎来了世博。

1939年5月3日，太阳早早升起，重庆漫长的雾季结束，市民纷纷走上街头，享受难得的好天气。这一天，在重庆中学读书的付汝梅刚到学校，空袭警报骤然拉响。

这一天，千里之外的武汉也是晴空万里，36架日军飞机腾空而起，向重庆上空飞去。对于日军来说，这是空袭重庆的绝好天气。而度过了漫长雾季的人们，刚刚盼来了好天气，却没有想到夏秋季节，会成为重庆最恐怖的岁月。

重庆女学生付汝梅一开始并不知道这些飞机是干什么的，她说："头一次来炸的时候，我们还在那儿数呢，一、二、三、四、五、六……后来，天气一好，我们就害怕。"每当天气好的时候，人们就会在高的建筑物上挂红灯笼，提醒大家今天可能有空袭警报。

年轻时的付汝梅

那时，日本空军频繁轰炸，天空中很难看到中国战斗机编队的身影。付汝梅记得日本飞机天天都来轰炸，不仅白天来而且晚上也来，有时候第一个空袭警报才响过一会儿，第二个警报又响起来了，这表示日本飞机马上就要临空了。日军来轰炸的时候，人们就躲进防空洞，在阳光照不到的地方，人们掰着手指头熬过每一天。付汝梅说："上课都在防空洞里上，防空洞里很潮湿，到处流水，缺乏氧气，在里头会被闷死。"

《重庆公报》曾经刊载了一首70余行的长诗，题为《防空洞》，诗中写道：

是谁，把我们，
从二十世纪的闹市，
赶到了荒野的岩洞，
我们快要窒息了。

在重庆，躲防空洞已经成为市民生活中重要的一部分，在高温潮湿的防空洞中，希望与期盼随着时间的流逝似乎在慢慢地消逝殆尽。付汝梅说："我们恨！从幼小的心灵里恨日本人，真恨他们那个轰炸，他们的飞机怎么那么行啊，我们中国怎么就没有飞机啊，心想为什么我们中国人就不打一下啊！"在高温潮湿的防空洞中，希望与期盼随着时间的流逝似乎在慢慢地消逝殆尽。

当时像付汝梅一样企盼中国人也能拥有自己飞行队的百姓们也许并不知情，中国并非没有过一支过硬的空军部队……

防空洞

日本天皇收到了最扫兴的生日贺礼

1937 年的夏天，在杭州笕桥举行的一场航空表演，让毕超峰终生难忘。那是中国空军学校毕业典礼的飞行表演。60 多年过去了，毕超峰还记得当时蒋介石讲了一句话：

你们想不受别人的侮辱，想不受别人的欺凌，我们报仇，我们要把失去的土地拿回来！

小伙子们深受鼓舞，从航校毕业后，作为抗战时期中国第一批飞行员，毕超峰和队友们被编入对日作战部队。

1938 年 4 月 29 日，36 架日本飞机从芜湖起飞，悄悄逼近艳阳高照的武汉。4 月 29 日是日本的天长节，也就是日本天皇的生日。这批日本空军飞行员，准备用辉煌的战果向天皇献礼。而这一天，当空袭警报来临的时候，中国飞行员毕超峰和他的队友们也准备与日军决此一战。

两小时后，天皇裕仁收到了当天最扫兴的贺礼——21 架日本战机，在武汉上空被击落。这场精彩的空战令武汉市民大饱眼福，中国空军成了后方报纸上的英雄，小伙子们英姿勃发的气质和那一身神气的制服，使他们成为女学生的偶像。

然而好景不长，1939 年 5 月 3 日，从前方传来的情报说，日军海航司令部派出飞机分三拨，前往重庆进行空袭。为保证空袭的顺利进行，日军将士们已经从前一天夜里开始，通宵检修，甚至不放过每一颗螺丝。

当时日军各式战机有 800 多架，而中国只有 300 多架，并且要依赖苏联、美国的援助。此时最让小伙子们焦虑的是：中国空军能参战的飞机

★★★★★★
★ **天长节**

其实来源于中国的唐朝，最初用于唐玄宗的生日，被称为是"千秋节"，天宝年间改名为"天长节"。"天长"二字源于《老子》中"天长地久"一词，后流传到日本指代天皇的生日。

★★★★★★
★ **武汉轰炸趣读**

关于武汉轰炸还有另外一个趣读：在武汉，英国诗人奥顿他们有幸遇到日军为天皇贺寿举行的大空袭，中国空军第一次大规模迎战。他们发现最佳观战方式，是戴墨镜躺在大空地上。一架日本轰炸机"像划着的火柴一样烧起来"，他们与街上的人力车夫一齐欢呼。在武汉宴会上，田汉即席赋诗一首，其中一句话是"被他的将军和虱子抛弃"，奥顿站起来读了这首诗。第二天《大公报》刊登的译文，却把这行改成"富人和穷人联合起来一同战斗"，成了战时文艺界的一桩笑闻。

已所剩无几。毕超峰说："中国的飞机力量不多了，很不够，大概只有四五十架了。"

由于实力和敌军悬殊太大，中国空军为捍卫领空毅然全军出动迎敌。

简陋的兵营俱乐部里，回荡着毕超峰和战友们悲壮的宣誓声，中国空军飞行员赴战前留下的签名手迹，也被保留至今。

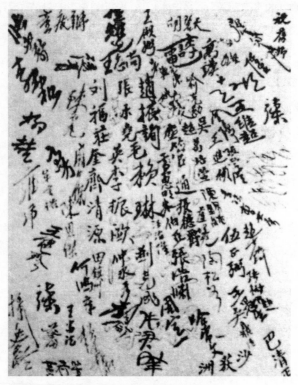

中国空军飞行员赴战前留下的签名手迹

我等既为军人，生死已置之度外，若为民族、为国家，虽不幸战亡，为无上之光荣。

当时，毕超峰驾驶着战斗机起飞后，盘旋攀升，在3000米的高度上，等待着敌机的到来。不久，一批日本轰炸机飞来，毕超峰和队友们开始猛烈射击。然而没想到的是：日本战斗机从上面飞来袭击了他们。毕超峰回忆说："我们只顾着在底下打轰炸机，不知道他们有战斗机，结果上面的战斗机飞下来了，我们被奇袭了。"遭遇奇袭的中国空军惨不忍睹。

　　残酷的空战中，噩耗陆续传来，那个时候，传说中国空军由航校毕业到战死只有6个月，他们甚至来不及参加一次像样的战斗，就献出了年轻的生命。

　　1941年3月14日，空军航校第十期毕业生林恒，在成都空战中牺牲，他的姐姐诗人林徽因，悲痛万分地写下了《哭三弟恒》一诗，她所悼念的，绝非只是林恒一个人。

　　　　弟弟，我没有适合时代的语言
　　　　来哀悼你的死；
　　　　它是时代向你的要求，
　　　　简单的，你给了。
　　　　这冷酷简单的壮烈是时代的诗
　　　　这沉默的光荣是你。

　　　　假使在这不可免的真实上
　　　　多给了悲哀，我想呼喊，
　　　　那是——你自己也明了——
　　　　因为你走得太早，
　　　　太早了，弟弟，难为你的勇敢，
　　　　机械的落伍，你的机会太惨！
　　　　三年了，你阵亡在成都上空，
　　　　这三年的时间所做成的不同，
　　　　如果我向你说来，你别悲伤，
　　　　因为多半不是我们老国，
　　　　而是他人在时代中碾动，
　　　　我们灵魂流血，炸成了窟窿。

　　　　……
　　　　弟弟，我已用这许多不美丽言语
　　　　算是诗来追悼你，

要相信我的心多苦，喉咙多哑，

你永不会回来了，我知道，

青年的热血做了科学的代替；

……

学开飞机，打日本人

1941年6月，应蒋介石请求，来到中国的美国司令官亨利在中国进行20天的调查后，给总统罗斯福呈送了一份调查报告，说中国为维护领空权，迫切地需要战斗机和轰炸机。同时亨利还建议，中国的飞行员技术不够充分，应该送往美国接受训练。

时隔不久，中国政府向世界各地华侨青年招募空军飞行员，远在印尼的华侨彭淮清看到了这个招生通知，通知上规定要有高中文凭才能报名参考，而彭淮清没有文凭，于是他找一个同学借来了文凭去报了名，结果考上了！

回想起考飞行员的戏剧化过程，彭淮清笑着说："我同学彭嘉衡比我高一班，功课比我好，他去考了，却没有考上。我想我来试试吧，就借了他的文凭去报名，结果却考上了。"借同学毕业证报考航校的彭淮清，从此改名叫做彭嘉衡，当一名飞行员的梦想终于实现了！

和华侨彭嘉衡一样，具有救国热情的还有来自于黄埔军校的小伙子们。经过严格筛选，一个叫做金逸群的年轻人兴奋地入选航校，实现了他儿时的梦想。大概在10岁时，金逸群亲眼目睹了一场空战，在这场战斗中一架中国飞机将三架日本飞机打落。残酷激烈的战争并没有磨损小男孩的斗志，反而让他有了当飞行员的梦想。他说："小时候，我看见三架飞机的六个红太阳在上面转，心里很气。我想我要是当了飞行员，飞好了，就亲自把它们打下去。"

满怀壮志的并不是只有彭嘉衡和金逸群。那一年，有近1000余人满腔热血，一呼百应，纷纷报名投考中央航空学校。王延洲当时也报考了航校，他说："虽然飞行员不是一般人能干的，但不妨试一试，将来有出息了去驾驶飞机，打日本人那不更好。"延洲和他的朋友一共考上三个，但后来其他两个都被淘汰了。飞行员张义声回忆说："当时的考试很严格，学生只有可以单独飞行，才能交给飞行考试官，当时的飞行考试官是美国的飞行教官。"

彭嘉衡说："进航校的时候，我们那一批是 108 个，所以我们当时自称'梁山好汉'。"

1942 年深秋，飞行员彭嘉衡和队友们第一次坐上了飞机，他们将被送往美国。由于日军已经占领了西太平洋沿岸和东南亚，第一批赴美学员不得不从昆明飞往印度，再乘船绕过好望角，接着横渡大西洋，在纽约港登陆。

走出国门，彭嘉衡和队友们第一次看到中国以外的世界，那是另一番繁华的景象。彭嘉衡说："我们刚刚从很落后的地方出来，看什么都觉得新鲜。他们吃饭要奏乐，食物是推着来的，都是很大的场面。"金逸群也笑着说："他们晚上跳舞，我们看，像看西洋景一样，从来没见过，都是乡下人嘛。"在好望角，游船靠岸检修一周，闲暇之余，中国飞行员们去了电影院，但是在电影开映前，他们听到的只是白人盟军的国歌。这令中国飞行员们想不通，金逸群说："中国也是同盟国家，也参加了世界大战，遭受了这么多苦难，中国的国歌，为什么不唱？"

即使是理发这样的小事情，中国飞行员们也遭到了南非人的歧视。彭嘉衡说："南非人对中国人很歧视，他们不肯给中国人理发。"告别故土、漂洋过海的飞行员们，在历经半年的漂泊中，第一次感觉到了中国和世界的距离。

在船上，金逸群遇到一个水手，这个水手一天工作二十个小时，生活很艰苦。他对金逸群说："你们到美国一定要好好学习，为了国家抗战胜利，为了把我们国家强大起来。"

1943 年 3 月 12 日，彭嘉衡和队友们终于到达了美国，队员们先是被送到了亚利桑那州威廉空军机场接受训练。训练开始刚刚一个礼拜，彭嘉衡就全身酸疼，严格艰苦的训练让他至今难忘。他说："那一个月可惨了，体力消耗很大，让你跑、让你跳、让你游泳、让你跳高……"

初级、中级、高级的训练，学员们都要非常认真，否则就会被淘汰。龙启明仅仅学习了 5 个多小时，教官就夸奖他说："行啊，小鬼不错！"王延洲在学习了一个月之后开始驾驶战斗机，他回忆说，当时教官举了许多例子来教他们怎样打胜仗。"你学什么飞机，就专门讲这个飞机怎么飞、怎么打，有什么优势。"飞行员何其忱说。

经过艰苦的学习训练，中国的飞行员们终于驾驶飞机飞上了天空。那一刻，令金逸群终生难忘，他说："那不得了，天空是碧蓝的，好像我成为天空的主人了！"

日暮乡关何处是，烟波江上使人愁。

离家已经太久了的飞行员们，常常会陷入这样的思绪中。训练结束以后，美国想留下王延洲当教员，王延洲回答说："我要回去打仗，日本鬼子，我恨多少年了，我一定要回去出这口气！"

183封情书，就是一部空军战争回忆录

1944年，彭嘉衡和队友们回到了祖国，他们在湖南机场一下飞机就感觉到了战争的紧张气氛。这一年是陈纳德率领的飞虎队在中国战斗的第三年。美国开始向中国提供新型驱逐机（也就是战斗机，中国也叫歼击机）。在抗战时期，美国提供给中国空军的驱逐机，有力地帮助中国扭转了制空权的劣势。回国后的小伙子们和飞虎队，编成了中美空军混合联队，中外飞行员们，从此并肩作战。

彭嘉衡回国后被分配到芷江机场，驾驶轰炸机。战争和动荡依然没有结束，残酷的现实磨炼的是一个青年的心志。让日机狂轰滥炸下的万千百姓脱离苦海，这是飞行员彭嘉衡对于自由和解放最简单的追求。16岁的少女付汝梅，也在追求自由与解放，这一年她遇见了彭嘉衡。

> ★★★★★
> **中美空军混合联队**
>
> 1943年在桂林成立，由中国空军和美国陆军第十四航空队部分人员共同组成。联队设立了第一、第三、第五共三个作战大队，其中第一大队为轰炸机大队，使用B-25中型轰炸机。其他两个大队是战斗机大队，早期使用画有鲨鱼嘴的P-40型战机，后来换为新式的P-51"野马"型战机。

付汝梅的老师介绍彭嘉衡和她认识，经历过1939年重庆轰炸的付汝梅对飞行员有一种特殊的感情。她一听说小伙子是个飞行员，心里想，一定要对这个飞行员好，希望他将来能够驾驶中国飞机，把日本飞机炸毁。

年轻时的彭嘉衡

然而，日军的轰炸越来越频繁，正式编入作战部队之后，难得休假的彭嘉衡和付汝梅并没有机会见面，只能书信往来。

付汝梅说："他给我写的信简直是一部战争回忆录，机场发生的大小事情，一点一滴，都被他写在每天的信里。写信的信纸是他买的，是美国人那些粉红的、浅蓝的、浅黄的纸，他自己做的信封，编成号，日期是一号就写一号，二号就写二号，一共183封信。"

付汝梅也写信鼓励彭嘉衡，在信中，付汝梅说："我希望你驾驶中国飞机把日本的飞机和机场炸垮、炸烂、炸火。"付汝梅向我们解释说，"炸火"的意思就是炸死，写一个"火"字表示燃烧起来。收到姑娘的信，彭嘉衡备受鼓舞。

经过了整整一年的实践，彭嘉衡和队友们的飞行技术有了很大的提高，他们热切地期待再次冲上天空与敌人拼杀。

1944年的一天，为了切断日军的铁路交通补给线，金逸群奉命要去炸毁郑州花园口黄河铁桥。由于日军火力猛烈，在此之前，金逸群的很多队友都在这里牺牲了。其中有一个美国飞行员，脑袋被子弹打到，却还没有死。他坚持把飞机上的自动驾驶仪调到了飞往汉中的方向。金逸群回忆起这件事情时说道："飞到汉中附近，大家都跳伞下来，而这个美国飞行员离开飞机就牺牲了，这是一件非常悲壮的事情。"

在此之前，已经有不下10架轰炸机在这里中弹坠毁。而这一次指挥部下达了死命令，炸桥任务必须完成！面对死亡，中国的飞行员们纷纷挺身而出，主动要求去执行这项艰难的任务。金逸群说："很奇怪，都是热血青年却不怕死。"

赴战前，飞行员们都写下了遗嘱，如果作战牺牲了，自己葬在哪里，遗物交给谁，抚恤金交给谁，这些都要一一交代清楚。金逸群说："我们轰炸黄河铁桥，唯一的办法就是：从高空突然下降，对准目标，开射机关枪，然后开炮。桥的两岸都配备了机关枪、机关炮，还有一个旅的工兵守着。金逸群他们不仅要精准投弹，而且要非常小心发动机被日军的子弹打到，否则就可能机毁人亡。最后，就在金逸群投下炸弹的那一刻，他驾驶的轰炸机不幸中弹。他没有选择跳伞，而是驾驶着随时可能坠毁的飞机，返回了基地。

第二天清晨，各大报纸的头条都是黄河铁桥被炸毁建立奇功，但是和金逸群一起执行任务的很多队友，却再也没有回来。残酷的空战中，噩耗陆续传来，彭嘉衡和队友们还没有来得及为亡者作深深的纪念，后面的死讯又接踵而至。

彭嘉衡说："上午大家还在一块儿刷牙洗脸，下午可能就回不来了。我们同学在白石驿机场起飞的时候，他太太就在数，出战5架飞机，回来时只有4架，少了一架。"少的那一架，就是这位同学驾驶的飞机，同学死了，留下了大着肚子的太太，一个人遥望天空，悲惨的哭声依然无法唤回已逝的灵魂。

在这个死讯不断的日子里，彭嘉衡内心掀起了波澜，思来想去，他决意给远在重庆的恋人寄去一封分手信。在信中，彭嘉衡对付汝梅说："我们这个职业，是个玻璃球，看起来好看，五颜六色的，可一摔起来，就很容易碎，你还那么小……"

对爱情忠贞不渝的付汝梅并没有选择放弃，她在信中坚定地告诉彭嘉衡：只有你才能将人们从混乱的轰炸中解脱出来，也只有你才能给我一个归宿。但付汝梅并不知道，此时的彭嘉衡接到命令，将要去轰炸武汉江面上的日军军舰。出发前，他已经向队友交代了遗言。彭嘉衡曾在南非买下一块手表，上飞机时舍不得带走，就放在枕头下，他向队友说："如果我回不来，就把手表送给我女朋友。"

彭嘉衡驾驶的是最后一架飞机，他说："前面9架飞机都没有炸中军舰，那个军舰是从东往西走，我飞得很低很低，快到的时候，才把炸弹投下去。"就在彭嘉衡投下炸弹的同时，他被发现了。看着飞机马上就要坠地，彭嘉衡想跳伞，伞却开不了了。他想，既然都要死，那就拼命吧！于是，他两只手抱着驾驶杆，使劲一拽，伞竟然奇迹般地打开了。虚惊一场，彭嘉衡出了一身冷汗。死里逃生的彭嘉衡没有丝毫的犹豫，又一次冲向了日军的军舰，日军军舰最终被成功炸毁。

1944年，中美空军对日军海上运输线和铁路交通补给线的频繁袭击，动摇了日军在整个亚洲和太平洋的战略基础。抗日战争进行到此，面对中美空军大规模的出击，侵华日军总司令冈村宁次也不得不承认对联军的猖狂活动几乎束手无策。

飞行徽章是爱情信物

1944年，曾经日夜躲避轰炸的人们，逐渐告别了潮湿拥挤的防空洞回家了，中国飞行员又一次成了人们心中的英雄。

1945年春天，彭嘉衡战斗满50次得到了短暂的休假期。于是迫不及待地来到了重庆，付汝梅第一次见到了这个被报纸评价为英雄的恋人。

60多年过去了，幸福依然写在付汝梅的脸上，她笑着说："那时候的女孩子比较传统，不像现在这么开放了。他穿着军装，真好看！就因为他穿着军装，他这一走路，谁都来看看他，那一看他，不就看到我了吗?"

尽管有些羞涩，但是同学们羡慕的目光却让付汝梅无比自豪，那一次见面，彭嘉衡把自己的飞鹰徽章送给了付汝梅当作信物。和那个年代的大多数中国人一样，彭嘉衡和付汝梅并不知道，这场旷日持久的抗战要到何时才能结束。

老年的彭嘉衡、付汝梅夫妇

这是一个非常普通的日子，如往常一样，参加完战前的誓师宣言，金逸群驾驶着 B-25 轰炸机，要去执行新的任务。这次去是硬碰硬的，金逸群已经作好了牺牲的思想准备，结果却中途来了一个超短波，说日本无条件投降了。

事隔多年，回忆起这个胜利的消息，金逸群老人依然喜悦满怀，他眼里闪烁着泪光说："大家欢呼啊，高兴得不得了，也大叫着，回家了！回去了！"

此时，金逸群的队友彭嘉衡也把兴奋的心情写在信里寄给了付汝梅，在信中，彭嘉衡还写下了恋人付汝梅最期待的语句。付汝梅说："他向我求婚了，虽然信里没有说以身相许，但字里行间，都有那样的意思了，表示大家都产生爱情了。"

抗战胜利后，彭嘉衡告别了队友，于 1947 年回到了印尼。1950 年，因为有着过硬的飞行技术，金逸群奉命接受了为新中国培养女飞行员的任务，这一年，闻讯香港两航起义的彭嘉衡返回了大陆，从此投身于中国的民航事业，那些曾经在硝烟弥漫的战场上和他生死与共的队友们，陆续成为了他的同事。

1951 年 9 月 5 日，在重庆边工作边等爱人的付汝梅已经等了三个年头，她终于等来了自己深爱的英雄。他们幸福地拍下了结婚照，这段爱情故事，终于有了一个圆满的结局。

2001 年 9 月 5 日，这一天是彭嘉衡和付汝梅结婚 50 周年纪念，他们去了纪念馆，看望那些曾一起出生入死的朋友。

据统计，在长达八年的抗日战争中，中国空军牺牲飞行人员 870 名，共计击伤、击落、炸毁日机 1456 架。

红　烛

编导手记

　　我有幸拜访过五四时期最后一代知识分子，也曾与30年前带动了整个社会觉醒与回归的各个领域的风潮人物在节目中促膝长谈，作为80后，能够在前辈们身上汲取力量，并从中受益，我感觉很幸运。

　　"观中国'五四'之后十几年的历史，我们不由得想要哀叹中国是何其的不幸，为何有这许多凶狠残忍之恶狼环顾四周？而看中国精英们在这十几年里为国家，为民族殚精竭虑，斩荆披棘，我们又不由得感叹中国是何其的幸运，若非如此，短短十数年间焉得这许多无双国士？"

　　这是整理资料时看到的一段文字，它让我的心犹如针扎般疼痛，这其中还夹杂着些许伤感和悲凉，那天正好是清明节。

2010 年，已经有越来越多的大师相继离去，他们的学术，文化，精神，会不会随他们的远去而消亡，我们究竟有多少人还会记得他们的成就，思想，良知，甚至于他们的争议。

以前我一直固执地认为，闻一多的一生是个悲剧，作为一个学者，学术是他的终身事业，但最终他却为政治所缠绕。在诗歌《红烛》中，闻一多曾经期望诗人能有红烛一样的境界。最终他如自己向往的一样，在黎明前最浓重的黑暗中，燃烧了自己。

回首闻一多在抗战时期走过的路，却发现他和那一代知识分子的生活，注定要与整个国家的时代风浪休戚相关。家国天下的情怀是知识分子共有的特点，而热情浪漫的闻一多则表现得更为强烈。

外患的刺激、剧变的生活环境，迫使钱穆不停地思考这样一个问题：中国会不会亡？1939 年钱穆完成的《国史大纲》一书中始终贯穿了这种思考，最终凝成这部充满士人自觉精神，以政治、思想、经济、军事史为纲的中国通史。钱穆把希望寄托在作为抗战中流的精英分子身上，希望他们从这样一部张扬"士"之人力的史纲里汲取力量，血战前行。

写下编导阐述的时候，我一直在思索："支撑一个民族的精神和力量到底是什么？"我很喜欢冯友兰在《贞元六书》中的一段文字："为天地立心，为生民立命，为往圣继绝学，为万世开太平。"

> 是谁制的蜡，给你躯体，
>
> 是谁点的火，点着灵魂，
>
> 烧罢，烧罢，
>
> 烧破世人底梦，
>
> 也救出他们的灵魂，
>
> 也捣破他们的监狱。

这是闻一多创作于 1923 年的诗歌《红烛》。一年前的 1922 年，他于清华学堂毕业赴美国芝加哥美术学院学习。按清华规定，公费留美的学习年限是 5 年，但闻一多只学了 3 年，便返程回国，因为他无法忍受种族的歧视。那时候，闻一多每隔几个月就会给远在中国的妻儿寄信，在信中，他多次提到我国有 5000 年的历史，有传统的文化、历史、政教、礼俗、美术，除了不会制造枪炮杀人之外，有何者不如其美国，却被他们这样歧视，是可忍孰不可忍。

闻一多

写下诗歌《红烛》两年后，闻一多踏上了回国的路程。他脱下西装，换上长衫，从此潜心研究学问，不愿过问世事。

战火中的再一次离别

世事动乱，1937 年，抗战爆发了。回国后一直潜心研究学问的闻一多没有料到，他那平静的学术生活这么快被打破了，历史的阴影与现实的悲痛，沉重地笼罩在闻一多的心头。

1937 年仲夏，在北平西城的一座小院里，借着微弱的烛光，清华大学教授闻一多，给远在湖北探亲的妻儿写下了一封家书。他告诉妻子，自己看书看不成，写文章也写不成，因为天空中有日本飞机的轰隆声，地上有日本人进攻的大炮声，弄得他心烦意乱。1937 年 7 月 7 日，"七七"事变爆发了。日军的炮声在北平响起，很多地方被炸，连接北平和汉口的平汉铁路也很快中断。闻一多一家人就这样被突然而至的战争分割两地。

闻一多的妻子非常着急，担心还在北平的丈夫的安危，她无法想象如果北平被占领，那里的群众将会受到怎样的残酷迫害，而闻一多却认为再过十天半个月，最多个把月，问题就会解决。然而现实与闻一多的期望正好相反。1937 年 7 月 29 日，北平沦陷。带着另外 3 个孩子，闻一多离开了北平。闻一多的儿子闻立雕清楚地记得，离开北平的那一天，他们在火车站正好碰到了臧克家，臧克家问闻一多："闻先生，你的那些书呢？"闻

★★★★★
平汉铁路

北平到汉口的铁路，原称卢汉铁路，是清政府准备自己修筑的第一条铁路。后由张之洞监督，比利时公司修造。平汉铁路的全线贯通，对武汉的经济发展至关重要。

一多回答说："国土都一片一片地丢失，我那几本书算什么！"

就这样，闻一多舍掉了房子和藏书，带着简单的行李和孩子们离开了北平，躲过纷飞的战火，在武汉与妻儿团聚了。战争虽然残酷，战乱年代虽然生活艰难，但是一家人平平安安地在一起就是一种最大的幸福。

而此时，在北平沦陷后，天津也遭到了惨烈的轰炸。1937年7月29日，在完成了武力的占领后，日军从这一天起，连续两天对天津南开大学以及所属的南开中学、南开女中、南开小学进行轰炸。7月31日，日军又一次轰炸南开，百余名日本骑兵、满载汽油的数辆军车开进学校，到处纵火。与此同时，中国其他的学校，也遭遇着与南开同样的命运。

其实早在1932年，上海几所重点大学和汇集了大量文献资料的上海商务印书馆，就在日军轰炸中被摧毁。一位日本军官用一段文字道出了轰炸的初衷：

> 如果我炸毁中国闸北的几条街，中国人半年一年就把它修起来，只有炸毁商务印书馆，中国人就不得翻身。

这不禁让人想起二战期间英国和纳粹德国的不成文约定：英国不轰炸德国的海德堡大学和哥廷根大学，德国不轰炸英国的剑桥和牛津。力求"脱亚入欧"的日本却没有把这个文明的习惯学过去。

敌人很清楚文化教育的重要性，所以他们才把学校作为轰炸的重点目标。据统计，从1937年7月到1938年8月底，在日军频繁的轰炸中，全国108所高等学校，受到破坏的有91所，北平许多校舍沦于敌手。在战火中备受重创的各大学校为了保住学校的资源，挽救中国的教育，最好的选择就是往内地迁校。

1938年4月，国立西南联大在昆明成立，这是北平大学、清华大学、南开大学在长沙建立临时大学之后的再一次联合。这一年，很多教授和学生陆续踏上了前往西南联大的路。无数的图书和仪器也通过船只从沦陷区运出来。长江纤夫以血肉之躯，拉着一艘艘满载书籍的货船，一步一步艰难前行。日军轰炸过后，数百名纤夫倒在了前进的路上，勉强支撑着没有倒下的人们，又继续挣扎前行。

在那个战乱的年代，西南联大的师生们一路上受到了很多人的帮助，在挽救民族未来的事情面前，每一个中国人都有心献上自己的绵薄之力。有帮忙运书籍仪器的，也有资金捐助的，师生们和群众克服困难，一路坚持，终于到达了目的地昆明。但是在即将开学的时候，最重要的问题却摆在校长梅贻琦的面前：教师不够！梅贻琦想到了闻一多。但是这一年，闻一多正在休假，梅校长希望他把休假推迟一年，先到西南联大教书。

离乱的时代，一家人能够相守，是每个人最大的愿望。闻立雕老人说："战乱时期父亲又要走，把五个孩子、一个阿姨，全交给我母亲一个人照顾，所以她不同意。"走与不走，闻一多面临抉择。就在这时，在武汉教育部任职的好友顾毓琇向闻一多发出邀请，让他到战时教育问题研究委员会工作。闻立雕的母亲听说后就心动了，她认为教育方面的工作适合闻一多的性格和要求，而且教育部就在武汉，离家很近。但闻一多面对这份好差事却坚决不干。闻立雕说："这不是让他当官嘛！他不喜欢干的事情，如果偏要叫他干，他就干不了。结果把我母亲惹火了，不理他了。"

尽管这样，仍然无法阻拦闻一多离开。旧历新年的前夜，面对着渴望与他一起生死相依的妻儿，闻一多毅然选择去昆明。

与父亲的离别之夜，至今历历在目，闻立雕老人说："那天半夜里，我父亲把睡着的孩子一个个叫醒，说他要走了，他心里也有了离别之情，哽咽得说不出话来。他这次出远门，要到云南昆明，几千里以外的地方，不知道什么时候才能回来，再和儿女们见面。他看看我母亲，我母亲却扭过头朝一边，不理他。看到这个局面，我父亲心里难受得话也不说了，就走了。"

梅贻琦（1869—1962）

内迁的三校校长张伯苓、蒋梦麟、梅贻琦组成西南联大常务委员会，领导学校工作。由于张、蒋两位校长常在重庆并另有职务，主持西南联大校务工作实际上落到梅贻琦校长一人肩上。

顾毓琇（1902—2002）

1915年入清华学校，后留学麻省理工学院并留居美国，科学家、教育家、文学家。与冰心、梁实秋声名相当，且是好友。他是江泽民在上海交大的老师，1997年江泽民访美时专程拜访了他。

草房子组成的大学

身后是蔓延的战火，前方是未知的西南边陲，从异乡奔向异乡，一路上景象凄凉。所幸终于安全到达昆明。目睹了人们的疾苦，闻一多蓄起了胡须，发誓抗战不胜决不剃须。

1938 年 4 月 28 日，在战争中颠沛流离了将近大半年的师生们，终于到达了云南，开始了战火中的学习。

在西南联大的生活是艰苦的，刚到昆明时，由于学校房屋紧缺，他们最初只能借住在云南的一些大学里。张定华当时是西南联大历史系的学生，她回忆说，学校的房子都是泥坯做砖盖起来的，教室是铁皮，学生宿舍是草皮顶。下大雨时，雨水滴在教室的屋顶上，当当当地响。有时候铁皮屋顶也漏雨，即使外面不下雨了，教室里面还在滴水。同学们坐的都是木头椅子，漏雨时就拉开个空。

李之楠是经济系的学生，对学生宿舍的拥挤深有体会，他说："一间屋子里，几乎要睡几十个人，床与床之间挨得很近。"李佩也是经济系的学生，她说，两个床之间，有几个煤油箱摞着用来摆放东西，用来坐的凳子，往往也是一个煤油箱。那时候没有玻璃，窗户都是在木框上糊纸，教室也是纸窗户。

学校的院子很大，但是学生们每天去上课，都要走过一片坟地。到晚上，李之楠和同学们从图书馆回宿舍，都感到非常害怕，因为那个坟地阴森极了。关于西南联大，梅贻琦校长曾说："大师之谓也，非大楼之谓也。"的确是这样，西南联大的大师很多，大楼却一座也没有，都是茅草房子。

那时候，学生都是自己选课、选老师。老师们给学生留下的印象都十分深刻。

何兆武是 1939 年秋天入大学的，就在 1939 年 8 月底，第二次世界大战正式打响。何兆武当时觉得这个世界，会有一个翻天覆地的变化，人类未来的命运会怎么样，他对这个挺感兴趣，所以选择了学习历史。他记得钱锺书先生讲课，好像有点玄虚，他绕着圈子讲，只提示一下，不会直接点出来，懂不懂就看学生自己的悟性了。

> ★★★★★ 西南联大茅草房子
>
> 当时梅贻琦校长请同在昆明的林徽因、梁思成夫妇为联大设计校舍，一个月以后，一所一流的现代化大学被设计出来，然而当时的联大根本没有经费，就这样，设计稿上高楼变成了矮楼，矮楼变成了平房，平房变成了茅草屋，甚至最后盖茅草屋都木料不够。每改一次设计，林梁二人都要落一次泪。为西南联大设计茅草房，也许是建筑大师梁思成一生中最痛苦、最委屈的工程了。

生物系学生沈善炯说："陈寅恪先生讲课，会讲许多课上不能讲的东西，学生们都听到了。我听陈寅恪先生讲过一句话，叫'独立之精神，自由之思想'。"

历史系学生张定华说："朱自清先生个不高，戴着眼镜，我们考试的时候，他甚至站到桌子上监考。他觉得抗日战争那么艰苦，我们在这念书，一分钟都不许错过，一定要好好地念书。"

学生们并没有辜负老师的期望，据生物系学生沈善炯回忆，那时候图书馆位置比较少，很多西南联大的同学都去茶馆，在茶馆里泡壶茶念书，一直不走。

开学没多久，何兆武和同学们，就被一位戴眼镜，穿蓝布大褂，留长长胡须的先生深深吸引。何兆武老人说："那时候都是土房子，有窗户，但是没有玻璃，同学们都是趴在窗子上听他讲课。"

何兆武和同学们后来才知道，这位留着长长胡须的先生，就是闻一多。学生们曾这样描述闻一多上课时的情景：

他往往等到黄昏，点个香炉，拿个烟斗，然后开始念《楚辞》的名句。

对父亲闻一多的讲课风格，儿子闻立雕和西南联大的学生们一样了解。闻立雕老人说："他坐下，掏出烟来，问同学们哪一位抽？同学们当然都不敢抽，就和他客气。然后，他就划上火柴，点着了烟，抽上一口，喷出烟雾，在朦胧的黄昏里，闭上眼睛给大家念'痛饮酒，熟读《离骚》，方为真名士'。"

闻一多在给妻子的家书中写道：

这里清华、北大、南开三个学校的教职员不下数百人，谁不抛开妻子跟学校跑。

1938年，闻一多的妻子带着孩子，从武汉来到昆明，目睹了西南联大师生们的真实境况，妻子对丈夫的责任理解至深。闻立雕老人回忆说："我父亲正走了一路挺累了，但是老远一看，我妈妈在村头等着呢，我小妹妹赶快跑过去，叫爸爸！他一下子就忘记了疲惫劳累，显得心情很舒畅、很轻松。"

1938年9月28日，宁静的校园生活，又一次被日军的炮火打断了。空袭警报拉响，学生们都跑出学校，刚跑到学校门口，紧急警报就拉响了，这表示日本飞机马上就要临头。何兆武说："全校的师生员工一共有1000多人，加上附近的居民，好几千人聚在一起，那时候非常慌乱。"在一片慌乱中，60岁的梅贻琦先生却拄着拐杖，不紧不慢、方方正正地走，还总是疏导学生，叫他们不要拥挤慢慢走。因此，何兆武一直对梅贻琦先生十分佩服。

在那次日机轰炸中，李之楠逃过了一劫。老人说："我眼看着飞机在背后追上来了，清楚极了，他们拿着机枪嗒嗒嗒地扫射。这时，我看见前面正好有一个小坑，就一下子趴在坑里，子弹就从我的头上打过去，落在我的脑袋前面。"

1938年9月28日，日军第一次轰炸昆明，从那之后的日子，这所承载着中国未来与希望的大学，又一次成为了日军重点轰炸的目标。何兆武老人回忆说，每一次都是27架飞机来，3架呈一个小品字形，是一个小队，3个小品字组成一个大品字形，就是一个中队，3个中队，就是27架，变成一个大队。他们每天都来得很准时，总是早晨10点钟。"

1940年10月13日，联大遭到轰炸，西南联大教授吴宓在日记中写道：

> 云大与师院已全毁，文化巷住宅无一存者，联大的办公处、女生宿舍门窗破倾，瓦砾尘土堆积，众人惶惶无所归宿。

轰炸后的第三天，晚7点到9点，吴宓和学生们月下团坐，开始了《文学与人生理想》的讲授。吴宓纵横今古，由避警报而讲述世界四大宗教哲学、对于生死问题之训示。面对死亡，他提倡主"自修以善其生，而不知死亦不谈"的积极人生态度。

安宁的环境已不存在，教学却没有因此停顿。炮声、飞机轰炸声，不断在耳边响起，许多学生都怀揣救国思潮用功读书。为了躲避轰炸，许多教师将家搬到了近郊。张定华老人说："老师们来去都是用马车，有些马车有棚子，有些没有，因为是小马。"为了躲避日军频繁的轰炸，人们躲进了防空洞，但在这里，他们也没能找到片刻的安宁。在一次轰炸中，华罗庚一家所在的防空洞被震塌，华罗庚大半身都被埋在土里。大家用手慢慢地刨，因为不敢用工具，怕伤到了华罗庚的身体。华罗庚终

华罗庚

于被大家齐力救出。

防空洞垮了，华罗庚一家没有地方住。正当他为去处犯愁的时候，闻一多伸出了援助的手，邀请华罗庚一家六口人，搬到自己那并不宽敞的房子里。闻立雕老人说："我们家八口人，本来住上面两间，一个耳房，还有一个储藏室，非常拥挤。"

在只有 16 平方米的小屋里，闻一多一家八口人，住屋子东头，华罗庚一家六口，住屋子西头，为了不互相打扰，两家中间挂一块碎花布相隔。为了节省空间，闻一多用 4 个肥皂箱临时拼起来一个写字台。在简陋拥挤的小屋中，闻一多取得研究《九歌》的重要学术成果，华罗庚完成了他最重要的著作《堆垒素数论》。后来，华罗庚写了一首七言小诗，真实描绘了他和闻一多共同度过的艰难岁月。

> 挂布分屋共容膝，岂止两家共坎坷。
>
> 布东考古布西算，专业不同心同仇。

1942 年的冬天，随着战火的蔓延，昆明通货膨胀，物价飞涨，西南联大师生们的生活越来越差。很多教授的家属，冒着严寒，开始在昆明的街头卖起了糕点。李之楠老人说："教授们的孩子，甚至还不到 10 岁，就让他们到菜市场，捧着盒子卖月饼，做生意，当时我们看到这种情况，又难受又很惊奇。"而学校里的饭团，实在吃不下去，因为饭里面有沙子，咬一口就嘎嘣嘎嘣的。那时候，几乎天天都吃一种管儿菜，就是一种在河边上的空心菜，也叫蕹菜，这个菜大伙一抢就没了。

西南联大教授朱自清，因为孩子多，生活十分拮据，冬天冷的时候，他只穿一件蓑衣，既御寒又可以做雨衣，对此他有诗云：

> 闭门拼子守穷悭，车马街头任往返。

为养活一家八口人，闻一多用尽了所有积蓄，不得不靠典当为生，寒冬腊月，昆明的气温已接近零度，闻一多却不得不将那件唯一能御寒的大衣，送进了典当行。闻立雕老人回忆说："父亲回来以后，我母亲一下子火了，全家人就靠父亲了，他要是冻坏了，我们全家人靠谁去。所以他是重点保护对象，后来母亲急了，就让我大哥赶快去城里，硬是把这件大衣又取回来。"

随着物价的不断上涨，大衣又一次被送进了典当行，最困难的时候，闻一多甚至将自己的藏书拿出来典卖，即使这样，他也无法让一家八口得到长久的温饱。闻一多有一个做生意的朋友，他说："闻先生，你这个老大正在念书，他的生活费我包下来，包到他大学毕业，找到工作，能够维持生活为止。"然而，对于朋友的好心帮助，闻一多坚决拒绝了，他认为自己的儿子不能让别人来养活。

拒绝了朋友的帮助，面对着断炊的不利处境，闻一多不得不依赖挂牌治印来维持生活。他对妻子说："我还有一双手，别的劳动不会，刻图章的力气还有。"刻图章没多久的闻一多，就磨出了一个豌豆大的手茧，妻子看了之后很心疼，就用毛线把整个刀柄缠起来，虽然这样对手指好了一点，但是后来闻立雕看到父亲写字时手都有点发抖。

有一次，儿子闻立雕，不满父亲挂牌治印，怒气冲冲地责问闻一多是不是发国难财，沉思了很久后，闻一多只说了一句话："立雕，你这话我将一辈子记着。"

夜以继日的伏案写作，是闻立雕对父亲的最深记忆。他说："更多的时间是，父亲一个人在屋子里头，桌子上铺开自己的手稿，搞点学术著作研究。"或许，将山河破碎的苦闷，化作微弱烛光下凛冽的文字，这不仅仅是一个青衫文人泣血的呐喊、希望的寄托，也是他所能坚守和捍卫的信仰与精神的战场。

为万世开太平

1945 年 8 月 15 日晚上，徐守源和张定华正在看电影，突然电影停了，出现一行字幕：日本天皇向日本全国发表广播声明，宣布日本接受《波茨坦协定》，无条件投降。胜利的消息立即使大家疯狂起来，张定华回忆说："不管认识不认识，大家都互相笑、点头、握手。一会儿工夫，就有人拿来炮仗，放起来，还有人喝酒，高兴得摔酒瓶。"

那天，闻立雕正在城里，街上的报童大声叫喊："号外，号外，日本投降了！"那时候收音机

> **闻一多《口供》**
>
> 我不骗你，我不是什么诗人，纵然我爱的是白石的坚贞，青松和大海，鸦背驮着夕阳，黄昏里织满了蝙蝠的翅膀。你知道我爱英雄，还爱高山，我爱一幅国旗在风中招展，自从鹅黄到古铜色的菊花。配着我的粮食是一壶苦茶……
>
> ——摘自闻一多《口供》

还不普及，闻立雕心想父亲大概还不知道日本投降的消息，飞奔回家。

当孩子们怀揣胜利的号外，匆匆奔向家里报喜时，却不见了父亲的踪影。原来，闻一多去履行他的诺言去了，理发师傅对他说："哎呀，老爷子啊，你这个胡须这么好，可惜了吧。"闻一多说："不可惜，抗战胜利了，刮掉！"刮掉胡子的闻一多，突然从一个老头变成了中年人，学生们看着都不认识了。

冯友兰

1946年5月4日，联大正式宣布结束，师生们陆续离昆北上，闻一多和家人也欣喜地为北归做着准备。1946年5月7日，闻一多带全家人到宿舍门口，为先行回京的吴晗送行，握别时他对吴晗说："回到清华园，先去看看我旧居的竹子，看长得多高了，我们北平再见！"

八年动荡岁月中，哲学家冯友兰在乡村的油灯下，完成了他的著作《贞元六书》，在该书的序中冯友兰写道：

为天地立心，为生民立命，为往圣继绝学，为万世开太平，此哲学家所应自期许也。

而那时还是学生的何兆武在自传《上学记》中，曾经这样描写：

现在回想起来，我觉得最值得怀念的，就是在西南联大做学生的那七年，那是我一生中最惬意的一段好时光。

抗战期间，西南联大部分学术成果：

陈寅恪《隋唐制度渊源略论稿》

汤用彤《中国佛教史》

冯友兰《贞元六书》

金岳霖《知识论》、《论道》

钱　穆《国史大纲》

郑天挺《清史探微》

陈序经《文化学系统》

潘光旦《优生原理》、《性心理学》（著译）

罗　庸《鸭池十讲》

朱自清《诗言志辨》、《经典常谈》、《新诗杂谈》

王　力《中国现代语法》、《中国语法理论》

冯　至《歌德论述》、《杜甫传》

吴征镒《滇南草本集》

沈从文《湘西》、《长河》

华罗庚《堆垒素数论》

吴大猷《多原子分子的机构及其振动光谱》

……

活下去

亲历者

饶平如——时为第一百军六十三师一八八团迫击炮二排排长
李宗岱——时为第四十军野战补充团二连连长
朱　韬——时为石家庄劳工教习所战俘
张　晋——时为八路军抗大干部三团学员

★★★★★ 编导手记

活着，还是死去，命运有时候决定不了这个问题！

饶平如能活下来是因为他还想多看看蓝天白云；李宗岱能活下来是因为他还得继续打鬼子；朱韬有一群生死之交的难友；张晋只为了能喝上一口水。

生死之间，一个简单的愿望：活着，支撑起生命得以继续。

饶平如离死亡最近的时候不是日军炮火最猛烈的时候，而是他趴在地上抬头看天时。蓝天白云青山，能死在这样的地方也好，那一刻，他几乎已经放弃求生了。李宗岱最危机的时候不是中弹的那一刻，而是被送到医院后看到医院里抬进抬出的伤员，生与死仿佛一枚硬币的两面，他几乎已经放弃了与命运掷最后一次硬币。从关进战俘营的时候，朱韬就已经放弃了选择，他最危急的时刻是被俘那一刻。张晋的危机则是在窝棚里喝到第一口清水的时候，从水缸的倒影里看到自己扭曲的脸，那一刻他内心感到了恐惧。

　　然而，他们都在毫无意识的状态下，选择了尊重生命。不管是主动地选择，还是被动地接受。

　　张晋在窝棚里的几天让我无话可说，我最初的选择是只让他说，让他把这生死一刻一字一句完整地表述出来，不人为地营造任何气氛。虽然最终没有完全把我的意愿呈现出来，但我自己却是一字一句地听完了他的表述。

　　战争节目做多了，生死的故事也遇到过很多。王铭章、吕公良的英勇战死足够壮烈；川军和二十九师的集体殉国也足以感天动地；当张晋这样一个普普通通的个体的生死故事摆在眼前时，我仍旧忍不住扼腕。很长一段时间我都难以清晰地辨别这生死一刻，所以会有这样的解说词——此时的张晋面部已经变形，他自己也不知道自己到底是活着还是早已死去。远处，日军搜山的叫喊声此起彼伏，由惊慌产生的心跳加速，才让张晋意识到，自己还活着。

　　这其实是我的疑问，我一度以为他其实已经死了。直到此节完成，我仍然没有解开心中的疑问。

　　"活下去"其实是战争年代一个难以言说的场景。

　　结尾处如是说：在这场抵御外辱的民族战争中，中国人一直挺着脊梁。在重庆连年的轰炸中，在沦陷区日益深重的屈辱里，在华北饿殍遍野的贫瘠土地上，在鬼子的集中营散发着的阴暗光线下，每一个中国人，都没有失去活下去的勇气。只有活着才能迎接胜利的到来；只有活着，才不会失去希望！

　　这是一个光明的结局，我之所以不喜欢是因为这没有把"活下去"的命题更深入一些，尤其是张晋的故事，这样的结局让我觉得是欠了他的经历一笔还不清的账。

　　2010年8月，我们把播出后的节目送到张晋手中，看完片子的张晋只含笑说了一句：当时的情形就是这样。

在"葬身之地"活下去

1945 年 5 月 19 日

湘西会战雪峰山谷山门阵地

第一百军六十三师一八八团迫击炮连二排

任　务：炮袭日军阵地

指挥官：二排排长饶平如

19 日这一天，饶平如看到对面山上站着一排一排的日本人，但他没有开炮，因为他的部队距离对面山头很远。面对这个困难，饶平如做出了一个违反常规的决定，他们拉着迫击炮翻过自己这边的山头，来到山前面，把两门炮做成一个阵地，算准距离，准备好弹药，瞄准日军，来了个齐发。一分钟之内，那边山上就黑烟、白烟吭吭地齐冒。

日军的阵地转瞬之间就淹没在一片炮火之中，炮兵饶平如干了这辈子最痛快的一件事。60 多年以后，饶平如老人谈起这件事情时，依旧透露着满心的自豪，他说："湘西会战让我不负此生，就是这一仗打得我心里蛮痛快，我亲眼看着他们被打死，生平的愿望实现了，我还要什么呢？"这次战斗击毙日军 70 余人，迫击炮连无一伤亡。

饶平如

第二天，日军又在对面山上活动了，饶平如看见了他们。于是，他又计划用上一次的办法，拉着迫击炮翻过山头，还在原来那个地方，准备好那些炮弹，再给日军来一次齐发。按照前一天的部署，饶平如带领二排的战士，再次组织阵地，准备炮袭日军。饶平如下令发射炮弹，可是刚刚发射两三炮，他就发现不对了。突然，对面的重机枪扫过来，小钢炮对着饶平如这边打，距离他们只有四五十公尺。

令饶平如没有想到的是，这一次日军已有所准备。炮二排的 50 多个弟兄，几乎完全暴露在日军的炮火之下，战士们完全没有掩护的地方。于是，饶平如下令大家卧倒不动。日军扫射了一阵，停了下来，第二次再扫射时，第四班班长黎阿水不幸被打中了，饶平如亲眼看到他的肠子都被打了出来。

那一刻，看到战友倒下的饶平如感到自己也离死不远了。回忆起当时的心境，老人说："那时，我脑子很清醒，我卧倒，抬头看见青天、白云，还有四面的高山。心想，这里是我的葬身之处，这个地方很好，我很安定。"

日军的炮火仍在继续，但这一刻，饶平如的心里反倒安定下来。这一天，雪峰山是个难得的晴天，眼前的蓝天白云让饶平如留恋，他真想这一刻再长一些。炮火声又响起来，饶平如要带领 50 多个弟兄，杀出去。

饶平如观察了一阵，发现山上除了几棵小松树，就没有其他东西了。如果他们能越过这个山顶就算安全了。于是，饶平如带领战士们向山顶跑去，跑一阵停一阵，因为敌人的子弹随时打过来，敌人一看见有活动的人，机关枪就扫射。当敌人扫射时，饶平如下令战士们卧倒；当扫射停了，饶平如就下令战士们向前跃进。山顶在一步步接近，枪声也越来越急，这一路，生与死是如此接近。

最后，饶平如和战士们这样跃进了三四次，每次向前跑三四十米，跑了大概半个多小时，终于抵达了山顶。炮二排的弟兄终于脱险了，躺在山顶柔软的草地上，饶平如眼中只有蓝天白云，那一刻，天空格外晴朗。

侵略者还没有被赶走，他必须活下去

1938 年 4 月，在台儿庄大败的日军反扑临沂。守军第四十军野战补充团奉命阻击，双方在临沂市郊激战。1938 年 4 月下旬，在徐州兵站医院，李宗岱终于醒过来了，距离他受伤昏迷，已经过去了四天四夜。

李宗岱的右眼感觉到非常疼痛，子弹是从右脸颊打进去的，他觉得右眼不行了，看不见了。剧烈的疼痛让李宗岱的意识有些模糊，但他仍清楚地记得昏迷前的那一幕。

1938 年 4 月，在临沂大许家寨附近驻守的李宗岱，跟反扑的日军交上了火。李宗岱的部队得到信息，大许家寨前面那个土寨子，被伪军和鬼子占领了，如果不把它拿下来，北上的部队后面、侧面都会受影响，前进不了。所以团里下命令，李宗岱作为尖兵连，必须要先把那个寨子拿下。

接到命令的李宗岱，立即组织部队向日军进攻，像往常一样，李宗岱再一次冲在了最前面。李宗岱老人回忆说："土寨子有一人来高，我让二班班长蹲下，自己站在他的肩上爬上去，爬上去以后我就掷手榴弹，甩了一个不管用，我又掣第二个，这时候我中枪了。"

李宗岱再次醒来时，已经是4天后了，但剧烈的疼痛让李宗岱很快又陷入昏迷。他的牙齿都被打掉了，流着血，别人说他活不了了。时间在一分一秒地过去，喧杂的医院里不断有新的伤员抬进，有医治无效的伤员被抬出。在这里，生与死只在一线之间。时间仍在一分一秒地过去，昏迷之中的李宗岱，安静地躺在医院的角落里，在等待，也在挣扎。

这时候，鬼子飞机来轰炸徐州，在轰炸中，李宗岱从医院楼上摔到了楼下，可是幸运的是，他没摔死。鉴于徐州的情况十分危险，伤员需要赶快转院。李宗岱被转到开封。那个时候，像李宗岱这样的伤员辗转遇到的危难太多了。在开封作了包扎以后，李宗岱又被送到汉口第一综合医院，直到此时，李宗岱才清醒了过来。

虽然丢了一只眼睛，但李宗岱终究挺了过来。老人说："我的脚没有受伤，手脚都还可以动，只是一只眼睛看不到了，没有关系。"医生说这是个奇迹，但李宗岱并不这么觉得。侵略者还没有被赶走，他必须活下去，直到把侵略者赶出中国。

在集中营把生命交给同伴

1942年4月，日军华北方面军对冀东地区展开扫荡。两个月后，八路军主力跳出包围圈。1942年6月在石家庄劳工教习所，部分来不及转移的战士被俘。

一盆冷水过后，昏暗的审讯室里，浑身是血的朱韬睁开了眼。敌人问："你是八路的？"朱韬说："不是，我是老百姓。"敌人又问："你们村支部书记是谁？"朱韬说：

"不知道。"敌人用大棒子把朱韬打倒，在他的脖子上压杠子。朱韬失去了知觉。审讯的日军没有得到想要的答案，又毒打了一阵后，用冷水浇醒了朱韬。朱韬老人说："他泼了水，我又缓过来了，我说我是老百姓，我没有暴露任何秘密。"朱韬是在日军扫荡的时候被俘的，被俘前担任抗日军政大学分校政治主任教员。与他一起被俘的李政军，也是共产党员，两个人都咬牙挺住了，谁也没动摇。

朱韬老人说："那些难友，特别是李政军，拿筷子给我活血，因为打得浑身青一块紫一块的。我虽吃点皮肉之苦，心里倒很轻松，李政军也说，我们都不怕死，奈何以死惧之。"

朱韬和李政军都不怕死，但他们却不想盲目地牺牲，他们暂时隐蔽起身份，在鱼龙混杂的集中营里，等待着机会。朱韬和李政军遇到了抗三团的一个保卫干事。这个保卫干事了解了朱韬和李政军被捕的情况，知道这两个人都是很坚定的，就告诉他们，这个教习所有个共产党组织，叫"五月特支"。这个消息让朱韬十分兴奋，随后他和一同被俘的几个战友，加入了这个特殊的党支部。特支的领导先后被日军押送到煤矿上去了，朱韬和李政军就接替他们，成了特支的干部，李政军是支部书记，朱韬是宣传委员。

有了组织，与日伪军的斗争就有了方向。每天，被关押的人都要集合，喊口号。敌人让大家喊"打倒共产党"，朱韬他们就喊"拥护共产党"，把"共产党"三个字喊得特别大声。被关押的人很多，最多的时候有千八百人，谁喊了什么，敌人也听不出来。

日军折磨战俘的花样多，战友们斗争的方式也不少。特支的党员也增加到了100多人，为了能够活着走出去，大家都咬紧了牙坚持。当时条件很恶劣，一个大石棚子里装了几百人，蚊子、跳蚤肆虐。朱韬患了回归热，这种病要打"六零六"。有一个姓韩的难友，也是抗三团的工作人员，他出去做工，拿了3支"六零六"回来。拿到了针剂，战友们赶紧找来了集中营里的一个姓钱的医生给朱韬打针。医生打开第一支一看，变质了，不能打了，又打开第二支，还是不能打。于是，医生把最后一支包了起来，走了。大家都很紧张，认为朱韬没有希望了。

集中营的大棚子里，战友们围坐在朱韬身边，低声叹息。一夜过去了，朱韬的意识已经变得模糊。就在这种情况下，第二天，钱医生赶来了，他对朱韬说："你得救了！"原来，他冒着天大的危险，把那一支变质的药，换了一支好的来给朱韬打。

打了以后，朱韬的病好了，大家把朱韬从死神手里夺回来了。

朱韬又挺过一劫，他打心里感激冒险换药的钱医生，也感激集中营的其他战友，但这份感激他没有说出来。因为他们每一个人，都已经把自己的生命交给了同伴，只有这样，在集中营这个特殊的战场上，他们才能最终活下去。

一幕幕活下去的真实

1942年6月，太行山区的日军展开大面积扫荡。

第一天

1942年6月7日早上，正在突围的抗大学员张晋，和四个同学遭遇了日军。张晋说："那一队日军人马，有个四五百人。我们和他的尖兵碰上了，碰上了我就大喊一声——敌人来了。当时我们是五个人一个序列，我是第一，我这么一叫，后面俩同学还在这癔症呢，我跑出去了大概有那么个三四十米，敌人枪弹把我右胳膊这个关节打碎了。我后边这两个同学被敌人当场击倒了，但当时还没有断气，就在路旁呻吟。"

围上来的日军用石头砸死了两个同学，亲眼看到同学的惨死，张晋却来不及悲伤。这时候，他已经跑出去了四五十步，突然一个手榴弹落到他的面前。掷弹筒弹把张晋打伤了，他倒在地上再也起不来。这时，日本人的大队还都在休息，几个鬼子却端着刺刀，向张晋这边冲过来了。

张晋认出来这几个鬼子就是砸死他那两个同学的鬼子，于是，他极端愤恨，恨不得把敌人都咬死。但是他已经两次受伤，站不起来了。这时候的张晋想到了与敌人同归于尽。

张晋没有枪，只有突围时组织发的一颗手榴弹，右手已经不能动了。张晋用左手拧开了盖子，把拉火环噙在嘴里，他心想，临走我也要捎上一个日本鬼子走。就在这时，鬼子走到了张晋身边，离得很近，只有几步远。最后，张晋不是按照常规动作抡开臂膀把手榴弹甩出去，而是把拉火环拉下以后，直接从胸前推出去。

这个手榴弹炸了个正着，把敌人炸死了，张晋却增加了一处伤。张晋老人说："手榴弹撂下去，我没想到自己还能活。把敌人炸死以后，我的心情挺坦然，我总算是为死去的小唐、老丁报了仇。"

手榴弹的响声惊动了另外的日军，又有两个围了过来。敌人到了张晋的跟前，把带刺刀的枪往边上一靠，弯腰搬石，举起石头就冲张晋的脑袋砸。张晋下意识地用左手抓住被打断的右臂挡到头上，结果他的头颅骨还是被砸了一个窟窿。接着，敌人又搬起一块小一点的石头，又朝张晋的脑袋砸，张晋还是一挡，石头砸偏了，砸到了耳朵后边，这里至今还留着疤痕。两块石头砸得张晋昏死过去。

6月的太行山，已经有些炎热，暴晒在阳光下的张晋，勉强睁开了双眼，他不知道时间过了多久。张晋老人回忆说："烈日之下，血染的衣服很快就变硬了，像铁板一样。这时候，我也没有过多考虑自己能不能活，但是我要自救。"

强忍着满身的疼痛，张晋用手和牙齿，解下了4根裹腿，第一根缠住了右臂，第二根包住了头，第三根裹在了左胸，最后一根当作右臂的吊带，至于肩膀和腿上的伤，已经顾不得了。

张晋说："处理完毕以后，我这个脑子里想啊，想了好多好多。首先想到的我的家，我二姐对我很好，母亲死了以后，我二姐给我做鞋、袜子，很关心我。如果我能活下来，见到我的二姐，她会多么高兴；她看到我现在这么一个状态，她该怎么样痛苦，该怎么样悲伤。"

太阳越来越热，已经到中午了，张晋口渴得很，怎么办？尿不是能解渴吗，张晋就用茶缸解手接尿，骚味、腥味都无所谓了。他喝了尿以后，嘴唇、舌头、口腔总算是湿润了一些。

天色渐渐暗了下去，张晋的这一天，终于即将过去。太阳落山的时候，天气有点凉爽了，张晋的精神也有点恢复了，他想要活下去。当时最重要、最核心的问题就是水，张晋想："在我有生命的时候，我一定要喝上水，至于喝了水以后怎么办，我先不管它了。"

第二天

天还没有亮，太行山一条狭长的山沟里，张晋在艰难地挪动。因为他站不起来，所以只能用屁股慢慢移动。他的左手虽然也伤了，但是没有伤到骨头和筋，所以他就用左手作支撑，屁股着地，一点点地移动。张晋老人说："我的目的就是找水去，生死已经无所谓了，我想能够喝点水再死，也是好事。"

世间不会看到这样艰难的行军，张晋几乎是用一只左手，支撑着身体向前爬。天快亮了，大概五六点钟，张晋听到山里发出山洪一样的呼啸声，常识告诉他，这是敌人。怎么办？张晋观察了一下地势，发现这个山沟呈东西方向，靠南边的一侧阴影较大，加上黎明前又有一阵天比较黑。于是，张晋就躲在了南边的阴影下。300多人的大队敌人，只注意寻路，没有注意旁边。最后，敌人通过了，张晋十分侥幸。

仍是艰难地行军，一天只能挪动3里地的行军。但张晋要继续走，因为他要活下去，在天大亮的时候，张晋找到了一处山民搭建的窝棚。张晋非常艰难地进了这个窝棚，去找水。非常幸运的是，他一进门就发现一个大盆，盆里装着半盆水。虽然水里有些腐烂的树叶，还有些蚊虫，喝着有味儿，但是张晋连着喝了两茶缸。张晋老人说："那时候人哪顾得了那么多，总比尿强吧。"

然而喝了生水后，原本就没有愈合的伤口又裂开了，血流不止。张晋老人回忆说："肚子绞疼，撕心裂肺的疼，疼得我没办法，我脚蹬着南墙，头顶着北墙，这样抵御着疼痛，撑了两天。"

第三天

……

第四天

已经是第四天了，数量不多的脏水喝完了，张晋又陷入了危机。于是，他又开始找水。张晋发现自己住的南屋，还连着一个西屋，两间屋子之间的窗台并不高。他从门缝里看见西屋里有个水缸，水缸的下半截是潮湿的，因此他想办法爬进了西屋。结果，他掀开水缸的盖子一看，是清水，喜出望外。

欢喜的同时，张晋还吃了一惊。张晋老人说："清水照着我的面容，头上都是血，人已经很消瘦了，我想不到自己变成了这样子。"此时的张晋面部已经变形，他自己也不知道自己到底是活着还是早已死去，远处，日军搜山的叫喊声，此起彼伏，由惊慌产生的心跳加速，才让张晋意识到，自己还活着。

第五天

太行山的早晨，总是那么有生机，张晋在一片鸟叫声中，挣扎着醒来。张晋老人回忆说："到了11日，听不到敌人行动的声音了，喜鹊来了，麻雀也来了。这时候我又判断，敌人走了。于是我又有了生存欲望，我要想办法找部队。"

或许是太行山的早晨，给了张晋求生的欲望，或许是多日未闻的鸟叫声，唤醒了他最后一丝活着的本能。张晋再一次上路了，又是艰难地行军。山路崎岖，初夏的早晨，有股特有的味道，张晋感觉到了。大约3个小时过后，离开窝棚300米左右的半山坡上，一个善良的农民发现了张晋。

60多年以后，张晋还记得这个救助他的农民，他说："那个农民很善良，他觉得我很可怜，要想法搭救我。在他的帮助下，我又走了一两百米，那里有两三家山民，他给我找了点吃的。那时候，一根面条都没有，只有一碗面汤。5天了，我才喝到一碗煮面条的面汤。"

这碗热面汤的味道是如此鲜美，给了一个濒死之人最大的安慰。这个农民告诉张晋，不远处有一个黄岩村，是新一旅曾经驻过的地方，那里可以找到医生和药。于是，他就让张晋在原处待着，自己翻山越岭走了一夜，去帮张晋寻医找药。

第六天

第六天到了，一大早，李老人兴冲冲地赶了回来，他带回了药品和纱布。随后，他用花椒水一点一点帮着张晋清洗了伤口。与此同时，战友也来寻找张晋，他们一起把张晋送到了李老人的家里。

张晋老人说："李老人一家人都很善良，那个大嫂擀了碗面条给我吃，这碗面条，到现在我都记着，到现在我都报答不尽。大嫂90多岁了，现在还活得挺结实，每年过节我都给她买点东西，寄点钱。"

时间又过了一天，张晋终于被送到了医院，不是战争年代的生存奇迹，这是一幕活下去的真实画面。张晋走出医院时，已经是一年后了，在战争年代贫乏的医疗条件下，张晋的一只胳膊被截肢，胳膊上的碎骨头没有清理干净，肺部留下了4颗弹片，神经疼痛更是一直伴随着他68年，但他活了下来，即便是在抗日战争最艰难的岁月里，他依然用独臂支撑着自己生存的勇气。

在这场抵御外辱的民族战争中，中国人一直挺着脊梁，在重庆连年的轰炸中，在沦陷区日益深重的屈辱里，在华北饿殍遍野的贫瘠土地上，在鬼子的集中营散发着的阴暗光线之下，每一个中国人，都没有失去活下去的勇气。只有活着，才能迎接胜利的到来；只有活着，才不会失去希望。

胜利了

亲历者

尹慧珉——时为重庆中央大学学生

阎继哲——时为东北抗联第三路军特派员

刘　勋——时为中国伞兵总队工中队排长

金逸群——时为中美混合空军联队 B–25 轰炸机飞行员

王　亮——时为山东军区野战军第七师二十团五连指导员

李耐因——时为渤海军区津浦大队直属分队分队长

贾　克——时为延安留守兵团司令部军事教育科长

蒋润苑——时为五十三军军部作战参谋

康国雄——时为重庆巴蜀中学学生

陆开利——时为上海三育小学学生

饶平如——时为第一百军六十三师一八八团迫击炮连排长

李祥麟——时为炮三团一营二连连长

杨永彬——时为七十四军上尉连长

张访朋——时为七十八军战车防御枪队一中队中队长

王　建——时为中国驻印军直属汽车兵团第一团上士班长

俞慕贞——时为第十五兵站医院政治指导员

王为一——时为中国电影制片厂电影编导

田　申——时为中国驻印军新编第一军军部作战参谋

★★★★★ 编导手记

这一节里有个故事没有展开来说，有个老人讲到，胜利的消息传来，上海胡同里有些个日本人家在那里哭。这个老人当年还是孩子，战争爆发前，他的父亲与一个日本人是同事，两家关系不错，日本人还受过他们的帮助。后来战争爆发，一家人主动减少与日本家庭的来往。后来一个偶然事件，日本人打了男孩的爸爸一个嘴巴。那位日本夫人一定坚持让丈夫来道歉。后来战争结束，日本人变得很惨，想要回家可是没钱。中国家庭再次援助了他们。

孩子当年搞不懂这么多事情，因为事实总比想象中复杂微妙。

这就是历史。

这就是口述历史。

他把 8 月 15 日当成了自己的生日

1945 年初，中国的抗战即将进入最后时刻，然而在黎明到来之前，人们却不知道黑夜还要等待多久才能够结束。

1943 年 7 月，由于叛徒告密，抗联战士阎继哲被日本人抓进了哈尔滨的监狱。和阎继哲一同被关进这个监狱的，还有 5 个共产党员。当我们问起他当时的心理感受时，他说："当时没咋想，你想啥也没用，就是等着。"

日本人让阎继哲交出藏匿的手枪，写一份自首书。然而，经过严刑拷问之后，敌人既没得到枪，也没看到一个字。1945 年 3 月 30 日，在被关押近两年后，阎继哲被法院判处了绞刑。

1945 年 8 月 14 日是行刑的日子。阎继哲回忆说："那天下午 2 点半，大概 2 点半还要多一点，就听见日本人带着刀进来了，当时的耳朵可特别好使，有一点小动静就听到了。"最先牺牲的是隔壁监牢里的战友孙国栋，他曾和阎继哲并肩战斗过。"老阎，我先走了！"这是战友留给阎继哲的最后一句话。在被押赴刑场的时候，阎继哲听到他一直在高喊："打倒日本帝国主义！"喊了没多久，孙国栋就

阎继哲

被绞死在了刑场上。

执行死刑的时间是每天 14 点 30 分至 16 点 30 分，那天行刑的刽子手多喝了点酒，晚去了一小时。战友牺牲后，阎继哲的死刑被推迟到第二天。于是，阎继哲被押回牢房，心情复杂地等待着第二天的到来。他并不知道，就在这一天晚上的 8 点 30 分，远在日本的天皇裕仁起草了向日本国民公布的诏书，接受无条件投降。

早在 1945 年 8 月 6 日，美国向日本广岛投放原子弹；9 日，美军在长崎投下第二颗原子弹，同日，前苏联对日宣战。1945 年 8 月 15 日正午，日本天皇裕仁的终战诏书向全国播放，标志着日本正式无条件投降，也标志着第二次世界大战彻底结束。这一天原本是阎继哲准备赴死的日子，可是命运的改变猝不及防。

阎继哲老人今年已经 98 岁了，从 1945 年开始，他就把 8 月 15 日当成了自己的生日，纪念自己在这一天获得新生。他回忆说："行刑的第二天就是 8 月 15 日，这天 12 点挂出青天白日旗，日本投降了，监狱里的人全部都放了。"

1945 年 8 月，在胜利之夜里写诗

在 8 月 15 日这一天获得新生的人，远远不止阎继哲一个。这一天，在湖南衡阳，刘勋所在的部队陷入了日军一个师团的重重包围中。这是一年前刚刚成立的中国第一支伞兵部队，他们很少出手，可是武器先进，威力极大，敌人对这支部队又恨又怕。

两个月前，刘勋和他 150 余名战友，空降到湖南衡阳的洪罗庙，目的是捣毁敌人后方，阻挡日军进攻贵阳。不久，刘勋和战友们截击了敌人的 3 辆卡车，伏

击战打得干脆利落。刘勋老人回忆说："这里两边都是山，敌人的卡车必定要从这里经过，我们的分队就埋伏在山的南边，他们来了以后，进入我们的埋伏圈。我们先打驾驶室，结果把3辆卡车全部消灭了。"

刘勋

就这样，中国伞兵队以洪罗庙为营地，神出鬼没地不断偷袭敌人。到了8月15日那天，日军派了一个师团的兵力包围了中国伞兵队。当时，周围的老百姓偷偷给刘勋的部队通风报信，告诉他们敌人在哪里增加部队了。刘勋说："老百姓比我们灵，像那个维持会的会长，阴一面阳一面，表面上听日本人指挥，实际上他给我们通风报信。"

大敌当前，撤退已不可能，刘勋和战友们做好了拼命的准备。回想起这一场战斗，刘勋老人说："这一次打仗，我们没抱着活着回来的希望，都抱着必死的决心上战场，当时都是这样。敌人实在要来的话，我们就只有跟他干到底，跟他拼了。"

就在同一天早晨，天刚蒙蒙亮，中美混合空军轰炸机飞行员金逸群穿上保险伞，准备从武汉的机场出发。他们的任务是炸毁日军盘踞的黄河大桥，炸桥的任务已经执行了不止一次，之前已经有很多人为此壮烈牺牲了。金逸群说："桥两边都有机关枪，空中不好炸，要低空去炸，顺着水面，像滑冰一样。"

8月15日那一天，上面下了死命令，桥必须彻底炸毁。这是一场硬碰硬的战斗，金逸群已经做好了牺牲的思想准备。就在生死攸关的时刻，超短波传来日军无条件投降、要求飞行员安全返航的消息。返航途中，金逸群的心情已截然不同，他忍不住大叫："啊！回家了！回去了！"

就在同一天，远在湖南衡阳的中国伞兵队正被日军重重包围，刘勋和战友们准备决一死战。令伞兵队没有想到的是，就在日军大部队离他们还有几十里的时候，日本人停止了前进，他们得救了。当天晚上伞兵刘勋和战友们通过电台得知了日本投降的消息。终于胜利了，他们欣喜若狂。有的人连觉都不睡，高兴得通宵喝酒，以庆祝抗战胜利和自己得救。

新中国成立前，刘勋随所在的伞兵三团起义，成为解放军伞兵的一员。如

今，85 岁的刘勋正安享离休生活。65 年前那个历史性的夜晚，刻进了太多中国人的记忆。

1945 年 8 月 15 日晚上，正赶去奔袭敌人的八路军教导员王亮，在路过的村边发现了墙上醒目的标语：哈哈，日本鬼子投降了！这时的王亮正准备去打仗，来不及思索这条标语，就带领部队赶去快速袭击敌人。那天的仗打得非常漂亮，王亮的部队抓来了一二十个俘虏，缴获了一匹很漂亮的大白马。打完了仗，王亮继续琢磨这标语的真假，是谁写的？到底是真的还是假的？胜利的消息很快得到确认，王亮和战友们深信不疑，其实所有的中国人都深信，这一天必将来临。王亮说："高兴得没办法，八年抗战死了那么多人，损失那么大，群众真是筋疲力尽。高兴，吃顿水饺庆祝。"

1945 年 8 月，八路军战士李耐因兴奋得睡不着，他要写诗。"写的时候处于一种很高昂的情绪中，这种兴奋的情绪，随着笔流下来，就像血液，所有的血液流到钢笔上，由钢笔流到纸上。"这首长诗，叫做《山谷大队的覆灭》：

> 麦田里乱丢下军刀大氅，
>
> 一个下士吓得头昏胆裂，
>
> 枣林里撞了个马翻人仰，
>
> 跪在地上磕头如捣蒜，
>
> 举着双手苦苦哀求投降。
>
> ……

新中国成立后，文笔不错的李耐因，成了新华社知名记者和编辑。1945 年 8 月深夜，在灯下写诗的心境，让他终生难忘。

日本人："30 年后再见"

中国人应该庆祝，因为我们终于胜利了！这场反抗侵略的战争，持续了 8 年。从 1937 年至 1945 年，中国军队共进行了重要战役 200 余次，大小战斗近 20 万次，总计歼灭日军 150 余万人，伪军 118 万人。

贾克当时是延安留守兵团司令部军事教育科长，他回忆说："8月15日的晚上，整个延安沸腾了，好多东西都往天上乱扔，人们兴奋地乱跳、狂叫。八年抗战，到底把日本帝国主义给打败了，好不容易呀。" 在康国雄的少年记忆中，胜利的那天，满街都是人，他们拼命地叫："中国的军队！顶好的军队！同盟国万岁⋯⋯"

53军军部作战参谋蒋润苑对美国兵记忆尤深。他说："美国兵掏出枪来，当当，喊什么呢，Japanese broken。Broken就是破碎了、完蛋了的意思，他们说日本完蛋了。这还不过瘾呢，他们把啤酒瓶子往天上一扔，掉在地下，啪，碎了，接着喊，Japanese broken⋯⋯"

中国人心里高兴，日本军人心情复杂。陆开利当时还是小学生，他家所在的那条街上住着许多日本人，他回忆说："所有的日本人都在家里听日本天皇的宣读，一边听一边哭，我们高兴得不得了。"

1945年8月，一八八团迫击炮连排长饶平如，看到自己的战友被派去向日本军人递交受降信件。战友送信回来以后说："也听不懂日本人讲什么，只看见日本军官呱啦呱啦地发脾气，哇哇哇地乱叫，有的用军刀在桌子上东敲西敲，还当场看见一个日本军官切腹自杀。"

1945年8月，较量不仅仅发生在战场上。李祥麟当时是炮三团一营二连连长，日本投降以后，他的部队去接收日本人的火炮，却看到日本人向火炮敬礼。李祥麟问他们为什么向火炮敬礼？他们说："我们火炮大大的有功。我们从南京打到武汉，这个炮出了不少力。"李祥麟气得受不了，大声呵斥日本人："你混蛋！这个火炮屠杀我们中国多少老百姓，多大的罪呀，什么有功啊！你们失败了！你们投降了！"日本人回答说："我们没有打败，没有投降，我们是听天皇的命令。"李祥麟说："你们天皇就那么傻，没有失败就投降了吗？你们好好反省一下，侵略战争没有好结果，你们是自食其果。你们屠杀了多少中国老百姓？这是个罪行，你还不知道吗？"最后，日本人回答说："30年以后我们再见面。"

1945年8月，受降仪式结束后，投降的日本军人被遣送回国。时任七十四军上尉连长的杨永彬，至今还记得日本人回去时每人脖子上都挂一个小箱子，他心里还纳闷，不知道箱子里装的什么玩意儿，后来才知道装的都是日本阵亡者的骨灰。杨永彬说："骨灰是什么玩意儿，骨灰怎么来的，我们也不知道，我们死了就埋了嘛，谁去烧啊。"日本军人带着同伴的骨灰，回到故乡，可是数不清的中国军

人，他们没有骨灰、没有坟墓，甚至没有留下姓名，他们的忠骨被永远埋藏在故乡的青山之下。

1945年8月，"眼泪已属于过去的时光"

1945年8月15日，八年抗战终于胜利，兴奋过后，对于和平生活，人们有了更加真切的盼望。胜利的当天晚上，五十在军军部作战参谋蒋润苑在车站，想起了杜甫的一首诗，《闻官军收河南河北》：

剑外忽传收蓟北，

初闻涕泪满衣裳。

却看妻子愁何在，

漫卷诗书喜欲狂。

白日放歌须纵酒，

青春做伴好还乡。

……

蒋润苑与妻子

"行了，这回该我回老家了，黄棉袄我不穿了，管我有功也好、没功也好，我出力也好、没出力也好，这八年我熬下来了！"这是蒋润苑当时真正的想法。

经历过8年艰苦卓绝的生活，幸存的士兵们想要回家。当时流传着这么一句话：二亩地一头牛，老婆孩子热炕头。日本投降以后，军队里有一股思潮，不光是战士，有一些军官干部也向往着过这种小康的日子。李耐因说："那些老战士都30来岁了，都是些农民，他们想回家娶媳妇、抱孩子。"

七十八军战车防御枪队一中队中队长张

访朋在胜利后，回到了阔别多年的家乡，在他眼里故乡的一切都那么恬静安详。他看着满山的青草，感觉家乡的一切都在笑容满面地欢迎他，于是他写下了一首诗，题目就叫做《到家》：

> 将进家园步似飞，
> 八年抗战凯旋归。
> 鸡鸣狗吠都迎客，
> 绿水青山尽展眉。

母亲和妻子像往常一样，倚着大门朝来路张望，他们并不知道自己的儿子和丈夫就要归来。久别重逢的激动和喜悦，像一幅画，永远烙印在张访朋心里。

抗战胜利后，18岁的远征军王建从印度回国，退伍考取了山东大学。在青岛等待开学的时候，他在大街上意外遇见了失散多年的母亲，那时母亲正念叨着儿子的小名。王建的小名叫金铸，因为出生时算命先生说他命里缺金，所以起了个小名叫金铸，意思就是金子铸的。在大街上，王建听到自己的母亲在说："金铸好几年没有消息了，这不胜利了吗？他上哪儿去了？"就这么巧，一对久别的母子在街上重逢，那种惊喜无法用语言表述。

见到母亲的王建脱口喊出"娘娘"。母子双方很快证实了眼前的人就是自己的至亲。王建说："毕竟离开好几年，那时真是百感交集啊，终于回到祖国又见到母亲。当初我上飞机、离开祖国家乡的时候，我就念'别了祖国！别了妈妈'，心里想终有一天我们还能再见。结果真见面了，而且就在胜利后不久。"

1945年8月，俞慕贞从安徽的部队医院，回到了家乡。因为家里都是种田的，所以她用部队发放的胜利奖金，买了两头牛带回家。除了两头牛，她还给妈妈带回了一个人，小伙子在战斗中，失去了一只手臂，他的勇敢获得了姑娘的爱情。

虽然家里父母不同意，但两个

周良柏和俞慕贞

青年人还是在战后如愿地结合了，一起生活到今天。俞慕贞说："他残废了一只手，家里不开店，又没有地，所以我妈妈说不行，她怕我们以后的日子不好过。我说，我靠自己，他也靠自己，我们不靠祖宗留给我们的东西。"

1945 年 8 月，终于胜利了，对于未来的生活，人们开始有了新的设想。1945 年 8 月，有人想要回家团圆，有人想要继续工作。抗战胜利之后，中国电影制片厂的电影编导王为一恢复了老本行，继续从事电影事业。那时，许多人和王为一一样，都回到了老本行继续努力。

1945 年 8 月，除了继续工作，还有人想去读书。田申当时是中国驻印军新编第一军军部作战参谋，他一直想念书，只是因为抗战没有念成。抗战胜利以后，他心想，这下天下太平了，他可以重操学业，去念书了。

1945 年 8 月，虽然和平的日子还未真正到来，可是漫长的黑夜总算过去，对于未来，人们心存寄望。

在战火纷飞的年代，重庆中央大学的尹慧珉经常和同学们一起朗诵诗，那是在离乱年月的片刻安宁。而今，安宁的日子彻底来到了。尹慧珉再次朗诵起她喜欢的那首诗——《我愿意，我们能够》：

> 我愿意，我们能够，住在靠近的地方，
>
> 最多隔开一条河，随时都能隔江相望。
>
> 我们的欢乐和苦恼都是一样，在一起就好，
>
> 一起欢乐，一起分担忧伤，什么事都好有个商量，
>
> 不会作假的人住在一起，就不用结结巴巴地说谎，
>
> 为什么相爱的人倒要分开，分开得那样匆忙？
>
> 哎，昨夜里我梦见，
>
> 受苦的人喘过气来，
>
> 不再受到压迫，眼泪已经属于过去的时光，
>
> 我们约好了一个日子，坐火车的坐火车，坐船的坐船，
>
> 公路上的汽车摇摇晃晃，说是我们来到了一个地方。
>
> 我愿意，我们能够，住在靠近的地方，
>
> 让我们私下取个名字，来称呼这条可爱的江。

8 年抗战

中国军民伤亡 3500 多万人

1 亿多人民妻离子散

损失财产及战争消耗超过 6000 亿美元

日本投降后，应是和平的到来，但国共蒋毛又大打出手，中国跟着又遭殃，这个账怎么算！毛共掌权后，天天斯是阶级斗争，把国人搞的受红灾，饿死到三、四千万人，比"抗战"死人还多，"抗战胜利的果实"被毛共抢夺了，所谓社会议"天堂"都是监狱样的生活，毛泽东定是个大灾星！这个账什么时候才能算清？！

如果你被这些可爱的老人感动，别忘了，这只是冰山一角。